# INTRODUCTION
## à l'Étude et à l'Enseignement
### DE
# LA SCOLASTIQUE

PAR

**T. RICHARD**, O. P.

LECTEUR EN THÉOLOGIE

---

**DEUXIÈME ÉDITION, REVUE ET COMPLÉTÉE**

*Voir au commencement la table des corrections et additions.*

**PARIS**
MAISON DE LA BONNE PRESSE
5, RUE BAYARD, 5

# NOUVELLE BIBLIOTHÈQUE POUR TOUS

## COLLECTION SCIENTIFIQUE

*Volumes in-8° à deux colonnes, richement illustrés, papier luxe. Chaque vol. broché, 2 francs; port, 0 fr. 25.*

### Abbé Th. Moreux

**D'OÙ VENONS-NOUS ?** *(149 gravures.)*
I. L'Univers et les mondes. — II. La Genèse des mondes. — III. Histoire du système solaire. — IV. Histoire du Soleil. — V. Les Pourquoi ? — VI. La naissance de la terre. — VII. Les premiers êtres. — VIII. Les êtres géants de l'époque secondaire. — IX. Les âges récents. — X. Le problème de la vie. — XI. L'esprit et la matière.

**OU SOMMES-NOUS ?** *(111 gravures.)*
I. Où sommes-nous ? — II. Notre planète. — III. La famille solaire. — IV. La géographie du ciel. — V. Notre amas stellaire. — VI. Les révélations de la lumière. — VII. L'âge des étoiles. — VIII. La Voie lactée. — IX. La structure de l'univers. — X. L'univers est-il infini ?

**QUI SOMMES-NOUS ?** *(120 gravures.)*
I. Cerveau et intelligence. — II. L'unité de l'Espèce humaine. — III. L'homme descend-il du singe ? — IV. La durée des Temps géologiques. — V-VI. L'Homme tertiaire et ses mésaventures. — VII. Les plus anciens vestiges de l'humanité. — VIII. L'Homme des cavernes. — IX. L'Age du Renne. — X. Les dernières périodes de la préhistoire. — XI. Conclusion.

**OU ALLONS-NOUS ?** *(91 gravures.)*
I. La chute des mondes. — II. L'apex solaire. — III. Les courants stellaires. — IV. L'avenir du Soleil. — V. L'avenir de la Terre. — VI. L'agonie de notre planète. — VII. Pouvons-nous rencontrer une comète ? — VIII. Incendies célestes. — IX. Conclusion.

### Henri Rousset

**NOTRE PAIN QUOTIDIEN** *(129 gravures.)*
I. La terre et ses secrets. — II. Le bon grain. — III. Le blé qui lève. — IV. La moisson. — V. Du grain à la farine. — VI. Notre pain. — VII. Dernière étape.

### A. Acloque

**LES MERVEILLES DE LA VIE VÉGÉTALE** *(95 gravures.)*
La nature végétale. — La cellule végétale. — Les aliments de la plante. — Rapports avec le voisin. — Les moyens de défense. — La fleur. — Perpétuation de l'espèce. — La sensibilité végétale. — Les populations végétales. — Les bienfaits des plantes. — Variabilité de l'espèce végétale.

### Marcel Hegelbacher

**COMMENT LE RAIL A VAINCU LA DISTANCE ET L'ALTITUDE**
*Les chemins de fer, leur développement des origines à nos jours, le rail. (102 gravures.)*
I. Historique des chemins de fer. — II. Les chemins de fer normaux : leurs grandes divisions. — III. Les chemins de fer de montagne. — IV. Les chemins de fer spéciaux. — V. Quelques réflexions sur les chemins de fer.

5, rue Bayard, Paris-VIII<sup>e</sup>, et dans toutes les gares.

# ETUDES RELIGIEUSES ET PHILOSOPHIQUES

*Chaque volume in-12 broché, 2 francs ; port, 0 fr. 25.*

**BOSSUET. Œuvres philosophiques.** — Un vol.
   Portrait et autographe. Vie abrégée, d'après ses biographes. Lettres à Innocent XI. Réponse du Pape. Lettre au dauphin. Introduction aux œuvres philosophiques. *De la connaissance de Dieu et de soi-même. Traité du libre arbitre. La logique. Traité des causes.* Appendice ; Sentences. Extraits de la morale d'Aristote.

**FÉNELON. Œuvres philosophiques.** — Un vol.
   Portrait. Avant-propos de MM. Vallet et Barbe. *Traité de l'existence de Dieu et de ses attributs.* Entretien de Fénelon et de M. de Ramsay sur la vérité de la religion. Sept lettres sur divers sujets de métaphysique et de religion.

**JOSEPH DE MAISTRE. Du Pape.** — Un vol.
   Avis de l'éditeur et appréciations. Lettre à Pie VII. Constitution sur l'infaillibilité du Pape (18 juillet 1870), texte latin et traduction française. Variante. Fragments inédits. Discours préliminaire. *Du Pape.* Table.

**JOSEPH DE MAISTRE. Les Soirées de Saint-Pétersbourg.** — Deux vol.
   Avis de l'éditeur. Biographie. Préface du premier éditeur. *Les Soirées de Saint-Pétersbourg* (11 entretiens). *Eclaircissement sur les sacrifices.* Table.

**PASCAL. Pensées et Opuscules.** — Un vol.
   Avis de l'éditeur. Profession de foi de Blaise Pascal. Vie de Pascal, par sa sœur. Système de Pascal, par M. Vallet. Préface de l'édition de 1670. *Pensées*, texte intégral d'après l'autographe, avec les principales additions de l'édition princeps conservées entre crochets. *Opuscules*.

**SAINT THOMAS D'AQUIN. Méditations sur les trois vies purgative, illuminative et unitive, pour les retraites de dix jours, avec la pratique de ces méditations, ou Traité des principales vertus,** par le P. Antonin Massoulié, des Frères Prêcheurs. Edition nouvelle d'après celle de 1685, faite sous la direction du P. Charles Laurent, des Augustins de l'Assomption. — Un vol.
   Préface de cette édition par le P. Picard, ancien Supérieur général des Augustins de l'Assomption. Dédicace et introduction du P. Massoulié. Approbations.

**SAINT THOMAS D'AQUIN. De l'humanité de Jésus-Christ Notre-Seigneur,** opuscule traduit du latin par le P. Géry Delalleau, des Augustins de l'Assomption. — Un vol.
   Quatre livres : Du mystère de la divine Incarnation ; Du mystère de la Rédemption, considéré dans le premier avènement de Jésus-Christ ; Du mystère de la Rédemption, considéré dans le deuxième avènement ; Du mystère de la Rédemption, considéré dans le troisième avènement.

PARIS, 5, RUE BAYARD

# LA SCOLASTIQUE

*Nihil obstat.*

Andegavi, die 15ª februarii 1918.

Fr. RENATUS HEDDE,
*censor dep.*

IMPRIMATUR

Die 12ª octobris 1917.

F. LAURENTIUS LAROBE,
*prov. occit.*

Parisiis, die 12ª februarii 1918.

E. THOMAS,
*vic. gen.*

# INTRODUCTION
## à l'Étude et à l'Enseignement
### DE
# LA SCOLASTIQUE

PAR

**T. RICHARD**, O. P.

LECTEUR EN THÉOLOGIE

---

**DEUXIÈME ÉDITION, REVUE ET COMPLÉTÉE**

*Voir au commencement la table des corrections et additions.*

PARIS
MAISON DE LA BONNE PRESSE
5, RUE BAYARD, 5

# PRÉFACE

On peut envisager la scolastique sous différents aspects : l'étudier, par exemple, dans ses doctrines propres, dans son histoire, dans l'influence qu'elle a exercée sur la formation de notre langue et même sur le développement des sciences et des arts.

Nous l'étudions, nous, tout d'abord, en tant que méthode d'exposition : c'est-à-dire dans son élément le plus caractéristique et, en un sens, le plus connu. Car la première idée que le mot évoque est bien celle d'une forme particulière d'exposition. Et n'est-ce pas comme telle, principalement, que la scolastique a été en butte à la haine des hérétiques, au dédain et aux sarcasmes de tant d'écrivains superficiels? De nos jours encore, si l'on montre pour elle de l'antipathie et de l'éloignement, c'est bien souvent parce qu'elle est, avant tout, une discipline intellectuelle.

Cependant la scolastique, considérée à ce point de vue, n'avait pas encore fait l'objet d'un examen spécial et approfondi. Nous avons pensé qu'il y aurait intérêt et profit à combler cette lacune. On trouvera donc dans les premiers chapitres de cet ouvrage une théorie raisonnée de l'exposition scolastique. Le sujet est plus important qu'il ne paraît. Cette exposition engage des principes de haute philosophie et aussi d'éducation intellectuelle. Elle pose une question de forme qui n'est pas sans intéresser le fond des choses. Aucun système de philosophie moderne et surtout contemporaine ne pourrait être soumis à la méthode d'exposition scolastique sans succomber à l'épreuve: on y verrait apparaître, par le fait même, des erreurs intolérables, des contradictions manifestes. Dans la fièvre de réforme des études du clergé qui a sévi, il y a quelques années, les plus modérés des réformateurs demandaient tout au moins l'abandon de tout appareil scolastique dans l'enseignement de la philosophie et même dans les livres d'école. On verra, en nous lisant, que cet abandon, loin d'être un progrès, ne serait, au fond, qu'une pernicieuse erreur.

Mais la méthode d'exposition n'est pas toute la scolastique. On peut, sinon définir rigoureusement ce mot par une doctrine particulière (1), lui

---

(1) On sait que de Wulf l'a tenté dans son *Introd. à la néo-scolastique*.

prêter, cependant, un sens doctrinal. C'est pourquoi nous avons consacré les derniers chapitres de ce livre à l'étude des caractères de la philosophie même de l'Ecole. Ces caractères se trouvent être précisément les points de brisure de la pensée philosophique moderne avec la scolastique. On voit donc tout l'intérêt qui s'y attache. Ce que nous en avons dit, bien que forcément succinct et général, pourra servir d'introduction à des recherches plus étendues.

L'Eglise, depuis l'Encyclique *Æterni patris* jusqu'à nos jours, n'a cessé de promouvoir, de toutes manières, la restauration de la méthode et des principes scolastiques. Notre modeste travail n'a pas d'autre but que de coopérer à ce mouvement, qui répond, croyons-nous, aux premières nécessités de l'apostolat chrétien de nos jours. L'infirmité et le désordre de la pensée sont tels, parmi nous, que notre retour à plus de santé individuelle et sociale paraît être moins une question d'œuvres qu'une question d'idées et de doctrine. Pour ce qui est de la scolastique, ce qui manque le plus, parfois même à ceux qui ont mission de l'enseigner, c'est une vraie conviction de son excellence et de son rôle bienfaisant. C'est à faire naître et à consolider une conviction de ce genre que nous avons consacré nos efforts. Une estime profonde et raisonnée pour la méthode et les principes de la sagesse antique, voilà ce que nous voudrions, en un mot, communiquer au lecteur.

Notre présent travail a paru, en partie, dans la *Revue Thomiste*. Nous lui avons fait subir d'importantes retouches et l'avons augmenté de nouveaux chapitres. Comme le tout n'avait pas d'autre but que de disposer favorablement l'esprit à l'égard de la scolastique, on comprendra que nous ayons pu titrer notre ouvrage comme nous l'avons fait. D'aucuns regretteront, sans doute, que nous n'ayons pas fait une plus large place à l'érudition. Mais nous leur ferons observer que nous avons voulu surtout remonter aux principes et viser au pratique. On commence à se rendre compte, du reste, que ce n'est pas précisément l'érudition comme telle qui fera sortir les esprits du chaos des idées et des principes où ils se débattent.

# NOTE POUR LA SECONDE ÉDITION

L'étude de la méthode d'exposition propre aux écrivains scolastiques constituait primitivement la partie la plus importante de cet ouvrage. L'introduction à la doctrine n'y occupait pas la place qui lui revient. Nous avons comblé cette lacune dans cette nouvelle édition. On y trouvera, sous forme de propositions aussi claires et substantielles que possible, l'exposé sommaire des notions fondamentales et des caractères différentiels de la philosophie de l'École. C'est dans ce sens que nous avons remanié considérablement notre troisième partie. Nous la recommandons tout particulièrement à l'attention des professeurs et des élèves de nos collèges et Séminaires : elle leur fournira des vues d'ensemble, des principes directeurs qui leur permettront d'aborder, avec fruit et sans trop de difficulté, n'importe quel traité des grands maîtres scolastiques. Comme nous le disons dans notre dernier chapitre, l'intelligence contemporaine, rebelle à toute discipline et livrée au « momentanisme », a plus besoin que jamais de revenir à la ferme raison, au solide bon sens de saint Thomas.

# PREMIÈRE PARTIE

## La scolastique
## Méthode d'exposition

# CHAPITRE Ier

## Nature et rôle de la scolastique

La scolastique, qui nous a donné la définition de tant de choses, a négligé, semble-t-il, de se définir elle-même.

Nous ne voyons pas, dans les nombreux volumes qu'elle nous a laissés, qu'elle se soit jamais appliquée à scruter sa nature propre et, pour parler sa langue, à nous donner son genre prochain et sa différence spécifique. C'est une lacune regrettable. Nous aurions eu tout profit à connaître la réponse des écrivains de l'École eux-mêmes à cette question que se posent de temps en temps nos revues de philosophie ou de théologie : Qu'est-ce que la scolastique ? Tout profit à les entendre expliquer eux-mêmes le sens, la portée, le caractère particulier de leur méthode. Mais ce qu'ils n'ont pas fait, tout au moins dans un traité à part, *ex professo*, la renaissance scolastique nous invite plus que jamais à le faire. Il nous sera, du reste, facile de trouver, dans la philosophie même de saint Thomas, les principes qui dominent la question que nous entreprenons d'étudier.

Par ce mot, « la scolastique », on peut entendre, suivant les cas, un ensemble déterminé de doctrines ou une méthode particulière d'exposition et d'enseignement. Nous le prenons présentement dans ce dernier sens, qui est le plus généralement reçu. Sous ce rapport, voyons ce qui caractérise intrinsèquement la scolastique. Nous disons : intrinsèquement. Car il serait vain de nous dire que c'est une méthode employée dans les écoles du moyen âge, comme le font quelques auteurs. Ce n'est pas non plus répondre à la question que de nous donner l'emploi exclusif de la déduction logique comme la marque distinctive de la scolastique. C'est sans doute ce préjugé qui a dicté l'appréciation suivante : « C'est le syllogisme démonstratif qui a fait la base de tout le raisonnement au moyen âge. C'est lui qui a dicté toutes les formes argumentatoires avec lesquelles on a garrotté la vérité au nom de la raison. » (1) Une simple remarque suffira : la scolastique n'est pas plus déductive qu'inductive par elle-même ; elle s'accommode très bien de l'une et de l'autre de ces deux méthodes de recherche. Si elle a eu plus souvent recours au raisonnement déductif qu'à tout autre, cela s'explique par la nature même des sciences qu'elle a cultivées. Par ailleurs, en soutenant l'origine sensible et expérimentale des idées, elle faisait, en principe même, une très large part à l'induction.

Bossuet, dans un passage connu, fait consister uniquement la scolastique, pour ce qui lui appartient en propre, « dans cette manière contentieuse et dialectique de traiter les questions » (2). Nous pensons qu'on ne saurait en donner une idée plus juste. Le mot lui-

---

(1) LEGUÉ, *Médecins empoisonneurs*.
(2) *Défense de la tradition*, l. III, c. XV

même fait penser avant tout à une forme, à un procédé, à une mise en œuvre toute spéciale dans l'acquisition et l'enseignement de la science : forme dont la marque distinctive est d'être « contentieuse et dialectique ». C'est à rendre cette notion plus concrète et plus précise, c'est à la justifier et à la compléter que vont tendre nos efforts.

Il importe, tout d'abord, de bien nous rendre compte des éléments constitutifs de l'exposition scolastique et des motifs qui l'ont fait adopter. On verra tomber, par là même, bon nombre de préjugés contre elle. Au lieu d'en attribuer l'origine à la barbarie du moyen âge, on pourra se convaincre qu'elle repose sur de solides principes de philosophie, et qu'elle est le fruit d'une profonde sagesse. En toute hypothèse, on y gagnera de pouvoir la juger en connaissance de cause, et partant avec plus de vérité et de justice.

La forme est ce qui frappe le plus vivement certains esprits chez les écrivains de l'Ecole. Que de reproches ne leur a-t-on pas adressés à ce sujet? A-t-on assez parlé de leur langue rude et barbare? De leur mauvais goût et de l'ennui mortel que distillent les pages amorphes de leurs écrits? Les humanistes de tous les temps ont épuisé contre eux leurs plus riches collections d'épigrammes ; de graves écrivains religieux ne les ont pas épargnés davantage. Dans son *Histoire des auteurs sacrés et ecclésiastiques*, Dom Cellier parle de la scolastique en ces termes : « Elle est passée jusqu'à nous avec sa sécheresse et tous ces mots barbares, proposant comme elle le fait les vérités toutes nues, sous une forme toujours contrainte, d'un style sec et décharné qui n'a ni grâce ni noblesse ; sa façon de procéder est moins utile et moins agréable que celle des anciens Pères de l'Eglise. » Le jugement de Mabillon, dans son *Traité des études monastiques,* n'est pas moins sévère. Lui aussi reproche, entre autres choses, aux scolastiques leur dédain pour la forme littéraire. Mais toutes ces critiques portent à faux, elles n'effleurent même pas la vraie question. C'est intentionnellement que les scolastiques ont rejeté de leurs ouvrages les éléments qui constituent la littérature proprement dite. Mieux que personne, ils savent ce qui leur manque sur ce point. Au lieu de perdre son temps à le constater, il serait plus sage et plus scientifique d'examiner les raisons pour lesquelles ils ont opéré ce retranchement et de les réfuter au besoin. Pour nous, les principes qui ont guidé les scolastiques dans cette question ne sont pas contestables. Voici quels sont ces principes : ils appartiennent à la philosophie du langage.

L'homme, pour exprimer ce qu'il pense ou ce qu'il ressent, se sert de propositions fort différentes. La première et la plus essentielle de toutes est appelée *énonciative* par les logiciens. Elle traduit uniquement le concept de l'esprit, le verbe mental, *id quod in intellectu habetur* (1). Elle traduit ce concept, abstraction faite des rapports qu'il soutient avec les autres facultés de l'âme et des sentiments qu'il peut y produire. Les autres propositions qui font partie du discours, comme l'*impérative*, l'*interrogative*, etc.,

---

(1) *Pert. Hermeneias, Comment,* l. I, lect. I.

servent, au contraire, à exprimer un mouvement ou une affection de l'âme : *Ad exprimendum affectum*, nous dit encore saint Thomas. Ce n'est pas la pensée elle-même qu'elles signifient, mais les sentiments et les actes qui en sont la suite, comme l'amour, la haine, le désir, la prière, l'admiration, le commandement : *Non significant ipsum conceptum intellectus sed quemdam ordinem ad hoc consequentem* (1).

Ces distinctions contiennent, en germe, toute la théorie de l'exposition scolastique. C'est à leur lumière qu'il nous est donné de voir comment les scolastiques ont été amenés à se servir, dans leur enseignement oral et dans leurs écrits, d'une forme qui a tant choqué les littérateurs de profession. Ils n'ont fait que tirer les conséquences pratiques des principes que nous venons de rappeler. N'ayant en vue, comme philosophes et théologiens, que la seule connaissance de la vérité, leur langage n'a été que la simple et nue affirmation du vrai. La proposition énonciative, exacte, froide, impersonnelle, a fait tous les frais de leur exposition. Tout ce qui exprime un sentiment, une passion, une impression du sujet en a été soigneusement retranché. En tant qu'hommes de science pure, ils n'avaient pas à en tenir compte. Les dispositions du sujet n'ont pas à intervenir dans la démonstration. Elles importent peu à la vérité objective, la seule en cause. Elles sont en dehors de l'objectif du savant, du *demonstrator* qui, du point de vue où il se place, n'aperçoit et n'exprime des choses que leur caractère de nécessité

---

(1) *Peri Herm.*, l. I. lect. VII.

et de vérité. Il ne les atteint pas comme bonnes ou mauvaises ni comme belles ou laides. Il demeure étranger à ces différents aspects des objets qu'il considère. C'est dans ce sens qu'on peut dire que la science est en dehors de l'esthétique et de la morale.

Il en est tout autrement de l'orateur, par exemple. Il ne se borne pas, lui, à la démonstration du vrai. L'emploi exclusif de la proposition énonciative serait pour lui un désastre. Au lieu de tirer tous ses arguments de la nature des choses, comme le savant et le philosophe, il fait appel aux passions, aux intérêts personnels de l'auditeur. Or, ne s'adressant pas seulement à l'intelligence de celui-ci, mais encore à sa volonté et à son cœur, c'est une nécessité pour lui de faire appel à une exposition plus vivante et plus chaude. Comment pourrait-il, sans cela, communiquer la passion du bien et du beau? *Rhetores et poetœ*, dit saint Thomas, *plerumque movere auditores nituntur provocando eos ad aliquas passiones*. On comprend donc très bien que les parties du discours qui expriment un mouvement de l'âme abondent chez l'orateur et fassent défaut chez les scolastiques. Ces derniers ont appliqué systématiquement, et avec la plus grande rigueur, toute cette doctrine à leur cas particulier. De là, encore une fois, leur style tout intellectualisé et algébrisé, style qui ne porte pas l'empreinte d'une époque ni même d'une personnalité. Il est dépouillé de tous les éléments qui pourraient l'individualiser. Etant donné le but qu'ils poursuivaient, les scolastiques ne pouvaient pas s'en passer. Ce n'était pas pour eux une affaire de goût, mais une nécessité.

## Mission de la scolastique médiévale.

Cette mission était de réunir les vérités philosophiques et religieuses dans un corps de doctrines, suivant un procédé scientifique. Pour les vérités religieuses, elles étaient éparses dans la Bible, les écrits des Pères, la tradition et tout ce qu'on est convenu d'appeler « lieux théologiques ». La première condition qui s'imposait à ceux qui tentaient de réaliser cette œuvre grandiose consistait précisément à dépouiller ces mêmes vérités de la forme littéraire et oratoire dont les écrivains sacrés et ecclésiastiques les avaient revêtues. A ce prix seulement, il était possible de les enchaîner logiquement, de les réunir en un tout organique, de déterminer leur importance et leur place dans l'édifice total de la doctrine chrétienne. Si elle avait agi autrement, l'Ecole n'aurait pu que continuer les anciens Pères de l'Eglise : elle n'aurait pas fait la synthèse des vérités de notre foi. En tout cas, elle n'aurait pu imprimer à ce travail les contours précis, le relief puissant que tous les penseurs sérieux lui reconnaissent. Réduite à la lumière crue d'une simple proposition ou d'un syllogisme, la vérité était d'un maniement plus facile et plus sûr pour ces ouvriers de la science et de la synthèse théologiques.

La forme adoptée par eux convenait donc parfaitement à leur but et à leur mission. Nous en avons un témoignage autorisé dans le passage suivant de Petau, témoignage d'autant plus autorisé que son auteur a suivi une méthode d'exposition différente de celle des scolastiques : « Bien que la théologie, dit-il, ait la foi pour fondement et pour principe, elle s'en distingue cependant. Par le raisonnement et l'analogie, elle en augmente les richesses doctrinales. La philosophie coopère à cet accroissement par l'apport de précieux et abondants matériaux ; la dialectique, par la systématisation et la structure logique qui est son œuvre : *Formam addit et colligationem*. Ne lui appartient-il pas de se rendre compte des conséquences de chaque chose, de diviser, de définir, de déduire, de mettre de l'ordre partout, et dans les recherches et dans l'enseignement? Toutes choses absolument nécessaires à l'acquisition de la science. Ceux qui en sont dépourvus ne sauraient atteindre le but de leurs études ni recueillir le fruit de leurs travaux. » Remarquons tout particulièrement ces paroles (1) : *Dialectica formam addit et colligationem :* C'est la dialectique qui est le principe d'ordre et d'unité. C'est elle qui permet de grouper les vérités et d'en faire un tout organique et harmonieux. Sans leur méthode d'exposition, les scolastiques n'auraient donc jamais pu donner à la doctrine chrétienne une structure scientifique.

Nous en avons encore une preuve dans l'histoire des quelques théologiens qui ont voulu traiter les questions toujours si délicates du dogme et de la morale en sacrifiant à la littérature, en voulant faire en même temps œuvre de science et d'art. On leur a justement reproché de manquer d'exactitude et de précision dans

---

(1) *Prolegom.*, c. IV.

des matières, qui exigeaient ces qualités avant toute autre. Petau lui-même, que nous venons de citer et dont nous ne voudrions pas diminuer le grand mérite, n'a pas complètement évité cet écueil. Il a voulu fuir les sentiers épineux et les broussailles de la scolastique, et parler des dogmes dans une langue plus élégante et plus riche que celle de l'Ecole (1) ; mais on s'accorde généralement à dire que cette recherche du style ne lui a pas toujours été heureuse. Dans des questions très graves, sa pensée est parfois restée obscure. Le vague de quelques-unes de ses conclusions a donné lieu à des méprises et des discussions regrettables. On sait que, pour couper court à de fausses interprétations de son traité *De Trinitate*, et même pour répondre à des accusations de *subordinationisme*, il a dû s'expliquer plus clairement dans une déclaration spéciale. Non, il n'est pas facile de classifier et de coordonner les divers éléments de nos croyances, de leur donner une forme systématique, sans avoir, comme saint Thomas, « la propriété dans les termes, l'ordre et la mesure dans le développement », sans adopter, en un mot, l'exposition scolastique.

A un autre point de vue encore, cette méthode d'exposition était nécessaire aux écrivains dont nous parlons. Ils ne se bornaient pas à constater le dogme, à prouver son existence, ils en tiraient des conclusions par le mécanisme du raisonnement. La vérité révélée devenait pour eux une source d'autres vérités. Comme

---

(1) *A dialectorum dumetis liberioris ad campi revocata spatia.* Prolegom., c. I.

ils se livraient à ce travail dans un but de pure science, ils y mettaient toute la méthode et toute la rigueur possible. De là leur idiome spécial. Ils n'employaient que des mots au sens clair et parfaitement défini. Ils écartaient les périphrases et les métaphores, et ne retenaient pour leurs démonstrations que les termes propres et strictement nécessaires. Un apologiste du Docteur subtil, parlant de la question qui nous occupe, a dit avec raison : « Les termes de métaphysique sont dans son œuvre, exactement comme chez tous les docteurs du moyen âge, l'arme de précision requise pour le combat des doctrines. Argumentez une heure, et vous verrez à quel point la périphrase est haïssable. Or, les scolastiques argumentent toujours. Il leur faut l'expression courte et chargée d'idées. Tel le projectile bien réglé qui éclate au quart de minute choisi et qui perce à l'endroit préféré. Barbare ou non, le mot est nécessaire..... Ecrivez en toutes lettres les nombres d'une addition et opérez ! Vous reviendrez vite aux chiffres. » (1) On a justement comparé l'argumentation scolastique à ces *écorchés* dont se servent les peintres et les sculpteurs pour étudier l'anatomie du corps humain. Là, plus de grâce ni de beauté, mais la force dans ce qu'elle a de plus apparent : rien que des muscles et des nerfs qui fonctionnent à découvert.

On peut voir maintenant combien est peu fondé le reproche qu'on a si souvent formulé contre les scolastiques d'avoir abandonné la méthode d'exposition des anciens Pères de l'Eglise. La plupart des écrivains

---

(1) R. P. DÉODAT-MARIE, *Vénérable Duns Scot.*

religieux des xviie et xviiie siècles insistent beaucoup sur ce point. Parvenus dans leur cours d'histoire ou d'éloquence sacrée aux temps de Pierre Lombart, ils se croient obligés de s'écrier avec l'abbé Guillon : « *Quomodo obscuratum est aurum, mutatus est color optimus?* Derrière nous, une foule de génies heureux qui ont embelli la raison de tous les attraits du goût le plus épuré et de la plus ravissante onction. A leur tête, un homme de qui le nom seul rappelle la même supériorité sur ses émules de gloire que l'or obtient sur les autres métaux. Devant nous, des philosophes donnant à la vérité elle-même l'air du problème, dédaignant les grâces du langage et paraissant disputer entre eux à qui serait plus inintelligible. Aussi, quelle que soit la prolixité de ces compilations, il n'en est pas une qui ne ressemble à toutes les autres. Ce ne sont partout que des Sommes ou Corps complets de théologie, des Gloses, soit ordinaires, soit extraordinaires, ou Commentaires sur le maître des sentences, se traînant dans un cercle monotone de chapitres reproduits éternellement sous les mêmes formes. » (1) Et notre auteur, à la pensée d'avoir à s'occuper de telles productions, se déclare saisi du même effroi, et pour une cause bien plus légitime, que les enfants d'Israël au moment où ils apprirent qu'ils allaient traverser un désert inculte et sauvage, où ils ne rencontreraient que des hommes d'une stature étrange.

Nous répondrons tout simplement : les scolastiques sont venus à leur heure, chargés d'une mission spé-

---

(1) *Bibliothèque choisie des Pères*, t. XXXIV.

ciale, celle de réduire en corps de doctrines les vérités de la foi, d'en faire la synthèse scientifique. Les matériaux dispersés dans les ouvrages des Pères, avons-nous dit, demandaient des architectes. Les scolastiques ont été ces architectes. Leur travail constituait un progrès considérable sur la manière des Pères, à ne considérer que la science sacrée prise en elle-même. Ceux-ci traitaient le plus souvent de questions particulières de théologie. Ils étaient guidés dans le choix de ces questions par l'hérésie qu'ils se proposaient de combattre, les livres de l'Écriture dont ils entreprenaient le commentaire, par les besoins du peuple auquel ils s'adressaient. Avec la scolastique, c'est la théologie dans sa forme scientifique qui fait son apparition. Ce n'est plus une portion seulement de la doctrine qu'on nous expose, c'est l'ensemble, le corps complet et solidement charpenté de cette même doctrine. C'est le temps des Sommes, des Commentaires, des Gloses, dont parle avec épouvante l'auteur que nous venons de citer. La vérité chrétienne s'y trouve traitée, non par des prédicateurs, mais par des savants de profession. Elle y revêt, par conséquent, une forme nouvelle, celle qui convient à des ouvrages de pure science : forme qui ne pouvait et ne devait ressembler en rien à celle des Pères. Les scolastiques l'ont parfaitement compris, et, à moins de ne reconnaître qu'un seul genre d'exposition pour tous les sujets traités, il faut bien avouer qu'ils ont pour eux la raison et le bon goût. On ne voit pas ce que les grâces de langage, telles qu'on les entend d'ordinaire, viendraient faire dans une Somme théologique. Leur place est manifestement ailleurs, d'après les préceptes même les plus élémentaires de l'art de bien dire :

*Singula quæque locum teneant sortita decenter.*

On ne saurait faire un crime non plus aux écrivains de l'École de l'uniformité et de la monotonie qui règnent dans leurs écrits. Ils ne pouvaient guère éviter ces défauts, avec le genre d'exposition adopté par eux, genre qui comportait la suppression dans le style de tout ce qui est personnel, actuel et affectif ; mais il présentait par ailleurs trop d'avantages pour être sacrifié à quelques qualités d'agrément. Ce que voulaient avant tout les philosophes et les théologiens scolastiques, c'est que rien ne vînt les distraire de la recherche et de la contemplation de la vérité pure. Ils y ont réussi, et c'est pourquoi leurs livres sont remplis de substance et de raisonnements rigoureux. Retranchez, au contraire, d'un grand nombre d'ouvrages de nos philosophes modernes les charmes du style, l'arrangement des phrases, quelques aperçus historiques ingénieux, il n'y reste pas grand'chose en fait de doctrine. Et il arrive plus d'une fois de vous dire en les lisant : *Pulchra species, cerebrum non habet.* Du reste, les plus sensés d'entre eux ne parlent-ils pas de la nécessité de guérir nos études du mal littéraire et de les rapprocher des fermes méthodes par lesquelles la science a su conquérir et garder le respect des hommes qui pensent? Il est certain que la littérature proprement dite, devenue un art d'agrément pour la foule des lecteurs, a pris une importance et une extension démesurées à notre époque. Elle n'a pas peu contribué à émasculer les intelligences et à les rendre inhabiles au travail de la pensée. « Le nombre des gens qui pensent, a-t-on dit, n'a pas du tout augmenté dans la même proportion que celui des gens qui lisent, et pour les besoins énormes de ces derniers il a fallu faire une quantité d'écritures qu'ils pussent lire sans penser. » (1) Pour eux, les livres ne valent que par la forme ; la réalité qu'ils expriment ne compte pas.

## Terminologie scolastique

Quant au reproche d'inintelligibilité adressé aux écrivains de l'Ecole, il n'a pas non plus de fondement. Il ne prouve qu'une chose : le manque d'initiation chez ceux qui le formulent. Il existe une langue philosophique : c'est un fait. Il est bien évident qu'on ne saurait la comprendre si on ne l'a pas apprise. Les philosophes ne peuvent être rendus responsables de cette ignorance. Maintenant, si la critique porte sur l'existence même de cette langue spéciale, si on prétend qu'elle n'a aucune raison d'être, c'est une autre question. On ferait bien de nous donner une preuve de cette assertion, qui est loin d'être évidente par elle-même, attendu qu'elle contredit une pratique universelle. Ce n'est pas seulement la scolastique qui se sert de termes techniques, on les retrouve plus ou moins chez tous les philosophes. Descartes, pour avoir critiqué la terminologie de l'Ecole, ne fait pas exception

---

(1) D'AVENEL, *Français de mon temps*, c. VIII.

à la règle. Pour Kant, on a fait un lexique particulier de sa langue. Quant aux sciences particulières, elles ne manquent pas non plus de termes qui, pour être compris, exigent une culture spéciale. On n'a qu'à jeter un coup d'œil sur un traité de droit, de chimie, d'algèbre ou de médecine pour s'en convaincre, et pour voir en même temps que les scolastiques sont loin de tenir sur ce point le record de la barbarie, si barbarie il y a. Que les ouvrages de littérature n'admettent point cet idiome spécial, cela se conçoit. Ils s'adressent non à des spécialistes, mais au grand public et doivent, par conséquent, être écrits dans la langue de tout le monde, sous peine de n'être pas compris ou de passer pour pédantesques. Aussi Ronsard est-il ridicule d'écrire : « Vous êtes mon entéléchie. » Mais pour les sciences, c'est un usage général et une nécessité d'avoir recours à des termes techniques. Qu'on cesse donc de reprocher aux scolastiques une liberté qui appartient à tous les philosophes et à tous les savants. Leur idiome peut, du reste, supporter avantageusement la comparaison avec ceux des autres. Il est singulièrement énergique et précis. Sous sa rude écorce, il cache toujours « la substantifique moelle » dont parle Rabelais.

Nous ne voulons pas nier cependant que chez les scolastiques de la décadence il n'y ait eu de nombreux abus sur le point qui nous occupe. Ils ont parfois multiplié les termes spéciaux sans utilité, poussés seulement par le besoin de se singulariser ou, ce qui est plus grave, de cacher leur ignorance. Ils oubliaient qu'un mot, même bizarre, ne saurait être une solution. Que n'ont-ils toujours imité la réserve et le bon goût de saint Thomas ! On sait qu'il est plutôt sobre de termes d'école, surtout dans sa *Somme théologique*, destinée aux commençants. La règle est de n'y avoir recours que pour éviter une périphrase ou pour donner à l'idée son plus haut degré de précision. Leibnitz nous semble donc avoir dépassé la mesure en disant : « Fuyez les mots techniques comme on fuit une vipère ou un chien enragé. » Le danger n'est pas aussi grand qu'il le prétend, et lui-même n'a pas toujours suivi le conseil qu'il donne aux autres sous cette forme absolue. Ce qui est plus opportun, c'est de recommander aux professeurs de bien définir les termes dont il s'agit et de s'assurer que les élèves en comprennent tout le sens. Ces derniers se contentent souvent d'approximations qui font de leur science un verbalisme stérile et même dangereux.

Inutile de faire plus longuement l'apologie des scolastiques sur cette question de langue. Ce que nous venons de dire est suffisant pour faire justice des faciles plaisanteries qu'on se permet sur leurs phrases sibyllines. Cet idiome scolastique, les vrais savants le reconnaissent, a exercé la plus heureuse influence sur la formation du français. Hauréau lui-même l'a proclamé en ces termes : « Il se forma dans les écoles du xiiie siècle une langue nette, fière et pleine d'énergie, qui devait, avec le temps, perdre sa rudesse, mais non sa précision, et devenir, après quelques autres transformations, notre langue nationale. » (1)

---

(1) A. FRANCK, *Dictionn. des sciences philosophiques*, Scolastique, p. II.

## Méthode d'éducation intellectuelle

Nous avons vu que la méthode d'exposition scolastique se rattachait à l'œuvre même de synthèse et de science que les docteurs du xiiie siècle avaient pour mission d'accomplir. Cependant, on ne se ferait pas une idée complète de cette méthode si on ne l'envisageait encore à un autre point de vue. Dans la pensée de ses auteurs, elle était surtout un instrument de haute formation intellectuelle. C'est ce qui est affirmé par saint Thomas lui-même dans le prologue de la *Somme théologique*. Là il nous dit que son intention est de traiter de la doctrine chrétienne dans la forme la mieux adaptée aux besoins et à la capacité des commençants : *eo modo tradere secundum quod congruit ad eruditionem incipientium*. Ce serait une grave erreur que d'entendre ces paroles dans ce sens que le saint docteur aurait fait un choix dans les matières à traiter, écartant les plus difficiles, retenant les plus simples. Non, il a abordé, dans cette même *Somme*, les problèmes les plus ardus de la science sacrée. C'est l'opinion formelle de Cajetan, et on peut l'en croire. On est donc bien obligé de le reconnaître : ce qui est à l'usage des commençants dans la *Somme*, c'est la méthode d'exposition suivie, c'est-à-dire ce style bref et syllogistique, cette division par questions et par articles, cette constante application à définir et à distinguer, ce recours au processus triadique, ce souci de scander toutes les étapes de l'esprit dans sa marche logique. Tout cela est fait principalement en vue des élèves et des commençants. C'est une méthode d'enseignement : tout y est disposé et combiné pour former et soutenir une intelligence novice dans l'art de la pensée et du raisonnement.

Qu'on ait abusé de ce genre d'exposition, nous ne voulons pas le nier. Il était fait pour l'école, et on l'a transporté souvent dans la chaire et jusque dans les prières liturgiques. Il n'est pas rare, par exemple, de rencontrer dans les proses et les hymnes du xiv° siècle des strophes dans le genre de celle-ci sur la Trinité :

> *Hæc dicuntur relative,*
> *Quum sint unum substantive,*
> *Non tria principia,*
> *Sive dicas tres vel tria,*
> *Simplex tamen est usia,*
> *Non triplex essentia.*

On sait que les sermons de la même époque étaient souvent une débauche de logique, de divisions et de subdivisions sans fin. Mais ces abus ne sauraient porter atteinte à l'excellence de la méthode scolastique. Cette dernière a des limites précises qu'on ne peut dépasser sans inconvénient. Voilà tout ce qu'on est en droit de conclure des abus que nous venons de rappeler.

Nous disions donc qu'elle s'adressait principalement aux intelligences en voie de formation. C'est un point de vue qu'oublient trop les historiens et les critiques : de là des condamnations sommaires et injustes. Un lecteur, parvenu à sa pleine maturité intellectuelle, peut trouver dans les œuvres des philosophes et des théologiens de l'Ecole des distinctions qu'il estime puériles, des énumérations dont certaines parties lui paraissent superflues ou trop obvies, des explications et des préliminaires rebutants. Il voudrait une marche plus rapide et plus dégagée. Il serait heureux qu'on lui fît grâce de certaines remarques. Il n'éprouve nullement le besoin d'un argument en forme pour saisir telle ou telle conséquence. Mais ce même lecteur devrait le comprendre : ce qui est une gêne pour lui est une nécessité ou un précieux secours pour le novice. La marche du raisonnement dans le discours ordinaire est trop rapide pour ce dernier : elle contient trop d'arguments sous-entendus ou à peine indiqués. Qu'on mette en forme une page d'un sermonnaire, on sera étonné du travail de logique qu'elle suppose et du nombre de syllogismes qu'elle renferme. On comprendra alors combien il est sage d'appliquer à des exercices d'épellation, si l'on peut ainsi dire, les débutants de la vie intellectuelle.

Ces considérations nous permettent de juger de la valeur de certains reproches souvent adressés à nos manuels de philosophie et de théologie. Dans la fièvre de réforme des études du clergé qui a sévi il y a quelques années, bon nombre de critiques n'avaient que dédain pour ces sortes d'ouvrages, avec leur amas confus de prolégomènes, préliminaires, définitions, divisions, subdivisions, thèses, corollaires, appendices et notes sans utilité. Qu'est-ce à dire, sinon qu'ils auraient voulu voir ces manuels débarrassés de tout appareil scolastique. Mais ils ne pouvaient commettre, en semblable matière, une plus grave et plus funeste erreur. Ils oubliaient que les manuels s'adressent aux commençants. En se plaçant au point de vue de ces derniers, ce qu'on est tenté, à première vue, de regarder comme puéril et superflu, on le juge nécessaire; on s'aperçoit bien vite que ces *atqui* et ces *ergo*, ces définitions et ces préliminaires sont tout à fait à leur place dans les manuels dont nous parlons, beaucoup plus, en tout cas, que les ornements et les charmes littéraires dont nos critiques regrettent l'absence. Ce regret, qui paraît tout d'abord inoffensif, révèle en réalité une complète inintelligence de la nature et du rôle de la méthode scolastique. « Le style de saint Thomas, dit quelque part Joseph de Maistre, ne pouvait être celui de Bembo, de Muri ou de Maffei », et surtout il ne devait pas l'être.

Nous l'avons dit : il est de l'essence du procédé de l'Ecole d'écarter les éléments qui constituent la littérature proprement dite. Vouloir, à toute force, y introduire des préoccupations d'art, c'est en détruire toute l'économie, en méconnaître le but et la portée. C'est vouloir réduire finalement l'enseignement de la théologie à un genre littéraire. C'est prendre pour modèle l'Université, qui a souvent fait de l'enseignement de la philosophie un thème à belles périodes et à dissertations élégantes. Quand les manuels de nos Séminaires seront composés dans cet esprit, nous n'aurons plus de philosophes ni de théologiens. Bannir la méthode scolastique des livres de cette sorte, c'est la bannir de son terrain propre, du terrain où elle trouve toute sa raison d'être, où elle produit ses meilleurs fruits. Cette méthode n'est pas la science, dirons-nous avec Bossuet, mais un moyen sûr pour y faire avancer ceux qui commencent.

Telle est donc la méthode scolastique considérée dans ses éléments intrinsèques et distinctifs. Elle a des principes et un but nettement déterminés. On ne saurait, sans la plus grande injustice, ne voir en elle qu'un effet du mauvais goût et de l'ignorance du moyen âge. Elle se présente à nous comme un système voulu, raisonné, que nul n'a le droit de dédaigner ou de rejeter *a priori*. Malheureusement, ses contempteurs ne l'ont jamais sérieusement étudiée. Ils ne la connaissent guère que d'après quelques-unes de ses locutions techniques rencontrées au hasard de leurs lectures. Ce n'est pas suffisant lorsqu'il s'agit d'une chose qui a tenu une si grande place dans l'histoire de l'esprit humain.

## CHAPITRE II

# Défense de la méthode scolastique
# Réponse aux objections

Le procédé scolastique consiste donc essentiellement à ne considérer les choses que dans leur relation avec l'intelligence, en faisant systématiquement abstraction de tout autre point de vue. Cette attitude n'est pas arbitraire. Notre esprit distingue, dans un sujet donné, de multiples aspects. C'est pour lui une nécessité, puisqu'il est incapable d'épuiser par une idée simple et unique toute la réalité connaissable d'un objet quelconque. L'intelligence divine seule a ce pouvoir. Nous décomposons, par nos concepts, même ce qui est simple par nature. L'imperfection de notre lumière intellectuelle en est cause, ainsi que l'origine sensible de nos idées. Le vrai et le bien se confondent dans la réalité, mais, dans notre pensée, ils deviennent des formes différentes de l'être. Ce dernier, considéré relativement à l'intelligence, c'est le *vrai* ; relativement à la volonté, c'est le *bien*. Rien ne s'oppose à ce qu'on fasse abstraction du second rapport pour n'envisager que le premier. En le faisant, on se cantonne dans la région des idées pures : la volonté, le cœur, l'imagination ne comptent pour ainsi dire plus. Ils ne gardent que la part d'activité nécessaire à l'exercice de l'intelligence, et, à vrai dire, cette dernière seule travaille et absorbe toutes les forces vives de l'âme. Mais on nous arrête ici pour nous adresser le reproche d'intellectualisme exagéré. C'est la première des nombreuses accusations portées contre la scolastique. Elle en résume un grand nombre d'autres et vise la méthode que nous étudions dans ce qu'elle a de plus essentiel. Aussi convient-il d'en faire un examen approfondi.

## Intellectualisme

La scolastique, nous dit-on, a le grand tort d'isoler l'intelligence des autres facultés de l'âme, de faire de la recherche de la vérité l'affaire de l'esprit seulement. Si l'homme est pensée, il est aussi sentiment. C'est avec toutes les puissances de son âme qu'il doit poursuivre et contempler la vérité. Il est contre nature de le diviser. Gratry revient souvent sur cette nécessité de rechercher la vérité avec tout soi-même. Il condamne ces esprits partiels et froids qui se créent des méthodes exclusives et rejettent tout ce qui n'en vient pas, qui font abus de la raison privée en excluant d'avance tout ce qu'elle n'a pas construit en chacun d'eux ; qui mutilent la raison en elle-même, en prennent le côté clair et retranchent le côté chaud, ignorant ce que dit Sénèque : « La raison ne se compose pas seulement d'évidence : sa partie la meilleure et la plus grande est obscure et cachée. » (1) Des écri-

---

(1) *Connaiss. de Dieu,* I p. 180.

vains plus récents tiennent le même langage et s'élèvent, chaque jour, contre l'intellectualisme de l'École. Cette dernière, d'après eux, accorde à la raison une part exagérée dans la vie intérieure de l'homme et la tient trop à l'écart de l'action et de la vie, n'écoutant la voix que du νοῦς aristotélicien. On ne peut plus dire, croient-ils encore, que l'intelligence, à elle seule, avec ses lois propres et nécessaires, constitue le jugement et l'affirmation. Dans tout jugement il entre des tendances, des émotions, des éléments de volition. Il n'y a jamais eu de jugement formulé par l'intelligence pure et nue, telle que la conçoivent les scolastiques. Ces idées, on le comprend, attaquent le procédé scolastique dans son principe même. Il nous appartient de les réfuter. Nous le ferons brièvement, c'est-à-dire dans les limites imposées par l'objet même de notre étude.

Que la scolastique, dans sa méthode même d'exposition, isole l'intelligence des autres facultés de l'âme, ce n'est pas douteux. Nous avons vu que c'est là son caractère propre. C'est pourquoi elle n'est ni oratoire, ni littéraire, ni parénétique, mais simplement intellectualiste. Elle se place au point de vue de l'idée pure et n'exprime qu'elle : *Demonstrator*, dit saint Thomas, *non utitur ad suum finem nisi enuntiativis orationibus significantibus res secundum quod eorum veritas est in anima* (1). Tout ce qui ne peut être ramené d'une manière ou d'une autre à des idées claires et distinctes

---

(1) *Peri Herm.*, l. I, lect. VII.

n'a donc pas de valeur intellectuelle pour la scolastique. Toujours et partout celle-ci suppose que le pouvoir d'explication appartient exclusivement à l'intelligence. A n'en pas douter, elle est intellectualiste. Mais est-on en droit de voir, dans l'isolement méthodique qu'elle impose à l'intelligence, une mutilation quelconque? En d'autres termes, l'intellectualisme qui s'affirme si puissamment dans le procédé scolastique lui-même est-il légitime?

Pour le nier, il faudrait bien établir que le vrai n'est pas l'objet propre et incommunicable de l'esprit ; qu'il est perçu également comme tel par la volonté, l'imagination et le cœur ; que nos états affectifs entrent pour quelque chose dans la célèbre définition de la vérité : *Adæquatio rei et intellectus*. Or, on ne saurait rien affirmer de tout cela sans heurter le sens commun et jeter la plus grande confusion dans le langage. Nous n'entreprendrons pas de démontrer ici la distinction réelle et spécifique des facultés de l'âme. Cela nous entraînerait trop loin. Mais il est une chose que doivent admettre même ceux qui nient ces facultés comme entités distinctes, c'est que l'âme, exerçant son pouvoir de lumière qu'on nomme la raison et son pouvoir d'amour qu'on nomme la volonté, s'exprime en résultats bien différents. Or, cette différence suffit à justifier l'isolement méthodique de l'intelligence. Puisque les produits ne sont pas les mêmes, qu'est-ce qui nous empêche de les considérer chacun comme une catégorie distincte? Ce procédé est fondé en raison et en nature. Ceux-là, au contraire, commettent une confusion intolérable qui nous donnent la recherche de la vérité comme une affaire d'âme au même titre que la poésie et l'art.

Un seul et même objet peut se présenter à nous sous divers aspects. Mais, comme connaissable, il ne relève que d'une seule faculté : en droit et en fait, il se trouve en dehors de l'objectif des autres. Au point de vue de la simple connaissance, il n'y a donc aucun inconvénient à séparer l'exercice de l'intelligence de celui de la volonté et de l'imagination. Au contraire, cette séparation adoptée comme méthode, surtout pour une période de formation, présente de grands avantages. Son premier effet est de procurer la liberté et la vigueur de l'intelligence, d'éloigner d'elle tout ce qui peut entraver sa marche, éparpiller ses forces, diminuer son attention, faire passer son action au second plan. Il est donc mal fondé le reproche de mutiler l'âme humaine qu'on adresse à la scolastique.

Par ailleurs, nous avouons ne pas comprendre comment, dans l'acte propre de l'intelligence, il entrerait des tendances, des émotions, des éléments de volition. Que d'autres facultés coopèrent dans une certaine mesure à cet acte, saint Thomas le reconnaît et l'explique mieux que personne : *Voluntas et intellectus mutuo se includunt* (1), dit-il : L'intellect et la volonté se compénètrent, mais sans se confondre ; chacune de ces facultés gardant toujours sa nature et ses lois propres. L'esprit entre en acte sous le commandement de la volonté. De plus, les dispositions morales de celle-ci exercent une influence plus ou moins heureuse sur le

---

(1) *Sum. theol.*, I p., q. XVI, art. 4.

résultat des opérations intellectuelles dont elle prend l'initiative. Cette influence est surtout décisive dans la recherche de la vérité morale et religieuse, dans le travail qui doit conduire l'homme à la foi surnaturelle. Alors l'assentiment donné n'est pas l'effet nécessaire de l'évidence intrinsèque du dogme qui reste obscur dans sa raison intime. Il ne peut être l'objet d'une démonstration scientifique. S'il devient l'objet de notre foi, c'est par l'effet du témoignage divin et de l'autorité irrécusable de la révélation. Cependant, les motifs de crédibilité, si puissants qu'ils soient, n'entraînent pas nécessairement l'adhésion de l'esprit : l'intervention de la volonté est indispensable (1) : « C'est affaire de la volonté que de croire », dit saint Thomas. On voit par là toute l'importance du rôle de la volonté dans la genèse de nos opinions et de nos croyances. D'une manière générale, la volonté intervient dans tous les actes de connaissance imparfaite. S'agit-il, au contraire, d'une conclusion scientifiquement démontrée ? Alors l'adhésion de l'esprit se produit fatalement : *Sciens cogitur ad consentiendum per efficaciam demonstrationis* (2).

Ces quelques mots nous montrent dans quelle mesure les éléments de volition peuvent entrer dans nos jugements. Ces éléments enveloppent les opérations intellectuelles, mais ne les pénètrent pas formellement. L'intelligence demeure toujours et partout le seul principe subjectif de connaissance. Dans ses lois, dans ses

---

(1) S. THOM., *Sum. theol.*, II-II, q. X, art. 8.
(2) *Sum. theol.*, I-II, q. XXVII, art 6.

caractères essentiels et distinctifs, elle échappe complètement à l'empire de la volonté. C'est en suivant sa nature et ses lois propres qu'elle atteint son objet, et non en tenant compte des tendances ou des dispositions de la volonté. Sans doute, les choses se passent souvent, en fait, tout autrement ; mais c'est là un malheur, une dégénérescence qu'il faut bien nous garder d'ériger en principe, comme le font tant de philosophes modernes par horreur de l'abstrait. Un tel procédé ne peut engendrer que les pires confusions et les plus graves erreurs. Si les scolastiques ont parlé quelquefois d'un acte d'intelligence pure, ils voulaient faire entendre par là un acte conforme à toutes les lois de la pensée et possédant toute sa perfection normale et spécifique. Le rôle de la volonté dans la vie de l'esprit n'a donc rien de contraire aux principes sur lesquels repose la méthode scolastique. Au surplus, il est essentiel, dans ces questions, de bien distinguer entre les vérités de raison et les vérités de croyance et aussi les affirmations de fait toujours contingentes.

S'il fallait adopter maintenant les idées de quelques auteurs contemporains sur l'intuition, il est certain que cette méthode comporterait une très grave lacune. Elle ne tiendrait aucun compte, par son principe même, d'une précieuse faculté de connaissance. Ces auteurs, en effet, attribuent un rôle considérable à l'intuition dans la découverte de la vérité. Ils nous parlent de connaissances acquises par le sentiment, d'un droit d'affirmer sans preuves réductibles en syllogisme. S'ils disent vrai, le procédé scolastique, il n'en faut pas douter, se trouve très incomplet. Il n'embrasse pas tous nos moyens de connaître, ne met pas en œuvre toutes nos énergies intellectuelles, se prive systématiquement d'un organe nécessaire. N'exclut-il pas, par définition, toute intervention du sentiment ? Ne le voit-on pas réduire nos certitudes à la dimension d'un syllogisme? Sans doute, c'est là son caractère. Mais notre puissance de connaître n'en est pas diminuée pour cela.

Rappelons tout d'abord l'idée qu'on se fait de l'intuition dans la philosophie nouvelle. C'est une entreprise qui a ses difficultés, car on ne trouve nulle part une définition nette à ce sujet. On ne distingue même pas, dans une matière si importante, l'ordre sensible de l'ordre intellectuel. Ceci s'applique, en premier lieu, à l'intuition bergsonienne. Elan vital, sympathie, sensation, coïncidence vécue du sujet avec l'objet, voilà sous quels traits elle se présente à nous. Il y a l'intuition moins compliquée peut-être, quoique « sourde », de quelques pragmatistes. Elle ressemble à une tendance native, à l'expression d'un caractère. « Chaque système est la vision qu'impose à un homme son caractère complet, son expérience complète ; la vision qu'il *préfère*, en somme, comme constituant pour lui la meilleure attitude de travail. Un caractère railleur fait prendre telle attitude générale ; un caractère sentimental où domine la sympathie fait prendre telle autre attitude. » (1) Il en est enfin pour qui l'intuition se confond avec une sorte de poussée affective diffi-

---

(1) WILLIAM JAMES, *Philosophie de l'expérience*. Première leçon, traduct. *Le Brun et Paris*.

cile à définir. Ceux-là prennent au pied de la lettre le mot fameux de Pascal : « Le cœur a des raisons que la raison ne comprend pas. »

Etant donné le but qui est le nôtre, ici, nous ne pouvons entreprendre la réfutation de cet intuitionisme. Nous dirons seulement que, sous toutes ses formes, il procède d'une théorie fausse de la connaissance. Il exagère jusqu'à la déraison la conformité qui doit exister entre le concept et l'objet dans la connaissance vraie. Cette conformité doit s'étendre, selon lui, jusqu'aux modes d'être du connaissant et du connu. Dans ces conditions, la connaissance ne se fait plus *ad modum cognoscentis*, comme disaient les anciens, mais plutôt *ad modum cogniti !* Voilà pourquoi la philosophie nouvelle nous recommande tant de nous transporter, par un effort de sympathie, au centre des choses, de fondre en elles notre esprit, d'accorder notre vie à la leur. Voilà pourquoi aussi tous les intuitionistes, quels qu'ils soient, font une si grande part à nos états affectifs dans la genèse de nos connaissances. Ils ont oublié l'adage scolastique : le connu est dans le connaissant. Mais, par contre, ils en pratiquent largement un autre que saint Thomas formule ainsi : *Amans est in amato.* C'est ce qu'ils veulent pour la connaissance. La transposition qu'ils opèrent de la sorte vient de l'idée fausse qu'ils se font de la méthode conceptuelle. Celle-ci ne saurait, pensent-ils, nous faire prendre contact avec les choses. Or, nous disons, nous, que l'intelligence, même pure, réalise ce contact. Les scolastiques disaient : *Intellectus fit omnia.* Rien n'est plus vrai. Etre doué d'activité intellectuelle, c'est pouvoir posséder, outre sa forme propre, la forme d'un autre. Mais ici une distinction est nécessaire. Saint Thomas nous la donne dans le passage suivant, dont l'importance n'échappera à personne : *Ex natura intellectus quæ est alia a natura rei intellectæ necessarium est quod alius sit modus intelligendi quo intellectus intelligit et quo res existit* (1). Étant donnée la différence de nature entre l'esprit et le connu, la conformité de l'un avec l'autre quant au mode d'être est radicalement impossible. Vouloir à toute force l'exiger, c'est sortir des limites et des conditions de notre nature. C'est détruire toute vraie connaissance, sous prétexte de la rendre plus parfaite. C'est l'histoire même des intuitionistes qui aboutissent finalement aux intuitions sourdes, à l'instinct ou à la pure sensation.

On aurait tort de croire cependant que saint Thomas ignore l'intuition. Il distingue fort bien la connaissance *immédiate* de la connaissance *discursive*. La première peut être appelée intuitive ; mais, dans l'ordre purement intellectuel, elle ne se vérifie que relativement aux premiers principes de la raison humaine. C'est là son domaine propre et exclusif. La vérité de ces principes nous est révélée par l'intelligence et le rapprochement des termes : c'est-à-dire que le rapport qui existe entre eux est perçu immédiatement sans raisonnement aucun. « Après la simple perception de l'essence, écrit Liberatore, le travail de l'esprit consiste dans la formation de certains jugements très obvies que, pour cette cause, on a appelés premiers

---

(1) *I Metaph*, lect. X.

principes ou vérités connues par elles-mêmes. Ils se révèlent à l'intelligence par le moyen des relations que laissent apercevoir immédiatement les essences considérées en elles-mêmes. Tout ce qui appartient à un être ne se découvre pas, il est vrai, au premier abord, et souvent il nous faut recourir à des concepts intermédiaires pour déduire et raisonner. Toutefois, il est des rapports qui apparaissent au premier coup d'œil. » (1) On peut voir par là ce que les scolastiques entendent par intuition. Le rôle de celle-ci est de fournir les premiers principes, et non les conclusions. Pour arriver à ces dernières, le raisonnement formel, ou tout au moins implicite, est nécessaire. Dans les questions purement scientifiques, l'intuition, quelle qu'en soit la nature, n'a guère d'objet. Si l'on emploie encore ce mot dans ce genre de questions, c'est uniquement pour désigner la pénétration prompte et puissante de l'esprit. Mais, dans ce cas, le travail de la pensée peut toujours se réduire en opérations logiques déterminées. Si on ne peut le traduire en langage clair et distinct, en preuve saisissable, c'est que l'esprit est victime d'un mirage trompeur. Il ne peut justifier sa conviction parce que, en réalité, elle ne repose sur aucune base intellectuelle : elle est plutôt le résultat d'un effort de la volonté que d'un raisonnement proprement dit. En d'autres termes, ce n'est pas un objet comme connaissable qui est atteint, mais un objet comme bien réel ou apparent de l'appétit qui est aimé et recherché. On n'est donc jamais autorisé à dire : « Je ne sais pas,

---

(1) *Della conoscenza intellet.*, vol. II, c. VIII, art 5.

mais j'affirme. » Qui ne voit le danger d'une méthode intuitive, d'une méthode qu'on s'interdit de poser discursivement, c'est-à-dire qu'on soustrait à toute analyse rationnelle parce qu'elle appartient à la vie ? N'est-ce pas livrer les choses les plus graves au sentiment et au caprice de chacun ? Les scolastiques avaient donc le droit et le devoir de ne tenir aucun compte de l'intuitionisme dont nous venons de parler.

Inutile d'ajouter qu'ils ne limitaient pas pour cela l'objet de la connaissance humaine. Si leur procédé fait abstraction par lui-même des passions, des tendances natives, des états affectifs, des mouvements divers de la volonté, il ne renonce pas pour cela à les étudier. Dans l'ordre de l'intelligibilité, le vrai est universel : il embrasse tout : *In ordine intelligibilium verum est universale* (1). A ce point de vue, le *bien* est une partie de son domaine, le bien avec toute la série des actes dont il peut être l'objet et la cause. Il représente tout simplement un ordre de vérités particulières. S'agit-il de la volonté, au contraire, c'est l'inverse qui se produit. Le *bien* possède alors l'universalité, et le vrai ne nous apparaît plus que sous la forme d'un bien particulier, celui de l'intelligence : *Inter illa quæ ordinantur ad objectum voluntatis, continentur etiam ea quæ sunt intellectus et e converso* (2). La scolastique, par le fait qu'elle ne met en mouvement ni la volonté ni le cœur, ne restreint donc nullement le domaine de l'intelligence. Celle-ci s'étend à tout :

---

(1) *Sum. theol.*, 1ᵃ p , q. XVI, art. 4.
(2) *Ibid.*

*fit omnia.* Elle vit toutes choses en les comprenant. C'est pourquoi il est dit du Verbe que tout était vie en lui.

Nous ne voulons pas nier cependant que la pensée ne s'achève, en quelque sorte, dans le sentiment. Autre chose est de saisir l'objet par la pointe de l'esprit, autre chose est de le saisir à la fois, quoique sous des aspects divers, par l'esprit et le cœur. Dans ce cas, la possession en est plus concrète et plus vivante; la connaissance y gagne en intensité, étant ramenée vers le sensible, qui est son point de départ. Ce travail de développement ne relève pas de la scolastique. Son but n'est pas de faire l'éducation de toutes les facultés de l'âme, mais de l'intelligence seulement. Elle s'occupe du *bien ut verum quoddam*, et non à un autre titre. Qu'on cesse donc d'exiger d'elle ce qu'elle n'a point pour mission de donner. Elle n'empêche ni ne condamne la culture des facultés morales, littéraires ou esthétiques de l'homme. Au contraire, elle pose les principes et le fondement inébranlable de cette culture. Ce fondement sur lequel reposent les arts et les vertus morales, c'est le vrai que la scolastique saisit et fixe dans la réflexion abstraite et que d'autres études ramènent à une forme moins impalpable en l'humanisant par l'imagination, en le faisant s'épanouir dans le beau et le bien.

En résumé, nous ne faisons aucune difficulté d'avouer que la scolastique, par son procédé même, isole l'intelligence des autres facultés de l'âme. Mais cet isolement méthodique est une force, au point de vue de la simple connaissance. On doit le regarder comme une heureuse et féconde application de la grande loi de la division du travail. Le reproche qu'on adresse de ce chef à la scolastique n'est donc pas fondé.

## Abus de l'abstraction

Il en est un autre tiré de son caractère abstrait. Bien qu'il ne soit pas sans quelque rapport avec le précédent, il ne sera pas inutile de l'examiner à part.

On ne peut le nier. La scolastique est abstraite pour le fond et pour la forme. Nous avons vu que la forme qui lui est propre est le résultat de l'élimination intentionnelle des éléments caractéristiques de l'art et de la littérature, par conséquent de certains éléments sensibles. On conçoit qu'il y ait là, surtout pour les commençants, une difficulté spéciale, difficulté qui s'accroît encore du fait de la soif démesurée du concret et de l'individuel qui règne à notre époque. On se détourne de plus en plus de toute exposition doctrinale quelque peu abstraite. Et ceux qui obéissent à cette tendance sont assez portés à la prendre pour une supériorité intellectuelle. Or, ils se trompent totalement.

Tous les philosophes dignes de ce nom, soit anciens, soit modernes, leur donnent tort. Tous déclarent qu'un homme est d'autant plus apte à connaître, à comprendre et à juger qu'il est plus capable d'abstraire. Pour saint Thomas, la connaissance de l'individuel ne perfectionne pas l'intelligence à proprement parler. Elle nous apporte la *matière* de la science et non la science elle-même ; ensuite elle intéresse encore plus l'action que la connaissance pure. *Cognitio singula-*

*rium non pertinet ad perfectionem animæ intellectivæ secundum cognitionem speculativam* (1). Les écrivains de notre temps, même les plus positifs, reconnaissent à leur manière cette même vérité. « Le propre de l'extrême culture, dit Taine, est d'effacer de plus en plus les images au profit des idées. Sous l'effort incessant de l'éducation, de la conversation, de la réflexion et de la science, la vision primitive se déforme, se décompose et s'évanouit pour faire place à des idées nues, à des mots bien classés, à une sorte d'algèbre. Le train courant de l'esprit est désormais le raisonnement pur. » (2) On voit chaque jour, du reste, que le besoin si général et si exclusif du concret et de l'individuel, dont nous venons de parler, n'a pas précisément contribué à élever le niveau intellectuel dans la société contemporaine. Il l'a considérablement abaissé, au contraire. On demeure étonné du vide d'un grand nombre d'œuvres même universellement célébrées. Comparées aux productions d'un autre âge, du XVII° siècle, par exemple, elles semblent manquer de pensée et d'âme : elles manquent surtout d'élévation et de puissance. Tout y est léger, superficiel, destiné à une chute prochaine. Non, ni l'érudition ni la connaissance des faits individuels, si étendus qu'on les suppose, ne peuvent donner une trempe vigoureuse et supérieure à l'intelligence. Seules, les idées générales, par conséquent abstraites, le peuvent.

Ces remarques sont la justification pleine et entière du procédé scolastique, dont le point de vue est

---

(1) *Sum. theol.*, III p., q. XI, art. 1.
(2) *La Philosophie de l'art. La Peinture de la Restauration en Italie.*

abstrait. Nous n'y ajouterons que la citation suivante, empruntée à un écrivain qui a particulièrement étudié le rôle de l'abstraction dans l'éducation intellectuelle: « L'esprit, dit-il, trouve dans l'abstraction un moyen efficace d'éviter nombre d'erreurs. Certaines pensées fausses peuvent faire illusion parce qu'elles sont revêtues d'images brillantes. Telle est la puissance des artifices du langage qu'une pensée superficielle acquiert souvent, grâce à lui, l'apparence de la profondeur. Une vulgarité triviale parvient sous de nobles atours à déguiser sa roture, et telle proposition fausse qui, strictement énoncée, trahirait sur-le-champ sa fausseté, se place, grâce au voile ingénieux dont on la couvre, parmi les vérités incontestées. Or, que l'esprit élimine l'image susceptible de le duper, et la pensée une fois dégagée de ce revêtement trompeur, il pourra en sonder au juste la valeur et l'exactitude. » (1) Ceci dit pour la sauvegarde des principes, car il est bien loin de notre pensée de prétendre qu'il ne faille pas tenir compte des difficultés qu'une forme abstraite peut présenter pour les commençants. Ces difficultés sont réelles. Il est bien vrai que les idées abstraites sont les plus claires et les plus faciles de toutes, étant les plus simples. Mais ce n'est vrai que si l'on considère l'abstrait en soi. Cette facilité disparaît en grande partie si l'on tient compte de l'habitude prise de lier ses idées à des signes sensibles et matériels. Il appartient donc à un bon éducateur de graduer les abstractions, c'est-à-dire d'amener peu à peu son élève à faire

---

(1) QUEYRAT, *De l'abstraction et de son rôle dans l'éducation intellectuelle*, c. IV.

l'effort qu'exige l'emploi d'une forme purement abstraite. Ce qui serait très regrettable, ce serait de renoncer à cette forme, sous des prétextes plus ou moins spécieux. On renoncerait du même coup à ce qui fait la perfection et la grandeur de l'intelligence humaine.

## Abus du latin

Il nous reste maintenant à discuter un autre grief assez souvent formulé de nos jours contre la scolastique. Il vise cette dernière, non plus dans son procédé, mais dans sa langue. On lui fait, sinon un crime, du moins une grave anomalie de parler latin. C'est là une question qui se rattache visiblement à l'examen de l'exposition scolastique que nous avons entreprise. On nous permettra donc de nous y arrêter. Elle est plus importante qu'elle ne paraît à première vue. Par ailleurs, elle ne manque pas d'actualité.

L'emploi du latin dans l'enseignement des sciences ecclésiastiques a été fréquemment critiqué et combattu à notre époque, disons-nous. Des esprits distingués et judicieux, par ailleurs, ont réclamé comme un progrès la disparition de cette vieille coutume. Une langue morte, disaient-ils, peut être un excellent moyen de formation littéraire ou un précieux instrument d'études archéologiques et d'érudition ; mais elle est impropre à promouvoir la vérité, à la défendre, à la faire vivre et agir. Qui sait si elle n'aurait pas pour effet de rendre morte aussi la science qui s'en sert?

Nous ne pouvons souscrire sans réserve à cette appréciation. Il est nécessaire, croyons-nous, dans cette question, de distinguer entre l'enseignement officiel de la philosophie et de la théologie dans les Grands Séminaires, et l'enseignement que nous appellerions volontiers de vulgarisation scientifique. Pour le premier, il doit toujours se donner en latin. L'intérêt supérieur de la religion catholique, comme telle, le demande. En voici les raisons.

Le latin est pour l'Eglise un instrument d'unité intellectuelle. Il facilite et développe cette unité. A ce titre seul, il mériterait d'être conservé précieusement. Pendant longtemps, il a procuré ce même bienfait de l'unité intellectuelle à toute l'Europe, non seulement pour les questions religieuses, mais encore pour toutes les connaissances intéressant les professions libérales. Les idiomes vulgaires, durant le moyen âge, servaient uniquement à la vie pratique ou à une littérature ignorée des Universités. Grâce au latin, il s'établit à cette même époque une sorte de cosmopolitisme intellectuel. « Jamais, nous dit un historien, il n'y eut moins de frontières. Jamais, ni avant ni après, il n'y a eu un tel mélange de nationalités, et, à l'heure actuelle, malgré nos routes et nos chemins de fer, les peuples vivent plus séparés. Les Ordres mendiants ont été, à l'origine, une véritable *internationale*. Lorsque, au printemps de 1216, saint Dominique rassembla ses Frères à Notre-Dame de Prouille, ils se trouvèrent seize, et, dans ce nombre, des Castillans, des Navarrais, des Normands, des Français, des Languedociens et jusqu'à des Anglais et des Allemands. Les hérétiques voyageaient dans l'Europe entière, et nulle part nous ne les voyons arrêtés par la diversité des langues. Arnaud de Brescia, par exemple, le fameux tribun de Rome, apparaît en France, en Suisse et en pleine Allemagne. » (1) Seul, le latin, langue de toute instruction, opérait ce rapprochement et cette fusion de tant de peuples divers. Et la chose est d'autant plus étonnante que l'Europe était plus morcelée alors qu'elle ne l'a jamais été depuis. Mais le fait que nous constatons n'est pas particulier au moyen âge, nous le voyons subsister, dans une large mesure, jusqu'au XVIII° siècle. A la Renaissance, tout « honnête homme », en Europe, entendait le latin, le lisait dans les ouvrages de science. Un pamphlet d'Ulrich de Hutten ou d'Erasme produisait une commotion presque instantanée, en tout pays, qu'aucun écrit moderne ne produit plus. Il existait alors un auditoire européen. C'est pourquoi on trouverait difficilement, durant quatre ou cinq siècles, un écrivain de valeur qui n'eût écrit quelque livre en latin. Dante écrivit dans cette langue un traité de la *Monarchie* ; Pétrarque, son poème de l'*Afrique* ; Nicole traduisait les *Provinciales* en latin, et Descartes donnait presque simultanément ses *Méditations* en français et en latin ; enfin, Bacon, Leibnitz, Spinoza se servirent aussi, à l'occasion, de la langue de Cicéron et de Sénèque.

Mais les choses ont bien changé depuis un siècle. Les savants n'ont plus recours au latin. Chacun se sert de sa langue nationale. Bien plus, l'enseignement du latin subit en ce moment, en France, une forte crise.

---

(1) SABATIER, *Vie de saint François*. Introduction.

Ainsi, à mesure que les communications matérielles entre les peuples deviennent plus faciles et plus rapides, la communion des intelligences se fait moins universelle. On ne peut que le regretter. On compte, sans doute, sur les traductions et l'enseignement des langues modernes pour maintenir l'échange international des idées. Mais ces moyens n'auront jamais l'efficacité du latin, qui a été et seul peut être encore un incomparable instrument d'unité intellectuelle. Une chose, du moins, demeure certaine : c'est qu'il n'a jamais cessé jusqu'ici de favoriser puissamment cette unité dans l'Eglise catholique. A ce point de vue, sa disparition entraînerait les conséquences les plus fâcheuses.

L'unité de croyance qui doit régner dans l'Eglise n'est pas sans relation étroite avec l'unité d'enseignement. Or, cette dernière serait bien difficile à sauvegarder sans le latin. La diversité des langues entraîne nécessairement la diversité des formules dans l'expression du dogme et l'abandon des formules adoptées et consacrées par l'Eglise et les grands théologiens. Or, cet abandon ne peut être sans danger pour l'orthodoxie elle-même. L'histoire des dogmes est là pour nous le dire. On sait quelle place importante certains mots, comme *consubstantiel, theotocos, transsubstantiation,* ont occupée dans la controverse avec les hérétiques. *Formam habe sanorum verborum,* disait l'Apôtre : Garde les mots propres à exprimer la saine doctrine. Que de fois l'Eglise a fait la même recommandation aux écrivains religieux ! Et ce qu'elle loue dans saint Thomas, ce n'est pas seulement la doctrine — *veritatem sententiarum,* — mais encore la justesse et la propriété des termes — *proprietatem verborum* (1). — Plus qu'aucun autre écrivain de l'Ecole, il a trouvé les mots propres à exprimer la saine doctrine.

Supposez que la terminologie traditionnelle soit délaissée, on ne pourra éviter d'en créer une nouvelle. Bien plus, on sera dans la nécessité d'en créer un grand nombre, car, le principe de la langue vulgaire une fois admis, chaque peuple aura un droit égal à se l'appliquer. Il est même probable que du nationalisme, sur ce point, on tombera vite dans l'individualisme. Finalement, chaque professeur aura sa langue particulière. Et quelle confusion il en résultera ! Nous en avons un grand exemple dans la philosophie moderne, où le manque d'uniformité de la langue entraîne tant d'obscurité et d'incertitude. Combien serait donc grand le danger d'altération des vérités de la foi avec la liberté dont nous parlons ! Le latin disparu, une part vraiment trop large serait fatalement faite à l'initiative, pour ne pas dire à la fantaisie individuelle. L'enseignement de la philosophie et de la théologie dans les Séminaires exige plus que tout autre une certaine forme traditionnelle. Il est donné bien plus par l'Eglise que par tel ou tel professeur, et l'Eglise ne peut que lui imprimer un caractère d'unité et d'universalité même dans la forme.

Bien d'autres inconvénients résulteraient encore de la disparition du latin dans l'enseignement des sciences ecclésiastiques. Elle rendrait inaccessibles les ouvrages des grands théologiens du temps passé. Ceux qui n'ont

---

(1) INNOCENT VI.

pas été initiés à la terminologie de l'Ecole ne peuvent aborder avec profit l'étude de saint Thomas ni des autres maîtres. Oserait-on soutenir que ce n'est pas là un grave inconvénient pour ceux qui doivent puiser sans cesse dans les trésors de la tradition, qui doivent se nourrir et nourrir les autres de la doctrine des auteurs approuvés? Les lecteurs, dans ces conditions, seront-ils même capables de comprendre le langage des Conciles si souvent emprunté à la scolastique? Saisiront-ils exactement le sens et la portée d'un grand nombre d'expressions techniques adoptées par l'Eglise, expressions qui n'ont guère d'équivalent en français et, en général, dans les langues vulgaires ? Et les Conciles eux-mêmes, qu'il sera difficile de les tenir sans le latin !

C'est dans ces assemblées que se manifestent avec éclat l'unité et la catholicité de l'Eglise. Quel beau spectacle que de voir ces hommes venus de tous les points de l'horizon, non seulement réciter le même *Credo*, mais encore le réciter dans la même langue ! C'est l'évocation vivante de l'âge heureux dont il est dit : *Erat autem terra labii unius et sermonum eorumdem* (1). Or, ce spectacle perdrait sûrement beaucoup de sa grandeur et de sa haute portée si le latin n'était plus la langue de l'enseignement théologique. Les discussions deviendraient pratiquement impossibles entre les Pères et les théologiens du Concile. Ajoutez à tout cela la difficulté de connaître l'opinion commune des auteurs, chacun écrivant dans sa langue maternelle.

---

(1) *Gen.* XI, 1.

En un mot, sans le latin, l'unité intellectuelle, plus nécessaire dans l'Eglise que partout ailleurs, serait d'une réalisation difficile. Les communications entre les différentes parties de ce grand corps seraient moins profondes et moins actives. Il pourrait même se produire sur certains points éloignés des tendances nationales et séparatistes. Voyez ce qui se passe dans les Eglises d'Orient, qui ont leur langue et leur liturgie à part. Leur union au reste du corps catholique est manifestement plus faible. Elles ne participent pas avec la même plénitude que les autres parties à la vie centrale et au mouvement général des idées. Elles ont une tendance marquée à la routine et à la stagnation en toutes choses.

Tous ces inconvénients sont assez graves pour donner à réfléchir aux partisans de la suppression du latin dans l'enseignement des sciences ecclésiastiques. Et pourquoi ne pas mentionner aussi, en passant, une autre conséquense fâcheuse qui en résulterait encore ? Elle se rapporte à la composition en français des livres de théologie morale, et surtout de casuistique. On comprend, sans qu'il soit besoin d'insister, tous les abus auxquels donnerait lieu, dans ce cas, l'emploi de la langue vulgaire. Dans les dernières années de sa vie, Taine craignait d'avoir froissé des croyances ou découragé des vertus. Il disait : « Je n'aurais dû écrire sur la philosophie qu'en latin, pour les initiés : on risque trop de faire du mal aux autres. » (1) Mais, sans nous arrêter davantage à cet inconvénient particulier,

---

(1) MICHEL SALOMON, *Taine*.

voyons ce que l'on ne manque pas d'objecter contre notre thèse en général.

On dit que la connaissance du latin n'est pas nécessairement liée à l'enseignement de la philosophie et de la théologie dans cette langue. On peut acquérir ou développer cette connaissance par d'autres exercices. Ainsi, tout en se servant du français dans l'enseignement quotidien, on pourrait de temps en temps donner aux élèves des dissertations latines sur des questions de haute métaphysique et de théologie spéculative ou leur faire traduire les grandes thèses des principaux traités de leurs manuels. De la sorte, on aurait tous les avantages de l'emploi du français, sans encourir les inconvénients de la suppression du latin. Mais cette combinaison est moins simple et moins satisfaisante qu'elle ne paraît tout d'abord. La part qu'elle fait au latin se réduira à bien peu de chose dans la pratique. En tout cas, elle ne sera pas suffisante pour familiariser les élèves avec la langue des philosophes et des théologiens scolastiques. Seul, l'enseignement élémentaire, avec un manuel latin lu et relu par l'élève, pourra obtenir ce résultat. Et encore ne l'obtiendra-t-on pas toujours d'une manière satisfaisante. Rien ne prouve mieux la difficulté de la chose.

On peut facilement prévoir quel sera l'effet de quelques dissertations latines, à côté d'un enseignement donné en français et d'un manuel écrit dans la même langue. Cet effet sera nul. Pour nous, c'est la combinaison contraire qui est préférable. Conserver l'usage du latin dans l'enseignement ordinaire et adopter l'usage non moins nécessaire de résumés et dissertations en français, pour les questions fondamentales et les plus actuelles. Ces exercices habitueront l'élève à penser et à écrire dans sa langue maternelle sans le détourner du latin. Il importe de ne pas oublier que les conditions du latin et du français ne sont pas les mêmes dans toute cette affaire. Ce qui est suffisant pour sauvegarder les droits de l'un ne l'est plus lorsqu'il s'agit des droits de l'autre. Le latin étant le moins connu réclame une plus grande place dans le programme des études. C'est en ne le perdant jamais de vue que les élèves pourront en acquérir la pratique.

Nous ajouterons à toutes ces considérations un argument d'autorité. La Sacrée Congrégation des Études, dans une lettre datée du 1ᵉʳ juillet 1908, adressée aux évêques, « exhorte avec instance et les maîtres à se conformer au règlement de la Constitution du Pape Léon XIII *Quod divina sapientia*, et les élèves à se livrer avec plus de zèle et d'application, selon les lettres Encycliques *Depuis le jour*, données le 8 septembre 1899 par le même Souverain Pontife, à l'étude du latin, comme le réclament les sciences sacrées, surtout dans les Grands Séminaires ». Les considérants que cette lettre trop oubliée fait valoir ne sont autres que les raisons que nous venons d'exposer. Elle fait remarquer avant tout que « la langue latine est la langue propre de l'Eglise ». Elle ajoute ensuite qu'elle doit être regardée comme « la langue, soit de la philosophie, soit des sciences sacrées ». Son génie et sa nature sont tels qu'il faut la considérer comme très apte à l'explication facile et claire des formalités et des notions les plus difficiles et les plus subtiles des choses.

## Rôle vulgarisateur du français

Si maintenant nous laissons de côté l'enseignement proprement dit des écoles pour parler de la vulgarisation des doctrines scolastiques, nos conclusions seront toutes différentes.

Pour ce qui est du passé, il est certain qu'en dehors des milieux classiques on aurait dû faire parler plus souvent la langue de tout le monde à la philosophie de l'Ecole. Si une philosophie ne règne dans un pays que dans la mesure où elle s'empare de sa langue, qui pourra s'étonner de l'oubli dans lequel est tombée si longtemps la philosophie scolastique ? En s'obstinant à ne la présenter qu'en latin, on lui a fait prendre le caractère d'un enseignement *ésotérique* : on l'a rayée du nombre des choses vivantes.

C'est à partir surtout du xvie siècle que les écrivains de l'Ecole auraient dû avoir recours au français pour faire pénétrer leur philosophie dans la littérature générale. Mais le sentiment de la réalité leur a totalement fait défaut sur ce point. L'urgente nécessité d'exposer et de défendre la doctrine philosophique traditionnelle, en français, n'était pas comprise. On la comprend davantage de nos jours, bien qu'il reste de grands progrès à faire dans cette voie. L'exposition en français de la philosophie scolastique, à l'usage des esprits cultivés et non initiés, demeure une des œuvres les plus nécessaires de l'heure présente. Tout ce qu'on entreprendra dans ce sens sera infiniment profitable, beaucoup plus profitable, en tout cas, que la réédition de quelques vieux auteurs secondaires de l'Ecole ou la composition de nouveaux ouvrages sur des matières controversées depuis des siècles. Pourquoi accorder tant d'importance aux controverses de ce genre lorsque la doctrine scolastique, dans ce qu'elle a de généralement admis, est si peu connue? L'importance qu'on donnerait à ces questions ne pourrait, en l'état actuel des esprits et au point de vue qui est le nôtre ici, que compromettre la diffusion des doctrines philosophiques de l'Ecole et entretenir les préjugés répandus contre elles.

Ces remarques, on le voit, sont d'ordre tout pratique. Elles ne visent que le travail de vulgarisation des doctrines. C'est pour les avoir méconnues que les scolastiques décadents comptent tant d'œuvres sans portée et sans adaptation aux vrais besoins de leur temps. On ne saurait donc trop recommander aux professeurs de nos jours d'éviter ces errements. Il y aurait souvent quelque chose de mieux à faire pour eux que de publier un nouveau manuel : ce serait de nous donner une large, lumineuse et vivante exposition, en français, de quelque point important de la doctrine scolastique. Pour ne citer qu'un exemple, combien serait précieux dans ce genre un exposé de la connaissance d'après saint Thomas ! Des monographies précises et détaillées ne peuvent que contribuer au rayonnement de la philosophie traditionnelle. La forme d'école est sans doute nécessaire, surtout au commençant dont elle fait l'éducation intellectuelle et dans l'esprit duquel elle grave profondément les notions fondamentales de la science. Mais les conditions et les besoins de la vulgarisation philosophique ne sauraient s'en contenter. Une forme plus libre, plus oratoire, est nécessaire pour cela. Il importe donc beaucoup que cette doctrine que l'Ecole expose dans ses rigides formules et nous donne souvent comme un résidu intellectuel soit présentée avec une ampleur et un développement inconnus des manuels classiques. Sa pénétration dans des milieux étrangers et prévenus est à ce prix. On l'a très justement remarqué : l'idée ne se propage guère tant qu'elle reste à l'état abstrait. Elle ne devient une arme offensive ou défensive qu'en se convertissant, comme on dit de nos jours, en matière émotionnelle, ou tout au moins en prenant une forme plus concrète. Cette vérité, les scolastiques décadents ne l'ignoraient pas, mais ils n'en ont pas tenu compte en pratique. C'est pourquoi ils ont multiplié inutilement les livres dans la forme spéciale primitivement adoptée pour un but particulier. Ils n'ont pas vu que leur procédé de notation abstraite employé exclusivement ne pouvait finalement que les séparer du monde de la vie et de l'action. C'est ce qui leur est arrivé.

Mais il ne faut pas se le dissimuler. Cette exposition des doctrines philosophiques de l'Ecole, en langue bien française, offre de grandes difficultés. Pour la mener à bien, un labeur opiniâtre, une connaissance approfondie et de ces mêmes doctrines et des ressources de notre langue sont indispensables. Il ne s'agit pas, en effet, de nous donner une traduction littérale, un simple décalque du style scolastique. C'est tout autre chose que nous réclamons. On appliquera le précepte : *Nec verbo verbum curabis reddere*. On aura soin d'écarter résolument les clichés, les locutions techniques et stéréotypées, les formules convenues. C'est à cette condition seulement qu'on fera une œuvre utile. Et encore ce n'est pas par un seul livre ni par un seul écrivain que s'accomplira cette œuvre. Elle sera plutôt le résultat d'efforts accumulés durant une période plus ou moins longue.

Il serait injuste de ne pas reconnaître que des travaux remarquables ont été faits dans ce sens depuis l'origine du mouvement néo-scolastique. Ils méritent d'être encouragés et soutenus par tous ceux qui ont à cœur la diffusion des enseignements de la philosophie scolastique. Les travaux de cette sorte feront plus pour la renaissance de cette philosophie que tous les discours et toutes les polémiques (1). En admirant la beauté et la profondeur des doctrines philosophiques de saint Thomas, qui ne s'est écrié : Quel malheur que tout cela soit si peu connu ! Ce malheur s'explique en grande partie par une grave et déplorable lacune de la littérature de l'Ecole, lacune que nous venons de signaler et de combattre. D'aucuns même trouveront que nous attachons beaucoup d'importance à une question de pure forme. Mais qu'ils veuillent bien considérer que cette question prend un intérêt de premier ordre lors-

---

(1) Nous citerons comme modèle du genre la traduction du traité de *Ente et Essentia de S. Thomas*, par Emile Bruneteau. L'idée en est heureuse, et l'exécution, malgré de nombreuses difficultés, ne l'est pas moins. Les travaux semblables ne peuvent que contribuer efficacement à la vulgarisation de la philosophie scolastique et à lui enlever le caractère cénaculaire et ésotérique que certains professeurs ne lui ont que trop souvent imprimé.

qu'il s'agit de répandre une doctrine en dehors d'un groupe restreint d'initiés.

On peut excuser les anciens scolastiques d'avoir fait un usage trop exclusif de leur méthode d'exposition. Mais nous serions inexcusables, nous, de les imiter sur ce point. Sans doute, la scolastique est avant tout l'appropriation de la doctrine à l'enseignement. Mais il n'en est pas moins très regrettable que tout l'effort littéraire de l'Ecole ait porté dans ce sens-là.

On peut voir maintenant dans quelle mesure nous sommes partisans du français dans l'enseignement de nos Séminaires. Nous reconnaissons volontiers qu'il y a dans cet ordre de choses une réforme à faire. Mais cette réforme, comme beaucoup de celles qu'on a proposées relativement aux études ecclésiastiques, ce n'est pas dans les écoles qu'il faut l'opérer, c'est au dehors. Qu'est-ce à dire, sinon qu'à côté des manuels et des livres composés en vue des classes pour lesquels on conservera l'usage du latin il nous faut d'autres ouvrages exposant en français principalement la philosophie scolastique.

Nous pourrions réfuter d'autres griefs encore contre la scolastique. Mais ils visent cette dernière dans ses doctrines mêmes, philosophiques ou théologiques. Ce serait donc sortir de notre sujet que d'en faire ici l'examen. Nous compléterons, du reste, dans les chapitres suivants, nos idées concernant la nature et le rôle de la méthode scolastique.

# CHAPITRE III

## Pensée et sentiment

Le scolastique, nous l'avons vu, n'envisage point les choses en tant que susceptibles de produire un sentiment quelconque. Il laisse de côté leur aspect émotionnel ou esthétique. C'est ce qui le distingue de l'orateur, de l'artiste, de l'homme d'action. Est-ce à dire pourtant que nulle affection de la volonté n'accompagne ou ne doive accompagner le travail purement intellectuel ? Le croire serait une grave erreur. Saint Thomas recommande comme industrie mnémotechnique l'estime et l'affection pour ce que nous voulons graver dans notre mémoire : *Oportet ut homo adhibeat affectum ad ea quæ vult rememorari* (1). Or, si la mémoire est puissamment aidée par cette pratique, l'intelligence ne l'est pas moins. Pour prévenir ou dissiper tout malentendu relativement au caractère de la méthode scolastique telle que nous l'avons définie, nous voudrions donc étudier maintenant les rapports de l'idée pure avec le sentiment. Nous achèverons ainsi de mettre au point les considérations que nous avons fait valoir jusqu'ici.

Du reste, la question que nous voulons examiner ici est de toute actualité. Elle a préoccupé et préoccupe

(1) *Sum. theol.*, I, q. XLIX, art. 1.

encore visiblement un grand nombre de penseurs de nos jours. Ces derniers estiment avec raison que la compénétration réciproque de la pensée et du sentiment constitue le nœud vital de la psychologie, le point central de notre vie intérieure. Qui ferait la pleine lumière sur cette question tiendrait le secret de notre personnalité, de notre tempérament d'esprit et de nos croyances. Les scolastiques ne pensaient pas autrement. On les a souvent accusés d'avoir méconnu le rôle de la volonté et du cœur dans la genèse et l'explication des phénomènes de l'âme. Mais une telle opinion ne peut provenir que d'une connaissance superficielle de leurs doctrines. Pour saint Thomas, les admirables articles qu'il a consacrés à l'étude des passions et de la volonté le mettent suffisamment à couvert d'un tel reproche.

## Vertu intellectuelle
## Ses rapports avec la volonté

La science, par elle-même, n'a rien de commun avec la volonté. C'est, en général, la condition de toutes les vertus purement intellectuelles. Ces dernières, dit saint Thomas, ne perfectionnent pas la volonté et n'ont aucun rapport nécessaire et immédiat avec elle : *Non perficiunt partem appetitivam, nec aliquo modo ipsam respiciunt* (1). Elles habitent une région supérieure et étrangère à l'action. Elles produisent tout leur effet dans les limites de l'esprit. Nous conduire à la con-

---

(1) *Sum. theol.*, I-II, q. LVII, art. 1.

naissance du vrai indépendamment de toute fin ultérieure, tel est leur rôle. Elles ne supposent donc pas nécessairement la rectitude morale de la volonté. C'est ce que nous voyons se réaliser pour l'art lui-même, qui ne possède qu'un degré inférieur d'intellectualité, si on le compare à la philosophie et à la science. Les qualités morales de l'artiste n'entrent pas en ligne de compte dans le jugement à porter sur son œuvre : *Non pertinet ad laudem artificis, in quantum artifex, qua voluntate opus facit, sed quale sit opus quod facit* (1). La critique trouve dans cette œuvre même, dans les principes et les procédés de l'art, tous ses éléments d'appréciation. Elle n'a pas à faire état des dispositions morales de l'artiste ou du savant. Ces dispositions, si parfaites qu'on les suppose, ne sauraient, par elles-mêmes, donner la moindre valeur objective à une œuvre de science et d'art.

Mais si l'art ne procède pas des vertus morales, il n'a pas davantage pour but de les prêcher. C'est faire fausse route que de le mettre directement au service de la religion ou d'une thèse quelconque. Se placer au point de vue de la piété ou de l'édification pour juger d'un tableau de peinture, par exemple, c'est montrer qu'on n'a pas le moindre soupçon de l'art. Seules, les personnes de faible culture intellectuelle ou les systématiques tombent dans ce travers. La fameuse théorie de l'art pour l'art ne manque donc pas d'un certain fondement en philosophie. On peut la sou-

---

(1) *Ibid.*, I-II, q LVII, art. 3.

tenir en conformité avec les principes de saint Thomas que nous venons de rappeler, principes, est-il besoin de le dire, qui laissent subsister la juridiction universelle de la morale. Tout ceci revient à dire que la science et l'art n'assurent pas le bon usage de la puissance qu'ils créent ou perfectionnent. C'est à la volonté de procurer ce bon usage. N'est-ce pas à elle qu'il appartient de mettre nos facultés naturelles ou acquises en mouvement, et de les pousser à l'action ? On comprend, dès lors, que cette action tire sa valeur morale de la volonté. Si cette dernière est juste, charitable et sainte, l'action le sera également. Ainsi la volonté est la source de tout bien. C'est de son état de santé ou de maladie, de vertu ou de vice, que dépendent le bon ou le mauvais exercice de nos facultés, le mérite ou le démérite de nos œuvres. On peut voir par là l'erreur de ceux qui font de la science le principe de tout bien et de l'ignorance le principe de tout mal.

Nombreux furent, au siècle dernier, les écrivains et les hommes politiques qui tombèrent dans ce travers d'attribuer à l'instruction pure un pouvoir moralisateur presque souverain. Victor Hugo s'écriait naïvement : « La vraie division humaine est celle-ci : les lumineux et les ténébreux. Diminuer le nombre des ténébreux, augmenter le nombre des lumineux, voilà le but. C'est pourquoi nous crions : Enseignement ! Science ! Apprendre à lire, c'est allumer du feu ; toute syllabe épelée étincelle. » (1) Combien d'autres avec lui ont vu, dans ce livre, le salut de l'humanité, et dans la

---

(1) *Misérables*, 1-VII, 1.

multiplication des bibliothèques un moyen infaillible de relèvement moral ! Il en est même qui ont poussé l'ignorance de la nature humaine et de la plus élémentaire psychologie, jusqu'à vouloir faire de l'art le conducteur des peuples. De pareilles doctrines donnent une triste idée de la science positive dont se réclament ceux qui les soutiennent. Leurs raisonnements supposent presque toujours une humanité idéale ou abstraite et, qui plus est, tout entière portée au bien. Tant il est vrai que certains hommes ne mettent en avant de beaux principes, que pour les méconnaître plus facilement dans la pratique. C'est ce que nous voyons se réaliser, non seulement pour la liberté et la fraternité, mais encore pour la méthode expérimentale.

Non, la science ne suffit pas, puisqu'elle tire toute sa valeur morale de la volonté, puisque seule la volonté peut lui permettre de prendre place parmi les choses bonnes : *Nec ars, nec habitus speculativi faciunt bonum opus quantum ad usum, quod est proprium virtutis perficientis appetitum* (1). L'instruction toute seule ne guérit ni ne préserve de la méchanceté ; rien ne l'empêche de coexister avec les instincts les plus bas, les mœurs les plus dépravées. On a pu dire avec raison que l'instruction sans éducation morale n'est qu'une clé indifférente qui ouvre au hasard le livre instructif ou consolateur, le journal aux suggestions perverses et le formulaire des explosifs. C'est un fait dont seule la philosophie de saint Thomas nous donne la vraie raison. Sa doctrine, dans cette question comme

---

(1) *Sum. theol.*, I-II, q. LVII, art. 1.

dans tant d'autres, laisse chaque chose à sa place et à ses attributions. Elle n'enlève rien à la dignité de la science ni de l'art : au contraire, elle sauvegarde et relève cette dignité en ne plaçant pas leur fin hors d'eux-mêmes. Ce n'est pas saint Thomas qui aurait confondu la science avec ses applications industrielles ni subordonné l'art à un intérêt quelconque. Le savant, comme tel, n'a rien à voir avec la pratique ni avec les nécessités et les contingences de la vie réelle : *Non inclinatur ad utendum* (1).

N'est-ce pas là le summum de cette intellectualité dont tant d'auteurs modernes se sont fait un titre de gloire, et dont ils ont parlé comme d'une nouveauté? Ils n'ont pas vu que le culte désintéressé des idées a compté ses plus fidèles et plus fervents serviteurs chez les anciens. Sans doute, ceux-ci n'ont pas cru que la science tenait lieu de tout ; ils n'ont pas dit, comme Renan, qu'elle était le moyen et la fin, l'utile et le beau, ce qui détruit et ce qui crée, la perfection individuelle, la paix sociale, l'universel et le divin. Mais ils n'en ont pas moins bien compris pour cela ni respecté la nature et le rôle de la science. Ils ont pensé, non sans raison, que de telles exagérations étaient non seulement contraires au fait de la multiplicité de nos facultés et de nos besoins, mais encore qu'elles devaient fatalement conduire la science à la banqueroute.

C'est dans le cas seulement où nos tendances et nos appétits seraient pleinement soumis à la raison, que

---

(1) *Sum. theol.*, I-II, q. LVII, art. 1.

nous n'aurions besoin que de lumière pour vivre. Nos connaissances produiraient alors tout naturellement l'amour et la pratique du bien. Les fautes et les crimes des hommes, dans cette hypothèse, ne seraient que leurs ignorances, comme le voulait Socrate. C'est pour le coup que le salut de l'humanité se trouverait dans le livre, et qu'il conviendrait de crier avec nos modernes utopistes : Enseignement ! Science ! Bibliothèques ! L'instruction serait la bonne voie pour arriver à la perfection individuelle, à la paix sociale. Il resterait bien encore à discuter la nature et la qualité de cette instruction ; mais il n'en resterait pas moins vrai qu'au fond, la question morale se réduirait à une question de culture intellectuelle. Nous n'aurions qu'à travailler à la diffusion des lumières pour augmenter le règne de la vertu. Mais la réalité est tout autre. L'empire de la raison sur nos appétits s'exerce sur des sujets rebelles, à tel point qu'ils peuvent égarer et pervertir cette raison elle-même, surtout dans les applications qu'elle fait aux cas particuliers des idées générales. Qu'est-ce à dire, sinon que la difficulté du bien ne gît pas seulement dans les ténèbres de l'esprit, mais encore dans l'appétit sensible et même rationnel.

C'est pourquoi les vertus strictement morales sont nécessaires. Si elles n'étaient pas, le remède ne serait pas appliqué partout où se trouve le mal. La raison éclairée ne constitue qu'une fraction de la puissance du bien. Cette puissance n'est complète qu'autant que nos autres facultés sont dressées à leur tour à l'amour du bien. C'est alors seulement que nous sommes, selon la parole de l'Apôtre, « munis de toutes pièces et rendus aptes à toutes bonnes œuvres » (1). Rien n'est donc plus défectueux qu'une instruction sans éducation morale. Elle laisse l'homme en partie inculte et barbare. Comme la moralité de cette instruction dépend tout entière de la volonté, il peut arriver qu'elle n'ait finalement d'autre résultat que de fournir au mal des armes plus puissantes et plus perfectionnées. Ceci nous rappelle le mot d'un voyageur à propos de sauvages qui avaient pris quelques formes extérieures de la civilisation : « Ce sont toujours des anthropophages, disait-il, seulement ils mangent avec des fourchettes. »

Nous ne prétendons pas que la science soit sans action moralisatrice d'aucune sorte. Nous combattons ceux qui en font la source principale et souvent unique de la vertu. Nous leur disons : Non, la connaissance, si étendue qu'on la suppose, ne suffit pas à faire de nous des hommes de bien. L'éducation directe de la volonté est nécessaire pour cela. Il s'agit de former cette volonté à l'amour et à la pratique du bien. Dans ce cas, c'est donc le bien qui est l'objet de notre poursuite. Or, nous l'atteignons moins par la science que par un régime spécial, un ensemble de pratiques pouvant redresser nos inclinations et les orienter vers le devoir. Ce n'est pas la même loi qui préside au perfectionnement de l'intelligence et à celui de la volonté. Nous parvenons à la connaissance du vrai en suivant les lois de l'esprit et les règles du raisonnement. Nous parvenons à l'amour du bien en suivant les lois et les procédés propres de la volonté.

---

(1) *II Tim.* III, 17.

Or, cette dernière ne compte pour rien l'inexistant et l'abstrait. La réalité seule la met en mouvement. Le raisonnement ne lui donne que de l'action en pensée. En un mot, la volonté n'obéit pas à l'intellect spéculatif qui se nourrit de science pure, mais à l'intellect pratique dont le domaine est le réel.

Nous pouvons voir à la lumière de ces principes l'erreur capitale de nos modernes chercheurs de morale qui, pour fondement de leurs systèmes, n'ont à présenter, même au peuple, que des abstractions, comme le bien de l'espèce, la dette sociale, l'impératif catégorique et autres choses semblables. Tout cela n'a aucune prise sur la volonté, à qui il faut des réalités vivantes, un Dieu personnel, des sanctions positives, des exemples concrets, des secours en nature. C'est ce qu'on trouve dans le christianisme où le Verbe s'est fait chair : *Usque ad ipsam descendit imaginationem* (1), nous dit saint Bernard. Tout, dans cette religion, se trouve merveilleusement accordé aux besoins conscients et même subconscients de la nature humaine.

Une dernière remarque achèvera de nous faire comprendre les rapports que la connaissance pure soutient avec la volonté. L'amour d'une chose, dit-on communément, est fils de sa connaissance, et cet amour est d'autant plus grand que cette connaissance est plus parfaite. Ce dernier point, cependant, demande quelques réserves ou explications. Un amour plus grand ne suppose pas nécessairement une connais-

---

(1) S. Bern. *In serm. de Aquæductu.*

sance plus grande. Il est une *perception* de l'objet qui ne peut engendrer qu'une idée sommaire et incomplète, et qui suffit pourtant à la perfection de l'amour. L'esprit attire l'objet à lui : plus ce travail d'assimilation est complet, plus notre conception est parfaite. Or, le travail en question ne s'accomplit pas sans abstraction ni une certaine dissection de l'objet connu : l'esprit, pour le posséder pleinement, a besoin de l'envisager sous des aspects divers, de le ramener par l'analyse à ses éléments primitifs ou de le reconstituer par la synthèse. La perfection de la connaissance est à ce prix. Si l'intelligence se montrait moins active, moins pénétrante, si elle se contentait d'un simple aperçu ou d'une vue d'ensemble, elle ne se ferait qu'une idée superficielle des choses.

Tout autres sont les conditions de l'amour parfait. Une connaissance globale et sommaire peut lui suffire. S'il nous est permis de nous servir d'une expression vulgaire, nous dirons que la volonté n'en demande pas si long que l'intelligence. D'où vient cette différence? Saint Thomas nous le dit dans le passage suivant : *Amor est in vi appetitiva quæ respicit rem secundum quod in se est* (1). C'est vers la chose considérée en elle-même, dans son unité vivante, dans son tout naturel et organique, que se porte l'appétit. Il n'a que faire d'abstraction ni d'analyse. Il n'éprouve nul besoin de diviser son objet, puisque ce dernier lui apparaît bon et désirable tel qu'il est. En résumé, l'esprit se perfectionne par un examen approfondi et détaillé de

---

(1) *Sum. theol.*, I-II, q. XXVII, art. 2.

l'objet de son étude. Pour la volonté, un simple aperçu de l'objet peut suffire. Elle n'a besoin de connaissance que dans la mesure où l'amour l'exige. Or, l'amour se porte sur une chose telle qu'elle est en elle-même — *secundum quod in se est* — sans distinction ni division. On peut dire aussi qu'il atteint seulement l'objet en tant que bon et convenable, *sub ratione boni et convenientis* ; ce qui pose des limites à la connaissance nécessaire. Nous trouvons dans cette doctrine l'explication dernière d'un grand nombre de phénomènes de la vie intérieure.

Nous comprenons, par exemple, à la lumière de ces principes, comment l'abus de l'analyse et de la critique peut amener l'affaiblissement et l'usure de la volonté. L'intelligence trouve, sans aucun doute, une force et une richesse dans l'exercice de ces deux fonctions. En s'y livrant, elle ne fait rien de contraire à la loi de son développement. Son génie propre n'est-il pas de diviser l'objet de son étude pour arriver à le posséder pleinement ? *Ad perfectionem cognitionis requiritur quod homo cognoscat sigillatim quidquid est in re sicut partes, et virtutes et proprietates* (1). Si ce n'est pas là tout son procédé de perfectionnement, c'en est au moins une partie nécessaire et essentielle. Mais ce procédé, s'il est poussé trop loin, crée une disposition générale qui ne favorise guère l'action normale de la volonté. Celle-ci, disons-nous, subit l'attraction de la chose telle qu'elle est dans la réalité. Or, l'esprit d'analyse nous habitue à la voir sous un angle différent,

---

(1) *Sum. theol.*, I-II, q. XXVII, art. 2.

c'est-à-dire à la voir, non plus dans son unité vivante, mais en quelque sorte dans sa mort, dans les éléments qui la composent considérés séparément. Cette manière de voir n'est pas de nature à exciter ni à soutenir l'énergie de la volonté. Elle diminue plutôt la force et le charme d'impression qui nous viennent de la nature. Elle prive la volonté de son ressort le plus puissant qui est un vif sentiment de la réalité. On s'est servi d'une comparaison très juste et très frappante pour faire comprendre l'action corrosive que l'habitude de l'analyse et de la critique exerce sur le vouloir : le grain moulu en farine, a-t-on dit, ne saurait plus germer ni lever.

L'extrême raffinement de la pensée produit aussi l'abondance des points de vue d'où résulte souvent l'indécision de la volonté. Les gens du peuple, les esprits peu cultivés ne souffrent guère de ce mal. Ils prennent les questions et les choses en bloc, sans tenir compte des distinctions des hommes d'étude. Non seulement ils sentent les choses plus réelles, mais encore ils les sentent sans division ni partage. Les secondes vues de l'analyse et de la réflexion ne viennent pas affaiblir leur impression première. Aussi font-ils preuve bien souvent de plus de résolution et d'énergie que les esprits plus compréhensifs. Les hommes d'action sont également plus nombreux parmi eux que parmi les intellectuels. Ces derniers tombent facilement dans le dilettantisme ou le scepticisme pratique, l'action exigeant une puissance et une sincérité de conviction dont ils ne sont pas toujours capables. Bien plus, cette action leur apparaît parfois contraire à la dignité de la pensée ou appartenant à un degré inférieur de culture et de civilisation. Il est certain que l'action se passe tout entière dans le domaine des réalités concrètes : *Actus et electiones hominum sunt circa singularia.* A ce point de vue, elle peut sembler peu de chose comparée à l'idée générale dont elle est une des innombrables déterminations possibles. Mais elle possède une incontestable supériorité : celle de la réalité. C'est quelque chose pour un monde qui ne vit pas d'abstractions, mais accomplit sa destinée par des actes positifs.

C'est donc se tromper gravement que d'attendre tout le progrès humain de la science. Non, on ne pourvoit pas à tout en s'écriant comme Gœthe mourant : « Plus de lumière ! » La lumière n'est pas ce qui manque aux époques de décadence : l'impuissance de vouloir et de réagir, l'abaissement des caractères, tel est le mal dont elles meurent ! Ce mal peut coexister avec un développement considérable de la pensée. Sur ce point, les données de l'histoire concordent avec celles de la psychologie. L'homme ne vit pas seulement d'intelligence. Il a d'autres facultés, dont le plus ou moins de culture et de santé est pour lui une question de vie ou de mort. Faire consister toute la perfection individuelle et sociale dans la science, c'est donc servir bien mal la cause du progrès. Les peuples qui entreraient dans cette voie seraient vaincus dans la lutte pour la vie. Il ne suffit pas de posséder les armes de la civilisation, il faut encore avoir l'âme assez fortement trempée pour les manier utilement. Quand il s'agit de vivre et d'agir, c'est la volonté qui joue le rôle principal. Et même, lorsqu'il s'agit de comprendre, ce rôle conserve quelque importance. C'est ce qu'il nous reste à examiner.

## Vertu morale
## Son action sur l'esprit et la science

Nous avons étudié jusqu'ici la pensée dans les différentes formes et manières dont elle influence la volonté et le sentiment. Nous allons maintenant rechercher dans quelle mesure la volonté, à son tour, intervient dans nos opérations purement intellectuelles. Il y aurait assurément beaucoup à dire sur ce sujet. Mais nous n'en retiendrons que les points intéressant le but de cette étude : à savoir dissiper certaines objections que notre théorie de la méthode scolastique peut faire naître.

D'une manière générale, il est certain que nos états de sentiment pèsent d'un grand poids sur notre vie intellectuelle, et la conditionnent souvent. C'est un fait que la psychologie la plus élémentaire permet de constater. Si on restituait à l'appétit ce qui lui revient dans les convictions de la plupart des hommes, il ne resterait rien ou presque rien au compte de l'intelligence pure. Faut-il voir là une des plus grandes misères de l'humanité ou l'accomplissement d'une loi naturelle ?

Si on fait de l'intelligence un cas de volition, la réponse n'est pas douteuse. On sait qu'un grand nombre d'écrivains et de philosophes de nos jours partagent cette opinion. Ils sont victimes, en cela, de leur tendance ordinaire à nous donner comme l'état normal de l'espèce ce qu'ils voient exister, en fait, dans bon nombre d'individus. Inutile de faire remarquer combien ce raisonnement est défectueux. Il ne tend à rien moins qu'à ériger en loi les avortements et les aberrations de la dégénérescence. La vie intellectuelle doit à sa hauteur même de n'être accessible qu'à une élite. Il n'est pas étonnant qu'on n'en trouve qu'une ombre ou une vague approximation dans la foule des esprits. Cependant, si nous réprouvons la doctrine des auteurs dont nous parlons, nous ne prétendons pas pour cela que l'intervention du sentiment et de la volonté dans la genèse de nos croyances soit toujours abusive. Il est des cas où cette intervention est naturelle et parfaitement conforme aux lois de la connaissance, bien qu'il ne soit pas toujours facile d'opérer un juste discernement entre la part de l'esprit et celle de la volonté. La philosophie de saint Thomas a projeté plus de lumière que toute autre sur ces délicates questions. Aussi marcherons-nous à la suite du grand Docteur.

Tout d'abord, le choix d'une question à étudier, d'une science à cultiver dépend bien souvent d'une disposition morale, d'un état affectif. En se portant vers telle ou telle matière, notre esprit obéit à des affinités ou des convenances qui lui sont, en quelque sorte, hétérogènes : il subit l'influence du tempérament, de l'hérédité, de la vocation et d'un grand nombre de considérations ou de circonstances étrangères à l'ordre purement intellectuel. C'est pourquoi, dans l'histoire de nos connaissances, même les plus objectives, la critique trouve toujours un élément subjectif et personnel. Il y a des œuvres où cet élément est réduit à son minimum, mais il n'en existe pas qui en soient totalement dépourvues. Si elles n'ont pas d'autres caractères de personnalité, ces œuvres portent au moins le cachet et la marque de l'époque littéraire où elles ont paru. L'esprit a ses modes, comme le vêtement, moins capricieuses, il est vrai, mais qui n'en sont pas moins réelles. L'impersonnalité d'une œuvre ne va jamais jusqu'au point de la soustraire complètement aux tendances et à l'atmosphère d'une époque. L'objet de nos études nous est donc le plus souvent imposé par des états affectifs plus ou moins conscients, par nos propres aspirations ou celles de notre temps.

Si nous considérons maintenant l'intelligence en acte, nous pourrons constater que même alors elle n'échappe pas complètement à l'action de la volonté. Celle-ci, avons-nous dit avec saint Thomas, procure le bon usage de nos facultés naturelles ou acquises. Qu'est-ce à dire, sinon que nos dispositions morales jouent un rôle important et souvent décisif dans le plus ou moins de succès de notre effort intellectuel. Tout d'abord, n'est-ce pas la volonté qui fait passer notre esprit à l'acte? Si elle est fortement trempée par les vertus morales, notre activité intellectuelle sera ce qu'elle doit être. Nous apporterons à nos recherches et à nos travaux toutes les qualités qu'ils exigent : l'attention, qui met à profit tout ce qu'on a de talent pour discerner et apprécier ; l'amour de la vérité, qui ne se préoccupe nullement de ce qui peut flatter le public ou satisfaire sa propre ambition ; la persévérance, qui ne sait ni reculer devant l'obstacle ni précipiter le jugement pour terminer plus vite une besogne ingrate ; enfin, l'ordre et la méthode, qui évitent l'éparpillement des forces, écartent tant de causes d'erreur ou d'insuccès. Ajoutons à tout cela l'humilité intellectuelle qui ne nous permet pas de dépasser notre compétence et nos aptitudes, qui nous sauve d'un individualisme impuissant. Si la santé morale, au contraire, nous fait défaut, nos actes intellectuels seront très défectueux ; nous n'éviterons ni la paresse, ni la légèreté, ni l'orgueil, ni l'inconstance ; nous serons à tout jamais incapables d'apporter à une œuvre ces trois choses qu'un ancien demandait pour un travail accompli : le temps, la volonté, la gradation. Cette subordination de l'intelligence à la volonté quant à sa mise en acte — *quantum ad exercitum actus*, pour parler le langage de l'Ecole — entraîne donc des conséquences pratiques de premier ordre.

A s'en tenir uniquement à ce point de vue, on comprend qu'un certain état émotionnel peut toujours, et sans inconvénient, accompagner l'action de l'intelligence : cet état n'est rien autre, au fond, que le goût, l'amour, la joie, l'ardeur de la recherche et de l'étude. Il porte tout entier sur l'exercice même de notre faculté de comprendre. Au lieu d'être une cause d'aveuglement, il double nos forces et nous conduit plus facilement au but.

On ne saurait en dire autant des sentiments et des passions qui s'attachent à l'objet même de notre étude. C'est un lieu commun que d'en proclamer le péril. Ils renferment un principe d'égarement qui n'est que trop réel. Les orateurs et les moralistes s'appliquent souvent à le dénoncer et à le combattre. Nos connaissances, disent-ils, devraient être la règle de nos désirs, et c'est malheureusement le contraire qui se produit. Nous proclamons volontiers la vérité de ce que nous voulons par passion ou intérêt : *Quodcumque placet sanctum est.* Ainsi nous jugeons des choses, non selon la réalité, mais selon nos inclinations ou nos désirs. Aussi les erreurs qui ont leur source dans le cœur et l'appétit sont-elles innombrables. Il est vrai qu'un saint Père nous dit : *Vis amoris intentionem multiplicat inquisitionis* : l'intensité de l'amour produit l'intensité de la recherche. Mais l'amour dont il s'agit ici n'a rien de commun avec la passion, il ne risque pas d'égarer ou de pervertir le jugement. A vrai dire, il ne se distingue pas de la perfection morale de la volonté. Étant vérité à sa manière, il ne saurait être un obstacle à la connaissance de la vérité. Mais il n'en reste pas moins vrai que la passion et l'intérêt mettent ordinairement en péril l'indépendance et l'impartialité de notre jugement.

### Logique des sentiments

Nous n'insisterons pas sur les considérations que nous venons de rappeler. Leur développement appartient plutôt à la rhétorique et à la prédication qu'à la philosophie. Nous serons beaucoup plus dans notre rôle et dans notre sujet, en parlant de ce que plusieurs philosophes contemporains appellent la logique des sentiments et qu'ils définissent ainsi : une adaptation de jugements de valeur à une conclusion préjugée.

D'après eux, nous attribuons aux choses une valeur de vérité pure ou une valeur d'utilité et d'agrément. Le premier cas est le fait de l'homme en état de pensée, le second de l'homme en état de sentiment ou de passion. Pour celui-ci, les choses qui répondent à un besoin, procurent un plaisir, sont les seules valeurs. Étant donné ce principe, il se persuade tout naturellement, dans tel ou tel cas, qu'il doit poursuivre la jouissance de ces valeurs. Enfin il met sa faculté logique au service de son appétit ou de son désir. Voici donc comment il procède : il juge une chose bonne : c'est le jugement de valeur. Il conclut instinctivement qu'il faut atteindre cette chose : c'est la conclusion préjugée. Il fait appel à toutes sortes de raisonnements plus ou moins spécieux pour rationaliser et justifier cette conclusion : c'est l'adaptation du jugement de valeur à la conclusion préjugée. De la sorte, l'opération logique ne produit pas la conclusion : elle en sort plutôt, puisqu'elle est suggérée et conditionnée par elle. Voilà ce que certains philosophes de nos jours appellent logique sentimentale. Ils font les plus singulières applications de cette doctrine.

Pour eux, cette logique règne en maîtresse dans l'art oratoire, où tout discours est dicté par la conclusion ; dans la rhétorique, qui est l'art de trouver des raisons à l'appui d'une passion que l'on veut faire partager ; dans la morale, dont la nécessité reconnue par tout le monde tient lieu de conclusion préjugée ; dans la métaphysique, qu'on nous présente comme un vaste raisonnement sentimental, comme la logique des aspirations sublimes. C'est à rationaliser ces aspirations que tend le travail du métaphysicien. Le domaine de la logique sentimentale est donc très étendu. Mais que de confusions regrettables et dangereuses dans cette manière de concevoir et de présenter les choses !

Passons sur ce qu'il y a d'insolite et de bizarre dans cette alliance des mots : logique sentimentale. Il y a bien longtemps que la passion fait appel à la logique. Personne, cependant, n'avait jusqu'ici éprouvé le besoin de recourir à cette manière de parler qui n'ajoute certainement rien aux traités *De sophismatibus seu fallaciis* des anciens. Nous l'avons fait remarquer déjà : une certaine philosophie contemporaine crée des mots nouveaux sans règle comme sans utilité. On dirait qu'elle veut faire croire à un sens nouveau qui, dans la plupart des cas, n'existe pas. Un rapport purement accidentel ou simplement secondaire ne saurait donner lieu à une dénomination opportune. Si l'on n'observe pas cette règle, on ne fait qu'encombrer la science de termes nouveaux qui ne répondent à aucun besoin et ne servent le plus souvent qu'à dissimuler le vide ou le commun de la pensée. Mais il y a bien d'autres reproches à faire à la doctrine que nous venons de résumer. Nous les formulerons brièvement.

Que l'homme mette sa faculté logique au service de ses passions et de son intérêt, c'est un fait incontestable et malheureusement très commun. Nous ajouterons qu'il n'est pas difficile à expliquer. Quelques mots de saint Thomas nous apportent plus de lumière sur cette question que toutes les théories compliquées des modernes. Nous admettons que l'homme en état de passion est porté à ne considérer et qu'il ne considère souvent, de fait, que l'utilité ou l'agrément des choses. Mais qui oserait voir là une nécessité? La philosophie ancienne nous a dit depuis longtemps : *Qualis unusquisque est, talis finis videtur ei.* Et saint Thomas constate plus explicitement encore le même fait par ces mots : *Secundum quod homo est in passione aliqua, videtur ipsi aliquid conveniens quod non videtur ei extra passionem existenti* (1). Nos dispositions morales et affectives créent donc un préjugé en leur faveur. Le saint docteur n'hésite même pas à affirmer que le plus souvent, en fait, la raison obéit à ce préjugé et se prononce dans le sens indiqué par le sentiment et la passion : *Judicium rationis plerumque sequitur passionem appetitus sensitivi et per consequens motus voluntatis* (2). Mais, encore une fois, il n'y a rien d'aveugle ni de fatal dans ce jugement de valeur. On ne peut nous le donner comme le résultat nécessaire de l'état de passion, sans proclamer la passion elle-même irrésistible.

A vrai dire, le jugement dont il s'agit ne s'impose nullement. Sans parler de créer un état affectif contraire, ne peut-on pas faire appel à la raison, non plus pour légitimer et fortifier l'inclination, mais pour la comprimer et la détruire ? La raison peut mettre en avant des considérations capables d'amener ce résultat. L'état de passion n'est pas nécessairement exclusif de celui de pensée. Il est toujours en notre pouvoir de modifier le jugement de valeur et d'en tirer une con-

---

(1) *Sum. theol.*, I-II. q. IX, art. 2.
(2) *Sum. theol.*, q LXXVII, art. 1.

clusion conforme. C'est une grave erreur que de nous donner ce jugement comme irrésistible et immuable et de prétendre ensuite que le rôle de la raison consiste uniquement à lui trouver un point d'appui quelconque. Cette attitude passive de la raison à l'égard des indications de l'appétit n'est pas admissible. Il appartient à la raison de dominer ou de diriger ces inclinations, et non de les accepter comme un fait brutal et inéluctable. Il y a des forces naturelles sur lesquelles elle n'a, il est vrai, aucun pouvoir. Elles s'exercent fatalement sans son intervention directe. Mais il en est d'autres qu'elle peut et doit régir, celles, par exemple, qui comportent une certaine indétermination objective. C'est pourquoi nos tendances morales ont besoin d'être complétées et perfectionnées par la raison : *Inclinatio moralis virtutis est cum electione* (1), nous dit saint Thomas.

Enfin, de quel droit nous donne-t-on comme conclusion préjugée tout ce qu'on *veut prouver?* Une proposition dont j'entreprends de faire la preuve n'est pas préjugée du tout. Il est vrai que je la formule d'avance, que je la prends comme matière d'une opération logique. Mais cela ne m'empêche nullement de la créer comme conclusion formelle. La seule question qui se pose alors est celle de savoir si j'ai bien observé les règles du raisonnement. Dans le discours et l'enseignement, on refait pour l'élève et l'auditeur une démonstration qu'on a déjà faite pour son propre compte. On conduit sans doute cet élève ou cet auditeur à une

---

(1) *Sum. theol.*, I-II, q. LXVIII, art. 4.

conclusion déterminée. Mais, à moins de se contenter d'une vaine apparence, on ne peut soutenir que le discours soit dicté par la conclusion. Il n'est dicté que par les moyens de démonstration, logiquement parlant. Ce que l'on regarde comme conclusion préjugée, que ce soit passion ou intérêt, peut et doit être envisagé sous l'aspect du vrai : *Sub ratione veri*. Vous dites : la logique ne poursuit qu'un objet abstrait : la vérité. La logique sentimentale, elle, poursuit un but : le bonheur. Nous répondons tout d'abord que rien n'empêche de considérer la vérité comme but. N'est-elle pas le bien de l'intelligence ? Ensuite nous ferons remarquer que le but poursuivi par la logique sentimentale — le bonheur — peut être considéré sous le rapport du *vrai*. Il n'est même pas autre chose, au regard de la raison, que le vrai pratique : *Bonum ordinabile ad opus sub ratione veri* (1). L'erreur fondamentale des philosophes que nous combattons consiste précisément à n'avoir pas su distinguer la vérité pratique de la vérité abstraite. L'une et l'autre relèvent de la même logique.

## Deux sortes d'assentiments

La logique pure possède donc une juridiction universelle. On ne saurait cependant affirmer qu'elle force partout également l'adhésion de notre esprit. Il existe, relativement à l'évidence et à la certitude, une différence entre les propositions diverses qui se présentent

---

(1) *Sum. theol.*, q. LXXIX, art. 2.

à nous. Les unes sont évidentes par elles-mêmes : notre esprit s'y attache avec une fermeté inébranlable sans le secours du raisonnement. Les autres sont le résultat d'une démonstration rigoureuse : à ce titre, elles entraînent fatalement notre assentiment. Nous cédons à la double nécessité de la conséquence et du conséquent, ou tout au moins de la conséquence. Enfin, il en est qui ne s'imposent pas à nous avec cette force. Elles nous attirent dans une certaine mesure, mais sans efficacité intrinsèque. L'adhésion que nous leur donnons n'est pas absolue. Résultant d'une probabilité ou d'une vraisemblance, elle ne peut constituer qu'un état d'esprit inférieur à la certitude. Nombreux sont les raisonnements qui ne nous conduisent pas plus loin. Le syllogisme démonstratif n'est pas toute la logique. Des parties importantes de celle-ci sont consacrées à l'étude d'opérations dont les conclusions ne sont pas absolument démonstratives. C'est ce qui a lieu, par exemple, en matière contingente, autant dire dans les discours et les raisonnements de la vie ordinaire et pratique. Sur ce terrain, on ne sort guère des réalités concrètes et individuelles. Les idées générales ne jouent qu'un rôle secondaire dans le domaine de l'action : *Scientia universalis non habet principalitatem in operatione* (1). Mais la contingence n'est pas la seule cause d'inévidence et d'incertitude de nos raisonnements. Toutes les preuves invoquées ne sont pas également convaincantes. Nous en trouvons, même dans les sciences les plus exactes, qui n'ont qu'une valeur approximative.

---

(1) *Sum. theol.*, I-II, q. LXXVII, art. 2.

Ajoutez à tout cela que nous n'admettons un grand nombre de vérités que sur l'autorité d'un témoignage. Cette autorité peut être assez grande pour faire naître un assentiment ferme et inébranlable. Mais l'objet n'en reste pas moins obscur en lui-même.

Les cas où l'évidence et la certitude font défaut sont donc communs. La volonté y joue un rôle important. C'est à ce titre que nous en parlons ici. Tout ce qui manque, en effet, à la perfection de la connaissance est une place prise ou à prendre par la volonté. Ce n'est pas que celle-ci rende certain ce qui ne l'est pas. Non, elle n'a pas ce pouvoir. Ce qu'elle *veut* est indifférent à la vérité objective. Mais elle peut commander l'assentiment en se plaçant au point de vue du bien — *bonum* — et de la pratique. On voit par là quelle place nos dispositions morales tiennent dans la genèse de nos croyances et de nos opinions. Dans tous les cas où il est en notre pouvoir de donner ou de refuser notre assentiment, l'intervention de nos états affectifs est normale et décisive. Les considérations d'ordre purement intellectuel ne pouvant suffire à nous entraîner, nous tombons sous l'influence de la volonté. Or, l'objet de cette dernière, c'est le bien : elle n'est déterminée que par lui. Ceci nous explique comment le bienheureux Albert le Grand a pu dire de certaines propositions qu'on les admet beaucoup plus par amour du bien que du vrai qui est en elles ; *Magis amore boni quam veri quod in eis est* (1). Cependant, pour être juste, l'assentiment que la volonté commande doit être propor-

---

(1) L. I, *Poster analyt.*, tract. I, c. I.

tionné au degré de lumière intellectuelle. Souvent, pour des raisons d'intérêt ou de passion, cette mesure n'est pas observée. Ou elle n'est pas atteinte, ou elle est dépassée de beaucoup.

Nous avons dans cette doctrine le secret de l'étrange diversité des opinions humaines. Il ne se trouve pas uniquement dans l'exercice plus ou moins logique de notre raison, mais encore dans notre caractère moral, dans les bons ou mauvais mobiles qui nous gouvernent, souvent même à notre insu.

La scolastique enseigne que la faculté de comprendre est irréductible à celle de vouloir. Mais elle n'en montre pas moins clairement pour cela l'influence de notre état moral sur nos croyances. Elle admet, avec saint Thomas, la dépendance réciproque de l'intelligence et de la volonté — *voluntas et intellectus mutuo se includunt* (1). — Mais cette dépendance n'entraîne aucune confusion. Les rapports qui existent entre la pensée et le sentiment peuvent donc fort bien s'expliquer sans recourir au primat de la volonté, surtout sans voir dans nos idées une traduction d'un tempérament ou un simple reflet de nos états affectifs. L'intellectualisme modéré de saint Thomas sauvegarde les droits de nos deux facultés maîtresses et nous donne une juste idée des rapports qu'elles soutiennent entre elles.

---

(1) *Sum. theol.*, I. q. XVI, art. 4.

# CHAPITRE IV

# Un modèle d'exposition scolastique

Ce modèle, on l'a deviné, c'est saint Thomas d'Aquin. S'il occupe le premier rang dans l'Ecole, ce n'est pas seulement par la vérité et la profondeur de ses enseignements, mais encore par la forme dont il les a revêtus. Cette forme doit être regardée comme un des principaux éléments de la prodigieuse fortune de ses œuvres, comme une des raisons pratiques de la magistrature que le saint Docteur exerce dans les sciences philosophiques et théologiques. Il possède, à ce point de vue, un mérite incomparable. Il a parlé la langue scolastique avec une perfection sans égale. On la retrouve dans tous ses écrits avec les qualités qui la distinguent ; mais c'est surtout dans la *Somme théologique* qu'elle se présente dans toute sa pureté et toute sa force. C'est sous ce rapport particulier et tout formel que nous voudrions étudier saint Thomas dans ce chapitre, c'est-à-dire qu'après avoir fait la théorie de l'exposition scolastique dans ce qui précède, nous allons en voir la réalisation dans saint Thomas.

## I

Les qualités exceptionnelles de la forme dans les ouvrages de l'angélique Docteur n'ont pas échappé à ses contemporains eux-mêmes. Nous trouvons un écho de leur admiration à cet égard dans l'office propre du Saint. Voici ce qu'on lit dans un répons de cet office du bréviaire dominicain : *Stylus brevis, grata facundia ; celsa, clara, firma sententia.* Ces paroles résument assez bien ce que l'on peut dire sur la question qui nous occupe. Nous ne ferons que les commenter et développer dans cette étude.

*Stylus brevis.* Il s'agit ici de la concision merveilleuse, de la force unique de l'expression. Nous l'avons dit et montré : le caractère propre de l'exposition scolastique consiste dans l'emploi exclusif de la proposition énonciative ou indicative, proposition qui ne traduit et n'exprime que le concept de l'esprit, le verbe mental, l'idée intellectuelle pure : *id quod in intellectu habetur* (1). Elle ignore ce qui n'est que sentiment, émotion de l'âme, état affectif. Elle retranche donc du discours les éléments constitutifs de la littérature proprement dite : or, saint Thomas a parfaitement réalisé cette loi fondamentale du style scientifique. On ne trouverait pas une phrase de ses œuvres philosophiques ou théologiques qui s'en écarte tant soit peu. Les mots n'y traduisent que la pensée, jamais ils ne révèlent un mouvement ou une affection de l'âme, jamais ils ne paraissent à titre d'ornement, d'appât, d'effet ou d'artifice. Jamais non plus la personnalité de l'auteur ne se montre dans son œuvre. Que nous sommes loin de la littérature personnelle et subjective si répandue et si goûtée à notre époque ! C'est cet unique souci de n'exprimer que le vrai qui

---

(1) *Peri Herm. Comment.*, l. I, lect. 1.

donne au style de saint Thomas « cette densité métallique » qui lui est particulière. En un mot, la forme, chez lui, est universelle, impersonnelle, absolue comme la raison dont elle est l'organe. Aucun autre des grands écrivains de l'Ecole ne l'a portée à un si haut degré de perfection.

Pour n'en citer qu'un exemple, nous voyons que le bienheureux Albert le Grand n'a pas observé avec autant de rigueur que son illustre disciple les règles essentielles de l'exposition scolastique. Ainsi il prend quelques libertés avec le pur objectivisme dont nous venons de parler. Il lui arrive parfois de se mettre en scène ou de faire appel à ses souvenirs personnels. Il dira, par exemple : « Je raconterai tout d'abord ce qui m'est advenu à moi-même : *Volo autem narrare primum quæ vidi et expertus sum.....* Me trouvant à Venise au temps de ma jeunesse : *Dico igitur quod me essente Venetiis cum essem juvenis.* » (1) Ou bien encore : « J'ai vu à Padoue, ville de Lombardie : *Ego autem vidi in Padua, civitate Lombardiæ.* » (2) Son vocabulaire abonde d'expressions personnelles et parfois très pittoresques. Parlant de l'*opinion*, il la caractérise par des mots qui font image : *Opinio est non stans, sed tremens habitus.* Pour indiquer qu'il est certaines vérités premières de l'ordre moral qu'on ne saurait sans crime mettre en question, il écrit : *Persuasivam virtutem non habent sed coactivam* (3). Ces

---

(1) *De mineral.*, l. II, c. I.
(2) *Meteor.*, l. III, tract. II, c. XII.
(3) *Top.*, l. I, tract. III, c. IV.

manifestations de la personnalité de l'écrivain ne sont pas sans charme, elles reposent et renouvellent l'attention du lecteur. Mais elles sont peu conformes aux principes mêmes de la langue scolastique. On comprend qu'elles seraient plutôt déplacées dans un ouvrage comme la *Somme théologique*, où le caractère d'éternité de la forme s'ajoute si bien au caractère d'éternité du fond. Est-ce à dire pour cela que les écrits de saint Thomas ne possèdent aucun cachet personnel? Nul n'oserait le soutenir. La marque individuelle leur fait si peu défaut qu'on les distingue, à première vue, des productions du même genre. Leur originalité (pour ne pas dépasser le point de vue qui est le nôtre en ce moment) consiste précisément dans l'universalité de leur forme, dans la constante et rigoureuse application des principes de la méthode scolastique. Nous n'avons pas à justifier ces principes. Nous l'avons fait précédemment, nous n'y reviendrons pas. Notre seul but, présentement, est de constater leur parfaite réalisation dans l'œuvre de saint Thomas. Nous ferons cependant une remarque tendant à dissiper une confusion qui se produit quelquefois. Il est dit de saint Bonaventure : *Lectorem docendo movet* (1). Ces paroles s'appliquent, sans aucun doute, à ses œuvres de spiritualité. Si on les appliquait à ses écrits philosophiques ou théologiques, comme on le fait quelquefois, bien à tort, elles n'exprimeraient pas une qualité. Il faudrait voir, au contraire, dans ces manifestations de la vie affective,

---

(1) *Leçons du bréviaire.*

dans des travaux de pure science, une atteinte portée à la méthode scolastique.

Saint Thomas est parti de ce principe dans toute cette question : à la science, l'idée, dans le sens le plus intellectuel du mot ; à l'art, le sentiment. La perception et l'expression émue du vrai, la réalité contemplée avec amour, reconnaissance et adoration sont assurément de grandes choses, mais elles n'appartiennent pas directement à la science, qui, du point de vue où elle se place, n'aperçoit que l'enchaînement des faits ou le caractère de vérité et de nécessité de nos connaissances. La concision et le relief de la forme sont la conséquence de cette élimination des éléments propres de la littérature et de l'art : *stylus brevis*. Et cette concision ne va point sans l'emploi de termes généraux et abstraits. Seuls, ces termes rendent possible la condensation ou la synthèse des idées, en désignant par une seule image verbale les ressemblances ou les rapports d'un grand nombre de choses. Comment pourrait-on s'en passer, en particulier, dans une *Somme* qui a essentiellement pour but de conserver, de résumer les connaissances acquises, de leur donner, en un mot, de la stabilité? Bain a même pu dire, dans cet ordre d'idées : « On ne peut être sûr d'avoir protégé contre l'oubli une découverte quelconque de rapports, tant qu'on ne l'a pas liée à un nom général : c'est alors seulement que le rapport se grave dans l'esprit humain, grâce à l'action douce et insinuante du mot. » (1)

---

(1) *Logique inductive et déductive*, t. II, p. 256. Traduction de G. COMPAYRÉ.

On aurait tort de croire cependant que, par suite de l'absence de certains éléments propres à l'art et à la littérature, les ouvrages de saint Thomas n'offrent aucune espèce d'agrément. L'auteur liturgique que nous commentons ne le pensait pas, puisqu'il ajoute : *Grata facundia.* Et ce n'est pas là un paradoxe, comme on serait porté à le croire de prime abord. Evidemment, la satisfaction que l'on éprouve en lisant la *Somme théologique* n'a rien de commun avec celle que l'on ressent à la lecture des *Harmonies poétiques et religieuses* de Lamartine. Mais, pour être d'un autre ordre, elle n'en est pas moins réelle. Avant tout, elle est un fait d'expérience. On connaît les réflexions de Gratry à ce sujet : « Saint Thomas, dit-il, dans sa *Somme,* saisit, résume, pénètre, ordonne, compare, explique, prouve, défend, par la raison, par la tradition, par toute la science possible, acquise ou devinée, les articles de la foi catholique dans leurs derniers détails, avec une précision, une lumière, un bonheur, une force qui poussent presque sur toutes les questions le vrai jusqu'au sublime. Oui, on sent presque partout, si je puis m'exprimer ainsi, *le germe du sublime frémir* sous les brèves et puissantes formules où le génie inspiré de Dieu fixe la vérité. » (1) Combien d'autres penseurs ont éprouvé le même frémissement, le même sentiment de satisfaction profonde, en prenant contact avec l'angélique Docteur. L'enthousiasme avec lequel ils ont parlé de son œuvre le prouve surabondamment. Comment croire que cette

---

(1) *Les Sources,* p. 170.

œuvre n'avait pas suscité une vive et sincère admiration chez ceux qui ont salué le saint Docteur comme « le prince de la lumière, le sublime interprète de la vérité, le verbe du Verbe de Dieu, comme l'étoile du matin que la Providence a fait lever sur la terre, la splendeur immaculée qui éclaire les siècles, comme le soleil qui préside au jour »? Cette ardente conviction dans la louange ne peut venir que de la pleine satisfaction ressentie dans la lecture et l'étude de ses ouvrages. Il ne saurait en être autrement. Sans doute, tous les éléments du beau ne se retrouvent pas dans la forme dont saint Thomas fait usage. C'est la conséquence immédiate de tout ce que nous avons dit de la nature et du rôle de la scolastique. L'artiste incorpore le vrai dans un signe matériel qui en est la représentation animée, la traduction visible. C'est par là qu'il le fait resplendir et qu'il produit sur l'âme l'impression esthétique. La question de signe ou de forme est donc capitale pour lui. Ce n'est pas un simple vêtement qu'il doit faire à l'idée, mais un corps doué de mouvement et de vie. Nous le reconnaissons sans peine, cette forme ou représentation vivante du vrai n'est pas celle de saint Thomas. Cependant, elle a retenu quelques éléments du beau : elle possède certaines qualités qui la rendent moins étrangère à l'art qu'il ne paraît tout d'abord.

Ainsi nous voyons qu'elle répond merveilleusement au but de l'enseignement scientifique. Quel est ce but, sinon l'affirmation ou la démonstration pure et simple du vrai, de l'être ? Or, la forme choisie et mise en œuvre par saint Thomas exprime parfaitement le vrai :

elle le montre présent, en quelque sorte dans des signes aussi purs et aussi simples que lui-même. Elle est si bien adaptée à l'idée, elle la traduit si naturellement et si complètement qu'elle semble ne plus faire qu'un avec elle ; c'est vraiment l'union de la matière et de la forme. Et comme l'idée exprimée est toujours profonde, souvent sublime, il se dégage du tout réuni un sentiment de profonde satisfaction intellectuelle. C'est la satisfaction produite, comme dit Gratry, par la saisissante et sublime nudité du vrai. Ensuite, si le vrai n'est pas nécessairement le beau, il en est toujours le fondement. A ce titre encore, saint Thomas n'est guère éloigné du beau. N'est-il pas l'homme de la vérité par excellence? Quand le vrai est exposé ou démontré avec tant de sérénité et de puissance, il est bien près de resplendir, c'est-à-dire de réaliser la définition même du beau. Ce dernier, pour une part, consiste encore dans des proportions bien observées, dans la convenance des parties entre elles et avec le tout : *pulchrum in proportione consistit*, nous disent les philosophes. Sous ce rapport, on ne peut nier que les œuvres de saint Thomas ne soient une incomparable merveille. Aussi a-t-on justement comparé la *Somme théologique* à une superbe cathédrale. Elle en a l'harmonie, la solidité, la majestueuse grandeur.

Ces considérations nous font suffisamment comprendre comment la méthode d'exposition elle-même, dans saint Thomas, peut être un charme ou un ravissement pour l'esprit. Ce qu'il nous reste à dire des qualités de cette méthode ne pourra que fortifier cette conviction.

## II

Notre auteur formule ensuite cette autre appréciation : *Celsa, clara, firma sententia.* Le premier de ces qualificatifs marque l'élévation, la majesté. C'est bien là, en effet, un des caractères de la forme ou de la pensée exprimée dans saint Thomas. Cette pensée est toujours d'une largeur et d'une hauteur remarquables. L'esprit philosophique se reconnaît, dans les sciences comme dans les lettres, a dit Leibnitz, à ce qu'on recherche dans chaque chose ce qu'il y a de plus élevé : *Investigandum in unoquoque genere summum.* Personne plus que saint Thomas n'a possédé cet esprit. Nous le voyons toujours monté aux suprêmes degrés de la méditation. Les considérations les plus profondes lui sont familières et comme naturelles, il les saisit et les expose sans effort. Ce n'est pas lui qui fait consister la valeur intellectuelle de l'homme dans la connaissance des plus minces détails. Il a même sur ce point une doctrine d'une grande portée, mais bien méconnue de nos jours. Pour lui, la connaissance du particulier et de l'individuel ne portant que sur les matériaux de la science ne perfectionne pas l'intelligence considérée dans sa fonction propre et spécifique : *Cognitio singularium non pertinet ad perfectionem animæ intellectivæ secundum cognitionem speculativam* (1). Nous en avons tout d'abord un indice dans le fait que cette connaissance n'est pas recherchée pour elle-même, mais pour l'universel dont elle est le fondement ou pour l'action. Elle n'est donc pas la vraie connaissance scien-

---

(1) *Sum. theol.*, III, q. XI, art. 1.

lifique. Cette dernière est d'un ordre plus élevé. Toutes les sciences, même naturelles, en témoignent. Que se proposent-elles, sinon l'explication des phénomènes par les lois? Et que sont les lois, sinon les rapports invariables qui unissent les phénomènes entre eux? Quand on les a dégagées de l'expérience, le but de la science est atteint : on cesse de considérer les faits particuliers, on néglige les circonstances et les variétés individuelles. L'œuvre la plus essentielle de la science se trouve donc dans la réduction du particulier au général, du contingent au nécessaire. C'est là un fait constant dont il existe de solides raisons. Il ne sera pas inutile de les rappeler en quelques mots.

Que se propose la science, sinon de trouver la raison d'un ensemble de faits? Or, cette raison ne peut être que l'universel, car seul l'universel est vraiment explicatif. Supposons qu'il s'agit de découvrir et de donner la raison ou la cause, dans l'ordre de la connaissance, de la liaison de l'attribut et du sujet dans la proposition suivante : *Pierre est mortel*. Cette raison, pour être valable, ne peut être qu'un caractère abstrait et général inclus dans le sujet lui-même et qui entraîne par sa présence la propriété énoncée. Nous disons donc : *Si Pierre est mortel*, c'est qu'il est homme et que tout homme est mortel. Le caractère explicatif est essentiellement une donnée intermédiaire, supérieure aux deux autres données. Pour nous dire pourquoi ces dernières sont liées ensemble, il est nécessaire qu'elle tienne à l'une et à l'autre; en d'autres termes, il est nécessaire qu'elle les domine et les embrasse toutes les deux par sa généralité. C'est le raisonnement même d'Aristote et de saint Thomas dans cette question. Le premier nous dit avec sa concision habituelle : τὸ καθόλου δ'αἰτιώτερον (1). Le second formule ce principe si lumineux et si fécond : *Propria causa est id quod est universale* (2). Toute explication scientifique digne de ce nom implique donc une certaine universalité. Nous pourrions poursuivre la démonstration de cette vérité. Mais ce n'est là pour nous qu'une question incidente. Ce que nous venons de dire nous fait suffisamment comprendre que l'universel, dans une mesure que nous n'avons pas à définir ici, est l'expression propre, l'aboutissement naturel de la science.

S'il en est ainsi, il est très vrai de dire que l'intelligence ne trouve sa perfection spécifique et son apaisement complet que dans les connaissances nécessaires et universelles. Cette conception de la science ou de la culture intellectuelle est pratiquement bien méconnue de nos jours, disons-nous. On n'a qu'à jeter un coup d'œil sur les programmes d'études des petites comme des grandes écoles pour s'en convaincre. Ceux qui les ont composés font manifestement consister la valeur intellectuelle d'un homme dans la quantité de notions particulières, noms, dates, chiffres, formules qu'il aura pu absorber. L'étendue de l'érudition devient ainsi la mesure de l'intelligence. Quelle erreur ! Aussi la nature des choses est-elle plus forte que les programmes et la volonté des hommes. Malgré tant d'appels à la lumière, la lumière ne vient pas. Les énergies propres de l'intelligence s'affaiblissent chaque jour, au contraire.

---

(1) *Poster. analyt.*, l. I, c. XXIV, lect. XXXVIII.
(2) *Ibid.*

C'est la sensibilité, dans le sens le moins élevé du mot, qui inspire et règle de plus en plus les jugements et les opinions même scientifiques des hommes. C'est la plainte, sous une forme ou sous une autre, de tous ceux qui savent observer et analyser les manifestations de la vie intellectuelle à notre époque.

« Un enseignement purement mnémonique, dit l'un d'eux, atrophie la pensée. Elle succombe sous le poids des notions arbitrairement empilées, tant est que les plus instruits sont loin d'être toujours, je ne dis pas même les plus intelligents, mais les plus sensés ; la mémoire n'est pas le bon sens, encore moins l'entendement. On peut être excessivement érudit, gradué dans toutes les Facultés, lauréat de tous les concours, titulaire de chaires importantes, membre de l'Institut, et n'être cependant qu'un pauvre homme. » (1) Ah ! c'est qu'il est une vérité proclamée bien haut par saint Thomas et complètement méconnue par nos philosophes et éducateurs contemporains. Cette vérité, le grand Docteur, nous l'avons dit, la formule ainsi : *Cognitio singularium non pertinet ad perfectionem animæ intellectivæ secundum cognitionem speculativam* (2) ; la connaissance du particulier et de l'individuel ne perfectionne pas l'intelligence proprement dite. « L'universel, dit-il encore, au regard de la raison et de la science, a plus d'être que le particulier : *Quantum ad id quod rationis est, universalia magis sunt entia quam particularia* (3) : ainsi le particulier disparaît et

---

(1) PAUL GAUTHIER, *la Vraie Education*, p. 91.
(2) *Sum. theol.*, III, q. XI, art. 1.
(3) *Poster analyt.*, l. I, lect. XXXVII.

la science qui en exprime la réalité intelligible et spécifique demeure. Tels sont les vrais principes qui doivent présider à notre formation intellectuelle. Si on les perd de vue, on charge la mémoire, mais on ne forme pas l'esprit ; on emplit la tête, mais on submerge la raison. On manque, pour tout dire en un mot, d'esprit philosophique. Or, rien ne remplace ce dernier lorsqu'il s'agit de former et d'élever l'intelligence. Lui seul nous rend capables de méthode, de réflexion et de raisonnement. Comment, sans lui, dominer une question, la considérer sous ses multiples aspects, s'attacher avant tout à ce qui en fait le fond et la substance ? Comment, sans lui encore, posséder assez de force de tête pour se livrer seulement à une lecture sérieuse ? Là où il est absent, on n'est même plus touché par des considérations d'art pur ou de culture désintéressée ; on ne voit plus qu'une question d'avantages matériels là où il ne faudrait voir qu'une question de science ou de goût littéraire. Qu'est-ce à dire, sinon que, sans esprit philosophique, on a beau posséder une somme énorme de connaissances particulières et positives, on ne peut éviter la pauvreté intellectuelle, on ne peut que prendre place parmi ces hommes qu'on a si justement appelés des *primaires* ? Ce qui les caractérise, c'est précisément l'absence de toute idée générale ou de toute culture désintéressée. Ils sont atteints en toutes choses d'une véritable myopie intellectuelle. Leur faculté de raisonnement est nulle. Ils ne vont jamais droit au centre d'une question, ils n'en saisissent que les côtés accidentels, ils n'en perçoivent que les apparences. Avec de telles maladies ou de telles lacunes, ils ne laissent pas que de s'ériger en juges souverains de toutes les questions. Ces hommes sont le fléau d'une époque ou d'une société.

En faisant une place démesurée à la critique et à l'érudition dans l'enseignement de la théologie, on aboutit à des résultats de même nature, c'est-à-dire à l'anémie de l'intelligence, à la perte du sens théologique. L'Église a toujours vu un grave danger pour l'orthodoxie dans la tendance que nous signalons. Elle l'a vigoureusement combattue chez les modernistes en les rappelant à l'étude de la philosophie rationnelle et de la théologie scolastique de saint Thomas. C'est que seul, en effet, l'enseignement de saint Thomas est pleinement éducatif. Par sa méthode d'exposition, il forme l'intelligence : il la forme au raisonnement, à l'attention, à la réflexion. Par l'étendue et la solidité de ses principes, il la nourrit de substance et la prépare à l'étude approfondie de n'importe quelle science ou question particulière. En un mot, il instruit et perfectionne en même temps la raison : *celsa sententia*.

### III

On aurait tort de croire, cependant, que cet enseignement, si remarquable par la sublimité et la profondeur, l'est moins par l'ordre et la clarté. Saint Thomas possède au plus haut degré les deux principales qualités du style philosophique : la clarté et la vérité : *clara sententia*.

Il a constamment observé la règle fondamentale de l'exposition scolastique : rendre explicite dans la forme ce qui est implicite dans la pensée. C'est le grand remède à la confusion de la pensée et même à la faiblesse de l'esprit. Cette règle est, à elle seule, la justification de l'emploi dans l'enseignement de la forme scolastique et même, dans certains cas, de la pure forme syllogistique. La clarté ne peut faire défaut à une exposition où elle est rigoureusement observée. Avec elle aussi on évite facilement l'erreur, comme toute espèce de sophismes. Elle est le mortel ennemi de l'équivoque, du vague, de l'à peu près, de l'impressionnisme. C'est par là qu'elle déplaît si fort aux esprits légers et superficiels, qui se font un mérite de l'imprécision du sentiment, de l'indéfini et de l'obscur. Mais c'est par là aussi qu'elle se recommande à l'attention des hommes de science et de tous ceux qui veulent acquérir de bonnes habitudes intellectuelles. Les logiciens dignes de ce nom n'ont-ils pas toujours fait valoir l'importance de l'ordre, de la méthode, de l'expression analytique dans les questions scientifiques, surtout celles qui offrent quelque complication? C'est parce qu'elle est avant tout *analytique* que l'exposition de saint Thomas est parfaitement claire. Sans doute, les lecteurs non initiés à sa méthode la trouvent obscure et même inintelligible. Mais leur ignorance est seule ici en cause. Il n'existe aucun élément d'obscurité du côté de l'auteur. La phrase de ce dernier est courte et limpide. Les mots qu'il emploie sont toujours simples, exacts et consacrés par l'usage. Il est l'écrivain de l'École qui a le moins innové en cette matière. Il n'est jamais tombé dans le travers qui consiste à créer inutilement des termes nouveaux ou à changer arbitrairement des termes reçus. On sait que ce travers a été celui des philosophes allemands. Mme de Staël l'a signalé depuis longtemps chez Kant.

« Dans ses traités de métaphysique, dit-elle, il prend les mots comme des chiffres et leur donne la valeur qu'il veut, sans s'embarrasser de celle qu'ils tiennent de l'usage. C'est, ce me semble, une grande erreur, car l'attention du lecteur s'épuise à comprendre le langage avant d'arriver aux idées, et le connu ne sert jamais d'échelon pour parvenir à l'inconnu. » (1) Schelling lui-même dit de son côté : « Les philosophes allemands ont philosophé si longtemps entre eux seuls, que peu à peu ils ont banni de leurs idées et de leur langage les formes universellement intelligibles, et en sont venus à prendre pour mesure du talent philosophique le degré d'éloignement de la manière commune de penser et de s'exprimer. Il me serait aisé d'en citer des exemples. Il est arrivé aux Allemands ce qui arrive aux familles qui se séparent du reste du monde pour vivre uniquement entre elles, et qui finissent par adopter, sans compter d'autres bizarreries, des expressions qui leur sont propres et qu'elles seules peuvent comprendre. Après quelques efforts infructueux pour répandre à l'étranger la philosophie de Kant, ils ont renoncé à se rendre intelligibles aux autres nations, s'habituant à se considérer comme les élus de la philosophie, comme ne relevant que d'eux-mêmes. Les philosophes ne devraient jamais perdre de vue que leur unique but est d'obtenir l'assentiment universel en se rendant universellement intelligibles. Je ne prétends

---

(1) DE STAËL, De l'Allemagne, « Kant ».

pas assurément qu'on ne doive juger des œuvres philosophiques qu'au point de vue littéraire, mais je dis qu'une philosophie qui n'est pas intelligible à toutes les nations cultivées et accessible à toutes les langues, doit renoncer pour cela seul à être une philosophie vraie et universelle. » (1) Balmès, après avoir cité ce passage, fait cette malicieuse réflexion à l'adresse de l'auteur allemand : *Mutato nomine, de te fabula ista narratur*. Non, jamais saint Thomas ne s'est livré à de semblables fantaisies. Il en était infiniment éloigné par son respect de la tradition tout d'abord ; il a formulé ainsi la règle à suivre en cette matière : *Significatio nominis accipienda est ab eo quod intendunt communiter loquentes per illud nomen significare : unde et in III Topicorum dicitur quod nominibus utendum est ut plures utuntur*. Ensuite il n'était pas moins éloigné de toute bizarrerie du langage, par un des principes mêmes de l'exposition scolastique. Ce principe, nous le savons, n'est autre que la non-intervention du moi, c'est-à-dire des impressions personnelles et subjectives du sujet dans l'exposition des idées. Les mots nouveaux, les expressions contraires à l'usage sont presque toujours l'effet d'un caprice individuel. Ajoutons qu'ils sont aussi presque toujours obscurs. Ce qui est personnel et subjectif est, par le fait même, très difficile à traduire et à communiquer. C'est pourquoi il est une cause d'obscurité et d'inintelligibilité dans le discours. L'absence du moi dans l'exposition scolastique, autre-

---

(1) *Jugement sur la philosophie de M. Cousin et sur l'état de la philosophie allemande en général*. Citation de BALMÈS. *Philosophie fondamentale*, notes sur le chapitre VII.

ment dit l'absence de toute recherche ou fantaisie personnelle, favorise grandement la clarté et imprime un caractère d'universalité à la forme. C'est ce que saint Thomas a parfaitement compris et réalisé.

« La création de mots nouveaux, dit Bain, peut être inutile et inopportune. Lorsqu'il n'y a pas de sens absolument nouveau, de généralisation tout à fait nouvelle, l'invention de mots nouveaux ne peut être justifiée. Outre qu'on accroît ainsi le fardeau déjà lourd du langage, on entraîne le vulgaire à croire qu'il y a un sens nouveau..... Quelques précautions assez simples peuvent remédier souvent à l'insuffisance des mots. L'inconvénient dont on se plaint en général, c'est que les mots du langage populaire ne s'accordent pas exactement avec les notions scientifiques : ainsi les mots de mouvement, de résistance, d'affinité, d'association, qui sont adoptés par la science, n'ont pas le même sens pour le vulgaire et pour les savants ; ils ont même quelquefois des sens contraires. Même dans ce cas, le maintien des mots du langage ordinaire a moins d'inconvénients que les néologismes. » (1) Ce qu'il convient de faire alors, c'est de définir les termes d'après le sens qu'ils ont dans la science particulière dont on parle ou d'avoir recours aux autres précautions en usage dans la composition littéraire, quand les mots sont équivoques ou ambigus.

Il est également essentiel, dans la question qui nous occupe, de ne jamais perdre de vue le principe si vrai et si fécond des philosophes de l'École : *Denominatio*

---

(1) *Logique déductive et inductive*, t. II, p. 269.

*fit a potiori* ; on nomme les choses d'après ce qui domine en elles. Un rapport passager, accidentel ou secondaire, ne pouvant caractériser une chose, ne peut servir à la désigner. Cette règle si sage est complètement méconnue de la science contemporaine. Les choses y sont très souvent nommées par des propriétés ou des attributs adventices et de minime importance. On a même recours dans ce cas à des termes spéciaux qui, pour être grecs, n'en sont pas moins antiscientifiques, nous voulons dire contraires aux intérêts bien compris de la science. Cette manière de faire est une source intarissable de confusion et même de graves erreurs. Elle a pour premier résultat de prendre comme éléments essentiels et constitutifs d'une chose ce qui n'a avec elle que des relations accidentelles et fort lointaines. Il n'est pas de plus sûr moyen de se donner et de donner aux autres une idée fausse de la chose dont il s'agit. Nous ne citerons qu'un exemple ou deux de la manie individualiste qui règne à notre époque relativement au vocabulaire scientifique. Voici les différents noms par lesquels on a désigné la philosophie de l'action : *pragmatisme, alogisme, pragmaticisme, humanisme, volontarisme*, et enfin *disirrigidimento*, mot employé par quelques auteurs italiens. Dans les sciences naturelles, c'est bien autre chose. Là nous voyons que la moindre modification apportée à un système connu, la moindre explication particulière à un auteur deviennent l'occasion d'un mot nouveau.

La théorie de l'évolution a été féconde entre toutes à cet égard. Ainsi nous avons, pour dénommer les particularités de peu d'importance, les mots suivants :

*panmixie, archestétisme, hétéropistase, kyesaméchanie*, et des centaines d'autres. Jamais la scolastique même décadente n'a montré une telle recherche de mots bizarres et inutiles. Si cette manie n'était que pédante et puérile, on pourrait se dispenser d'en parler. Mais elle n'est pas que cela : elle produit dans l'étude des sciences où elle règne l'encombrement, la confusion, l'illusion et l'erreur. Comme on aime et apprécie après cela la belle simplicité de saint Thomas ! Il est vraiment le Docteur angélique, non seulement par ce qu'il dit, mais encore par la manière dont il le dit. Pour achever de nous en convaincre, il nous reste à répondre à une accusation d'un autre genre portée par Leibnitz contre la langue scolastique en général. Nul doute que l'illustre philosophe n'ait compris saint Thomas lui-même dans sa critique.

La langue de l'Ecole, a-t-il dit, fourmille de tropes : *tropis scatet*. Cette réflexion surprend comme un pur paradoxe. On n'a guère l'impression d'un langage figuré en lisant les auteurs scolastiques. A première vue, on n'y découvre ni figures de pensée ni figures de mots. Cependant, en considérant les choses de plus près, on finit par se rendre compte de ce qui a pu donner lieu au reproche formulé par Leibnitz. Il est certain qu'il arrive aux écrivains scolastiques de se servir d'images empruntées au monde physique pour désigner des opérations intellectuelles. Ainsi saint Thomas nous parle de l'*illumination* produite par l'intellect actif, de l'*inhérence* des accidents même spirituels, de la *conversio ad phantasmata* et de bien d'autres choses semblables. Peut-on le trouver mauvais ? On dit : cela n'éclaircit rien. Mais les auteurs dont nous parlons n'ont jamais donné ces mots plus ou moins figurés comme une preuve ou une solution de quoi que ce soit. Ils ont obéi, en s'exprimant de la sorte, à une loi fondamentale de notre esprit d'après laquelle nous ne pouvons rien penser sans images, dans les conditions de notre vie présente. Certes, nous connaissons des vérités nécessaires, universelles et abstraites, mais nous ne pouvons les penser sans représentation sensible : *intelligere non datur sine phantasmate* (1). L'âme, dans ses opérations les plus hautes, dépend objectivement des données sensibles. Elle ne peut donc rien comprendre du monde incorporel que par analogie et comparaison avec les phénomènes de l'ordre sensible : *Incorporea cognoscuntur a nobis per comparationem ad corpora sensibilia* (2). Aussi nous ne saisissons les choses de l'esprit que dans une enveloppe matérielle qui les traduit et les exprime. Il suit de là que nous servir d'images sensibles pour penser et comprendre est pour nous une nécessité psychologique inéluctable. L'élément sensible peut être plus ou moins subtil, mais il ne disparaît jamais entièrement, même sous les plus grandes abstractions. Il ne serait pas nécessaire de scruter bien profondément les œuvres de Leibnitz pour se convaincre qu'il adopte sur le point qui nous occupe la manière de parler et d'écrire des scolastiques. Ainsi il se sert du mot de *fulguration* pour exprimer la manière dont les monades créées se détachent de la monade créatrice.

---

(1) *Sum. theol.*, I, q. LXXIX, art. 4.
(2) *Ibid.*, art. 7.

On aurait tort de croire, cependant, que le style philosophique ne se compose que de métaphores. La loi psychologique d'après laquelle l'élément sensible est objectivement indispensable à l'exercice de notre faculté de comprendre n'entraîne pas cette conséquence extrême. Les mots qui signifient l'idée et les choses au sens propre ne manquent pas : la science et la philosophie y ont recours autant que possible. Le langage figuré serait non seulement un embarras dans une exposition bien raisonnée, mais encore une cause d'erreur. L'image sensible qui est la condition de la connaissance proprement intellectuelle n'équivaut pas nécessairement à une métaphore et n'implique pas, par le fait même, une comparaison. Que cette comparaison apparaisse nettement dans les cas où il s'agit de se représenter un caractère ou un rapport d'ordre purement spirituel, c'est, nous l'avons dit, parfaitement conforme aux exigences de notre nature. C'est précisément l'absence de toute image reçue directement du monde incorporel, qui nous oblige à recourir à l'analogie ou à la comparaison pour nous en faire une idée : *Incorporea quorum non sunt phantasmata cognoscuntur a nobis per comparationem ad corpora sensibilia* (1). On peut voir par là que la langue scolastique répond aux vrais principes de la philosophie du langage. Ceux qui l'accusent de dissimuler constamment des métaphores sous ses mots les plus abstraits ignorent ces mêmes principes ; en tout cas, ils n'ont jamais considéré de bien près la forme dans

---

(1) *Sum. theol.*, I, q. LXXXIV, art. 7.

les écrits de saint Thomas. Nous n'insisterons pas sur ce point. On nous permettra seulement d'ajouter une remarque à ce que nous avons dit sur la clarté et la précision de l'exposition de saint Thomas.

Cette clarté n'a rien de commun avec une disposition d'esprit fort répandue de nos jours. Cette disposition consiste à simplifier les questions au point de les vider de tout contenu substantiel, à écarter toute solution profonde ou quelque peu nuancée, à ne vouloir connaître les choses même les plus complexes que dans un simple énoncé. Une telle clarté n'est, au fond, que légèreté d'esprit, paresse spirituelle, dilettantisme égoïste et capricieux. Elle pousse au scepticisme et aux railleries les plus ineptes. La clarté de saint Thomas est tout autre, elle s'allie merveilleusement à la profondeur : *celsa clara sententia*. Loin de nous détourner d'un examen approfondi, elle nous y excite, au contraire. C'est une lumière qui appelle une lumière plus grande encore. C'est pourquoi, à tous les âges de la vie intellectuelle, on trouve intérêt et profit à lire les œuvres de l'angélique Docteur.

## IV

Enfin, le texte qui sert de thème à notre étude, après avoir parlé de l'élévation et de la clarté de la doctrine de saint Thomas, ajoute ces mots : *firma sententia*. Il exprime ainsi la consistance, la solidité, la sûreté de cette doctrine. Cette dernière, en effet, est solide comme les principes sur lesquels elle repose : c'est-à-dire les premiers principes de la raison, évidents par eux-mêmes, et aussi les faits de tout ordre, universels et communs, qui s'offrent indistinctement à l'observation de tous les hommes. Les conclusions qui découlent immédiatement de ces faits et de ces principes ne sont pas moins inébranlables que leurs prémisses. Il ne peut se dégager d'une telle philosophie qu'une impression d'une éternelle vérité, une impression d'apaisement, de satisfaction profonde dans la certitude. On a la conviction qu'elle n'a rien à craindre du temps ni du progrès, ni même des révolutions qui peuvent se produire sur le terrain des sciences naturelles. Ce qui est nécessaire pour la raison, pour les phénomènes communs et universels, l'est aussi pour les applications les plus éloignées qu'on en peut faire. Les lois générales de l'être se retrouvent dans les combinaisons les plus particulières et les plus contingentes.

Il est une autre raison encore qui explique le caractère de solidité qui distingue la doctrine de saint Thomas. La voici en deux mots. Nous ne comprenons bien une vérité particulière qu'en la rapportant à une proposition générale. Tant que nous n'avons pu la faire rentrer dans une proposition de ce genre, notre esprit reste en mouvement, il ne saurait goûter un vrai repos. Mais est-il parvenu à rattacher une notion particulière quelconque à un principe, alors il se repose dans la lumière et la certitude. Eh bien, c'est par là que l'exposition de saint Thomas satisfait si pleinement l'esprit. Il nous fait tout voir dans les principes nécessaires et universels : il y ramène sans cesse les questions les plus spéciales. N'enseigne-t-il pas, du reste, qu'on ne peut porter un jugement complet sur une chose qu'en la rapportant à son principe, *nisi possit dijudicari per proprium principium* ? (1) Si la cause prochaine vient prendre place, en quelque sorte, dans la loi universelle, notre connaissance atteint son plus haut degré de certitude et de perfection. En tout cas, ce procédé nous apporte un apaisement plus profond et plus durable que tout autre. Il imprime à une œuvre ce cachet de consistance et de solidité qui se retrouve dans les moindres écrits de saint Thomas, *firma sententia*.

C'est par ce caractère surtout que la philosophie de saint Thomas se distingue de la philosophie scientifique contemporaine. N'est-ce pas la marque distinctive de cette dernière que de tout remettre sans cesse en question ? Elle n'en est plus seulement à la table rase, car cela suppose au moins une table; mais à la discussion de la table elle-même. Aussi, pour mettre la théorie d'accord avec sa pratique, déclare-t-elle que la science est essentiellement mobile et que sa grande vertu est d'être une chercheuse perpétuelle. On place sa valeur dans son instabilité même, ou, si l'on veut, dans la complète relativité de ses connaissances. Ce qu'elle enseigne aujourd'hui pourra être rejeté demain. Voilà ce qui fait son mérite et son intérêt, au jugement d'un grand nombre de prétendus philosophes de nos jours. Ce besoin maladif de changement et d'évolution se manifeste partout. Ne s'est-il pas rencontré même des écrivains religieux pour reprocher à la doctrine de saint Thomas son immobilité ? Ainsi les qualités que

---

(1) *Sum. theol.*, I-II, q. cxII, art. 5.

nous constatons et louons ici chez le saint Docteur sont de véritables défauts à leurs yeux. Cette doctrine, disent-ils, manque de vie, n'éveille plus d'espérances ; elle se présente comme un ensemble, par je ne sais quoi d'achevé et de définitif qui paraît s'opposer à toutes sortes de progrès.

Mais que d'erreurs et de légèreté dans cette manière de voir ! Ce n'est pas ici le lieu de la réfuter longuement. On nous permettra une remarque seulement. La stabilité des bases est une condition essentielle du progrès, condition qui fait totalement défaut à une certaine science moderne. Aussi est-elle incapable de progrès dans le domaine de la pure connaissance. Nous voyons que, dans ses conclusions générales, dans son enseignement supérieur, elle ne fait que rééditer de vieux systèmes philosophiques depuis longtemps abandonnés. Le changement n'est pas nécessairement progressif. Il est même souvent tout le contraire. Seulement, il crée l'illusion du progrès chez ceux qui se contentent d'une première impression ou d'un examen superficiel. Lorsqu'il n'y a rien de fixe nulle part, il y a confusion et chaos, il n'y a pas progrès. Ce dernier suppose, au moins, un point de départ fixe : on ne saurait le concevoir autrement. Ce point de départ fixe ne peut être pour la science qu'un corps de vérités absolues. Or, elle ne possède rien de semblable. Autant ses applications matérielles sont merveilleuses, autant ses principes sont incertains. Rien de plus contraire que les théories et les systèmes qu'elle propose : de sorte que, au point de vue de l'explication scientifique des choses et du monde, le seul point qui nous intéresse vraiment, il n'y a pas de progrès véritable. C'est le moins qu'on puisse dire.

Combien, sous ce rapport, la doctrine de saint Thomas est plus favorable au progrès des connaissances humaines ! La stabilité des assises ne lui manque pas. Elle nous présente un exposé systématique et raisonné des premiers principes de tout savoir, principes dont la négation serait la ruine de l'entendement. Ces notions fondamentales sont la règle et la mesure de toutes nos acquisitions ultérieures, la loi de tout le travail scientifique. C'est pourquoi elles sont la condition indispensable du progrès. Impossible d'avancer sûrement et consciemment sans le secours de leur lumière. A cet égard, saint Thomas possède une supériorité incomparable. Mais ce n'est pas le seul côté par lequel sa doctrine favorise le progrès intellectuel. Il en est d'autres que nous ne pouvons pas examiner ici, ne voulant pas trop nous éloigner de l'objet immédiat de cette étude. Ce que nous venons de dire est suffisant pour nous faire comprendre que la consistance et la solidité doctrinales doivent toujours être regardées comme des qualités de premier ordre, qu'on envisage le présent ou l'avenir de la science.

Mais ces qualités, chez saint Thomas, ne sont pas uniquement dans le fond : on les trouve aussi, à un haut degré, dans la forme. Cette dernière se fait toujours remarquer par la précision, la force et la solidité. Elle ne se contente pas de vagues approximations, elle est constamment adéquate à l'idée. Elle l'est si parfaitement qu'il est souvent impossible de lui faire subir le moindre changement. Ce qu'elle a gravé est ineffaçable. On ne trouve rien de comparable chez les autres docteurs de l'Ecole. Albert le Grand et Duns Scot sont plus abondants, plus personnels, si l'on veut. Mais ils n'ont pas la précision de contours, la force lapidaire, la sobriété classique de saint Thomas. Il leur arrive parfois d'être fort obscurs, tandis que la propriété des termes, la clarté de la phrase ne subissent pas d'éclipse chez l'angélique Docteur : *celsa, clara, firma sententia.*

Nous trouvons donc en lui, non seulement le guide le plus sûr pour la doctrine, mais encore le modèle le plus parfait pour ce qui est de l'exposition scolastique. Nous l'avons dit maintes fois : le scolastique n'a pas pour but de faire comprendre et sentir. Il se propose uniquement de faire comprendre. A ce point de vue, la forme de saint Thomas a toutes les qualités requises pour faire la lumière dans les esprits. Que cette lumière se change en chaleur dans d'autres genres d'exposition, rien de mieux ; ni les préceptes ni les exemples de saint Thomas ne s'y opposent. N'a-t-il pas plus magnifiquement réalisé que tout autre ces paroles de l'office de saint Pierre de Vérone : *Veritatis lucidus doctor et amator?* Sans doute, la méthode scolastique exerce l'action la plus heureuse sur l'esprit. Cependant, elle ne saurait suffire à tout. Elle ne nous dispense nullement de cultiver l'imagination et la sensibilité ni de pratiquer d'autres genres d'exposition. La perfection humaine est à ce prix : elle exige le concours de toutes nos facultés. L'intelligence, séparée méthodiquement du sentiment et de la volonté, doit finalement les rejoindre dans un mouvement de l'âme tout entière.

# DEUXIÈME PARTIE

## La Scolastique
## Discipline intellectuelle

# CHAPITRE I<sup>er</sup>

# Opportunité de la méthode scolastique

Une méthode d'exposition a plus d'importance qu'il ne paraît tout d'abord. Par sa nature même, elle engage des principes et des doctrines, elle touche à des questions dont on ne peut négliger l'examen. C'est pourquoi nous avons étudié assez longuement l'exposition scolastique. La question n'avait guère été traitée jusqu'ici *ex professo*. On se contentait d'en parler incidemment ; les uns pour se permettre quelques attaques plus ou moins spirituelles contre le style et les procédés d'école ; les autres pour en proclamer les bienfaits, mais sans remonter aux principes. Nous avons voulu creuser plus profondément le sujet.

Pour le considérer sous tous ses aspects utiles, il nous reste, entre autres choses, à parler d'une certaine opportunité de la méthode scolastique. C'est ce que nous avons l'intention de faire dans ce chapitre. Nous y montrerons comment cette méthode répond aux besoins intellectuels de notre temps et comment elle peut enrayer quelques tendances malheureuses des intelligences contemporaines. Le désordre de la pensée est tel, parmi nous, qu'il n'est plus possible de l'expliquer autrement que par un vice radical dans l'éducation intellectuelle. On peut comprendre maintenant pourquoi les anciens faisaient une si grande place à l'étude de la logique. Ils montraient par là qu'ils avaient une vue plus juste et plus profonde que les modernes des obligations que nous impose la recherche de la vérité. L'exercice de l'intelligence est soumis à des règles précises. Faute de les connaître ou de les appliquer, on tombe non seulement dans l'erreur, mais encore dans l'anarchie et le chaos de la pensée. On peut même dire que les hommes ont plus besoin d'éducation intellectuelle que d'instruction.

## Remède au subjectivisme

La méthode scolastique, par son principe même, réagit contre le subjectivisme. Ce dernier est assez connu comme système et comme tendance. Nous n'avons pas à l'exposer ni à le réfuter ici. Nous nous bornerons à rappeler la description qu'en a faite un grand écrivain de nos jours. «'Eriger, dit-il, sa propre intelligence en souverain juge de toutes choses ; faire ainsi de son degré d'éducation ou de culture l'unique mesure de la vérité ; ne déférer sous aucun prétexte, pour aucun motif que ce soit, à aucune autorité ; se retrancher orgueilleusement dans son moi, comme dans une forteresse, comme dans une île escarpée et sans bords que l'on mettrait son point d'honneur à défendre principalement contre l'invasion du bon sens ; ne pas admettre enfin qu'il puisse y avoir dans le monde plus de choses qu'il n'en saurait tenir dans les étroites bornes de notre mentalité personnelle, voilà le subjectivisme, et voilà, je le répète, l'une des pires erreurs ou des pires maladies de notre temps. » (1)

Nul doute que ce ne soit là, en effet, une des tendances les plus caractéristiques et les plus universelles de notre époque. Elle se manifeste partout : dans la philosophie, dans l'art, dans la littérature, dans l'histoire, dans les conversations comme dans les livres. Mais c'est principalement dans la critique qu'elle vit et règne sans conteste. On dirait que l'homme contemporain ne peut sortir de lui-même. Il fait non seulement de la littérature qu'on a appelée personnelle, mais encore de la philosophie et de la critique personnelles. Il ne voit plus les choses telles qu'elles sont : il les considère à travers son moi, ses préjugés, ses passions, son degré de civilisation et de culture. Son grand principe est l'individualité du vrai : principe pernicieux entre tous, qui est toute la philosophie d'un grand nombre d'écrivains et de savants de notre époque. Pour eux, la raison n'a rien d'impersonnel ni d'absolu. Les jugements qu'elle porte ne sont rien autre que des impressions. Ils ne sont pas formulés d'après des lois immuables, mais d'après la convenance personnelle et je ne sais quel bon plaisir subjectif. Bien plus, nous voyons parfois que les systèmes philosophiques ou scientifiques de ces prétendus penseurs dépendent des incidents de leur existence ou des formes changeantes de leur sensibilité. Il y a là non seulement une erreur, mais encore une mentalité spéciale, une maladie.

Sous ce dernier rapport, surtout, la méthode scolastique, par tous les éléments qui la composent, est

---

(1) F. BRUNETIÈRE, *Discours de combat. Les motifs d'espérer.*

un remède au subjectivisme. Elle nous fait contracter l'habitude d'un objectivisme rigoureux dans l'étude et la recherche de la vérité. Nous l'avons vu précédemment : elle repose essentiellement sur le principe de la non-intervention du moi, dans les opérations de l'esprit. Pour elle, les impressions du sujet ne comptent pas : elles restent étrangères à notre conception des choses. Tout dans le procédé scolastique est sacrifié à l'objet même de la pensée et de l'étude. Cet objet seul est en cause : c'est lui seul qu'il s'agit de percevoir et d'exprimer. Le danger qu'il s'agit d'écarter avant tout n'est autre que celui-là même de considérer cet objet à travers des états affectifs ou de lui imprimer le cachet d'une personnalité. C'est pourquoi les éléments que la littérature contemporaine recherche avec le plus d'avidité se trouvent absents de l'exposition scolastique. Le premier de ces éléments, on le sait, c'est le moi qui s'y étale si souvent sans la moindre retenue.

Le régime lui-même auquel l'École nous soumet est donc en opposition avec le subjectivisme et l'impressionnisme scientifique. Il nous fait prendre des habitudes intellectuelles qui nous soumettent sans réserve à la vérité objective. En le suivant, on fait tout naturellement de la science pure, objective, désintéressée. Malheureusement, ceux qui ont le courage et la patience de l'adopter sont bien rares. C'est assez souvent dans l'esprit littéraire, tel qu'on le conçoit ordinairement, qu'il faut chercher la cause de l'antipathie qu'inspire le procédé scolastique. On ne veut pas voir que la science a son objet et ses méthodes propres comme la littérature, du reste. Il n'y a aucun motif de sacrifier l'une à l'autre, pas plus qu'il n'en existe de sacrifier la raison à la sensibilité. Ces facultés se distinguent, mais ne se contredisent pas nécessairement.

## Remède à l'indiscipline intellectuelle

Il est une autre tendance non moins générale ni moins funeste que la méthode scolastique peut enrayer. Nous voulons parler d'une sorte d'aversion pour toute règle intellectuelle. Ollé-Laprune a dit de certains philosophes : « Ils ont une désinvolture de procédés qui paraît quelque peu insolente, une façon leste d'écarter ce qui gêne, l'horreur de toute discussion bien menée. » (1) Ces penseurs vraiment trop libres sont légion.

A force de proclamer, de célébrer l'émancipation de la pensée, on a fini par tomber dans la pure fantaisie. Cette pensée émancipée s'est crue affranchie même des règles de la logique. Tout entière à revendiquer ses droits ou ce qu'elle croyait tel, elle a perdu de vue ses devoirs. Le devoir, pour elle, c'est la logique, c'est-à-dire la nécessité de se soumettre à certaines lois. Il faut s'être livré à des exercices d'analyse logique, en lisant quelques ouvrages de fonds contemporains, pour constater toute l'étendue du mal. A combien d'entre eux ne pourrait-on pas appliquer la critique si juste que A. Fouillée fait d'un livre de Nietzsche : « On y peut trouver le oui et le non sur toutes choses et on

---

(1) *La Philosophie et le temps présent*, c. II.

a le choix entre dix interprétations possibles. Non seulement le style, mais la pensée même de Nietzsche est métaphorique, allégorique, symbolique et mythologique. L'absence de définition et l'absence de démonstration ont, sans doute, l'avantage de mettre à l'abri des réfutations d'autrui ; car la critique ne trouve plus rien de stable à quoi elle puisse se prendre. Une telle méthode n'en est pas moins l'abandon de la vraie philosophie au profit de la fantaisie métaphysique ou, si l'on préfère, de l'impressionnisme philosophique. » (1) Voilà une appréciation qui peut s'appliquer, disons-nous, dans une large mesure, à d'autres auteurs que Nietzsche.

Il s'en trouve qui paraissent étrangers à l'art du raisonnement. Ils ne savent point poser des principes et s'y tenir, ni employer des mots d'un sens rigoureusement défini. Ayant je ne sais pourquoi horreur du *distinguo*, ils ne sortent que rarement de l'équivoque. Lorsqu'ils sont soumis au contrôle de la dialectique, leurs écrits et leurs discours apparaissent comme un tissu d'antinomies et de contradictions. Ils proscrivent, par exemple, la métaphysique, et voilà qu'ils nous parlent à chaque instant d'infini, d'absolu, de substance et d'universel. Ils déclarent vouloir s'en tenir uniquement aux faits, et au lieu de les accepter et de se taire, comme le demanderait la logique, ils se hâtent de les interpréter, de les faire parler pour ou contre une idée générale. Ils se proclament épris de vérité objective et ne font bien souvent que généraliser leur

---

(1) *Revue des Deux Mondes*, 1ᵉʳ septembre 1901.

propre état d'esprit. Ils discutent des questions d'art, de philosophie, de morale et ne veulent avouer aucun principe précis, aucune idée fondamentale. En un mot, ils s'inquiètent peu de la logique. Ils trouvent, sans doute, avec Renan, qu'elle a tort de séparer les idées et que, en dehors de la géométrie, le vague seul est vrai. Aussi cette aversion pour la logique vulgaire a-t-elle fait de Renan le plus subjectiviste ou impressionniste des penseurs contemporains. On sait qu'il est passé maître dans l'art de réunir, dans une même page et parfois dans une même phrase, la thèse à l'antithèse.

Parmi les causes les plus ordinaires de confusion et d'erreur dans un exposé doctrinal quelconque, il faut tout particulièrement compter l'absence de définitions. On la trouve à l'origine d'innombrables sophismes. Pour n'en citer qu'un exemple, on sait quel abus les philosophes du xviii⁰ siècle en général, et Rousseau en particulier, ont fait du mot nature. Jamais ils n'ont pensé à définir ce mot qui revient si souvent sous leur plume. Ils sont d'autant plus à blâmer qu'aucun mot peut-être n'a plus besoin d'être défini. « Pour Buffon, dit J. Lemaître, la nature paraît être l'ensemble des forces dont se compose la vie de l'univers. Pour Diderot, la nature, c'est l'athéisme, c'est le contraire des institutions et des lois, et c'est finalement le plaisir. Pour Rousseau, il semble bien que la nature, ce soient les intérêts et les sentiments avec lesquels l'homme vient au monde. » On voit combien tout cela prête à l'équivoque. Lorsqu'on fonde un livre tout entier sur l'opposition de la nature à la société, il semble qu'on pourrait, sans paraître trop scolastique, définir les termes principaux de son œuvre, surtout lorsqu'ils donnent lieu à tant d'interprétations différentes.

Il ne faut pas craindre de l'affirmer : notre génération se pare souvent de grands mots qu'elle prend pour des idées puissantes. Nous voyons des gens qui ont des prétentions intellectuelles, parlent sans cesse de méthode scientifique, tomber dans une sorte de fétichisme verbal. Leurs mots sonores n'ont presque jamais de sens bien déterminé. Ils sont vagues, complexes, susceptibles de plusieurs interprétations différentes. On ne peut que s'écrier, avec un critique de nos jours, en écoutant leurs discours ou lisant leurs écrits : « Nature, morale, conscience, devoir, raison, idéal, liberté, justice, ô précieux et illustres vocables qui terminez tant de discours, et servez à éclairer maintes choses, est-ce que, par hasard et par miracle, vous vous passeriez de toute explication ? On pourrait croire, en effet, que tel serait votre destin, unique et mystérieux. Vous gouvernez les idées, les sentiments et les passions, mais presque personne n'éprouve le besoin de savoir ce que vous désignez au juste ni même à peu près, ni d'où vous arrive la clarté que tant d'objets vous empruntent. D'ordinaire, il semble fort ridicule de vouloir pénétrer votre signification réelle. Dirigé de ce côté, l'entretien s'arrête court, comme épuisé dès le début, sans toutefois que la morale, l'idéal, la nature, la conscience, toujours inexpliqués, incompréhensibles toujours, perdent jamais rien de leur prestige. » (1)

---

(1) TAVERNIER, la Morale et l'esprit laïque, c. 1.

Nous ne voulons rien exagérer. Mais qui oserait prétendre qu'un grand nombre d'orateurs et de penseurs incrédules de nos jours ne tombent dans le travers en question, et ne vivent pas des sonorités verbales dont il s'agit ? Après avoir tant parlé de sévérité et de rigueur scientifiques, après avoir tant célébré l'instruction obligatoire et universelle, il est affligeant de constater que tant d'esprits, même cultivés par ailleurs, se nourrissent de quelques grands mots dont chacun passe pour expliquer les autres qui attendent toujours comme lui leur propre définition. Ces mots sont pour eux le résumé de toute la philosophie, l'expression de toute la science et de tout le progrès. Sans doute, ce désordre s'explique non seulement par un vice de l'éducation intellectuelle, mais encore par un affaiblissement de la volonté. Il n'en est pas moins profond pour cela ni moins déplorable. Plus de principes, plus même de notions : on part de l'inconnu pour aboutir au néant. On a désappris la science des lois de la pensée. L'incapacité de bien conduire un raisonnement semble même compter parmi les infirmités caractéristiques des intelligences contemporaines.

Il suffit maintenant d'avoir la moindre notion de la méthode scolastique pour voir qu'elle est un précieux remède à cette anarchie intellectuelle. Avec elle, le caprice, la fantaisie, l'impressionnisme ne sont plus de mise. Elle n'a précisément pas d'autre but que d'éliminer du travail de la pensée toutes ces causes de confusion et d'erreur. Elle est faite de clarté, d'ordre, de sévérité et de rigueur scientifiques. Sixte-Quint, dans sa Bulle *Triumphantis*, prenant la défense de la mé-

thode scolastique contre les furieuses attaques de l'hérésie, le fait en des termes qu'il est bon de rappeler :
« Les attaques véhémentes, dit-il, et les diaboliques machinations de l'hérésie contre la théologie sacrée qu'on nomme scolastique nous font un devoir à nous de la conserver, de l'honorer, et de la répandre avec le plus grand soin, rien n'étant plus utile à l'Eglise de Dieu. Nous la devons aux hommes les plus éminents du temps passé et à la munificence de celui qui, seul, donne l'esprit de sagesse, de science et d'intelligence, et accorde à son Eglise, aux différentes époques de l'histoire, des bienfaits et des secours nouveaux en rapport avec ses besoins. Elle a été principalement enseignée par deux illustres docteurs : l'angélique saint Thomas et le séraphique saint Bonaventure, les premiers auteurs scolastiques placés sur les autels. Grâce à une intelligence supérieure et à un travail opiniâtre de jour et de nuit, ils l'ont cultivée et embellie, l'ont fait passer à la postérité avec sa belle ordonnance, sa variété et sa richesse d'exposition. Cet enseignement d'une science si salutaire ayant sa source dans les lettres divines, les écrits des Pères et les Conciles, a toujours été du plus grand secours à l'Eglise, soit pour lire et expliquer les Pères avec plus de fruit et de vérité, soit pour découvrir et réfuter les erreurs et les hérésies de toute nature. Il est plus que jamais nécessaire, de nos jours, pour réfuter les hérésies et défendre les dogmes de l'Eglise de Dieu, de nos jours où nous voyons les temps pleins de périls dont parle l'Apôtre, où des hommes blasphémateurs, orgueilleux, séducteurs, vont de mal en pis, s'enfonçant dans l'er-

reŭt et y précipitant les autres. Nous avons pour garants de la nécessité de la scolastique nos ennemis eux-mêmes à qui elle est si redoutable. Ils comprennent que rien n'est plus propre à dissiper les trompeuses apparences de leurs mensonges que la puissance de sa logique, la clarté de ses définitions et distinctions, l'ordre merveilleux qu'elle observe et qui fait penser à celui d'une armée rangée en bataille. Plus ils s'efforcent d'attaquer et de renverser cette place forte de la théologie de l'Ecole, plus il nous incombe à nous de conserver et de défendre ce rempart de la foi, cet héritage de nos Pères. » Ces paroles n'ont pas vieilli. On les croirait écrites pour les besoins de notre temps.

Une des choses qui contribuent le plus à cette puissance et à cette efficacité de la méthode scolastique, c'est le soin qu'elle prend de séparer nettement l'objet de la science de celui de l'art. La plupart des écrivains modernes, moralistes, philosophes, politiques, font souvent le contraire. Ils poursuivent volontiers un but à la fois littéraire et scientifique. Ce mélange n'est pas sans inconvénient pour la partie purement scientifique de leur œuvre. L'antiquité nous en a fourni un illustre exemple dans Platon : exemple dont un critique de nos jours parle en ces termes : « La science et l'art n'ayant pas le même objet, leurs méthodes ne sauraient être identiques. La poursuite du beau peut nuire à la recherche austère de la vérité : quand on s'arrête aux fleurs du chemin, on risque de perdre de vue les fruits entourés d'épines qu'il s'agit de cueillir et de dégager d'une enveloppe souvent rebutante. La forme du dialogue entraîne nécessairement des longueurs, une perte de temps, la dispersion de l'esprit, des équivoques et des obscurités partielles, sinon parfois l'oubli du but à atteindre et l'effacement de la pensée générale. Platon lui-même n'a pas toujours évité ces écueils. Il faut, quand on le lit, se préoccuper sans cesse non seulement de ce que disent ses personnages, mais encore de l'intention dans laquelle il les fait parler, et il peut arriver après tout ce travail qu'on ait peine à saisir le sens de tel dialogue qui semble n'être qu'un jeu d'esprit, un spirituel badinage ou encore un exercice dialectique finissant par un peut-être. Quelquefois, comme dans l'*Hippias minor*, le *Protagoras* et surtout le *Parménide*, le fond se cache sous une forme tantôt gracieuse, piquante, presque légère, tantôt subtile, sophistique et contradictoire, si bien qu'on se prend à douter si l'on a affaire à un philosophe dogmatique ou si Arcésilas l'incompréhensibiliste ne fut pas après tout le plus exact et le plus fidèle interprète de Platon. » (1) La littérature a donc son objet et ses méthodes que la science ne peut vouloir s'assimiler sans se faire tort à elle-même. Personne ne l'a mieux compris que les scolastiques.

Il serait excessif de conclure de là que nous devons toujours traiter des questions de science ou de philosophie en forme syllogistique ou en style d'école proprement dit. Telle n'est pas la portée des remarques qui précèdent. Il faut en retenir seulement que l'usage de la forme scolastique, dans la période de formation,

---

(1) WADDINGTON, *la Philosophie ancienne et la critique*, p. 225.

est nécessaire à tout homme qui veut penser. Il s'impose de plus à un autre point de vue tout pratique. Faire un plan, un canevas, vérifier la charpente logique d'un discours ou d'un livre, ce n'est pas autre chose que faire de la scolastique. Or, ce travail est indispensable. C'est pour l'avoir négligé que tant d'écrivains et d'orateurs n'ont pas su éviter la confusion ni l'erreur. Et pourquoi néglige-t-on ce travail ? On le néglige par une vaine délicatesse intellectuelle ; on le néglige parce qu'on redoute les affirmations trop crues et la lourdeur des premiers principes. S'il en est ainsi, on ferait bien d'abdiquer toute prétention doctrinale. Un certain scepticisme léger est à l'extrême opposé de la science. On sait qu'il est fort répandu de nos jours, dans les milieux mêmes où l'on s'attendrait le moins à le rencontrer. C'est lui qui est le plus grand ennemi de la scolastique. Il ne peut ni la comprendre ni la supporter. C'est logique, puisqu'on ne saurait imaginer deux méthodes plus contraires. L'une est faite de frivolité et de détachement doctrinal ; l'autre, de probité intellectuelle et de cette clarté qui ne craint ni les affirmations crues ni les principes catégoriques.

## Instrument de formation intellectuelle

C'est surtout comme méthode de formation que la scolastique est d'une frappante actualité. Il nous reste à l'envisager sous ce rapport. Elle nous apparaît tout de suite en opposition complète avec un autre système d'éducation malheureusement trop pratiqué à notre époque : système qu'on s'est permis d'appeler : système de *bourrage*. Voici en deux mots ce qui le caractérise. Il consiste, croyons-nous, à charger la mémoire de l'élève de toutes sortes de connaissances que rien ne réunit entre elles. Son but n'est pas de lui inculquer lentement, posément, les notions élémentaires, les principes fondamentaux, pour qu'ils restent toujours gravés dans son esprit. Non, le procédé en question glisse rapidement sur ces données premières pour faire de l'érudition. Alors les notions essentielles sont noyées dans un fatras de détails qui sont bien souvent l'affaire des spécialistes. Parmi toutes les facultés de l'homme, on cultive surtout la mémoire. Le savoir, dans ce cas, devient purement matériel, puisque le travail d'assimilation est nul. Le moindre défaut de cette méthode est de supposer existant ce qu'elle a pour but de créer. Elle suppose la connaissance des éléments, en faisant de l'érudition, et la culture générale de l'esprit, en abordant des spécialités. Or, ni cette connaissance ni cette culture n'existent chez les élèves. La tendance générale de notre époque est de supprimer en toutes choses la période de formation. La précipitation et la fièvre dominent partout. On n'a plus la patience des commencements : c'est pourquoi on méconnaît les lois les plus simples du développement de nos facultés. La nature ne fait rien *per saltum*, disaient les anciens. Que nous sommes loin, pour tout ce qui regarde l'éducation intellectuelle, d'imiter les procédés de la nature. Or, cette disposition à faire vite, à brûler les étapes, à se charger d'une masse de connaissances indigestes produit des effets pernicieux. C'est elle qui nous vaut ces esprits qui ont de vagues et superficiels aperçus de tout, mais qui, en réalité, ne savent rien. Mieux vaudrait souvent pour eux l'ignorance complète. Voulant juger de tout, raisonner sur tout, d'après les notions décousues et incomplètes qu'ils possèdent, ils tombent dans les plus graves erreurs et deviennent par leur fatuité et leur outrecuidance le fléau de la société.

Tout autre est la méthode de formation. Elle distingue, avant tout, l'enseignement élémentaire de l'enseignement supérieur, laissant au premier son caractère propre. Sa devise est celle des anciens : *non multa sed multum*. Elle a plutôt en vue l'apprentissage de la science que la science elle-même. Faire pénétrer profondément dans les esprits les éléments et les principes, développer le goût et le désir d'apprendre, assouplir et discipliner les facultés de l'âme, tel est son but. En un mot, elle s'occupe moins de meubler l'esprit que de le « forger », comme dit Montaigne. Or, tout cela se vérifie dans la méthode scolastique. C'est la méthode de formation par excellence. Ce n'est pas elle qui fait consister la perfection de l'esprit dans la connaissance du plus grand nombre possible de faits particuliers et de détails. Elle repose plutôt sur le principe contraire. Elle ne se croit pas en possession de la science véritable, tant qu'elle n'a pas atteint l'universel. On sait combien elle insiste sur les notions fondamentales. Ce qu'elle veut surtout, c'est de perfectionner l'instrument même du savoir qui est l'esprit.

On peut dire que les résultats répondent à ses intentions. L'action qu'elle exerce sur l'esprit est aussi heureuse que profonde. Elle engendre des habitudes intellectuelles dont ni les philosophes ni les théologiens ne peuvent se passer. Jamais un écrivain qui lui est étranger ne pourra apporter, dans une exposition doctrinale, la clarté, l'ordre, la précision nécessaires. S'il est théologien, il restera toujours suspect au point de vue de la stricte orthodoxie, n'étant guère en état de pratiquer la recommandation de l'Apôtre : « Garde les mots propres à exprimer la saine doctrine. » Celui qui a passé, au contraire, par la forte discipline de l'Ecole la pratiquera sûrement et sans effort. Nous ajouterons qu'il sera capable des plus grands progrès aussi bien dans les sciences d'observation que dans celles de pur raisonnement. La sagacité, la logique sont des qualités de premier ordre pour mener à bonne fin même une expérimentation ou une recherche historique. Tout cela vaut bien la connaissance de quelques détails d'érudition et constitue une compensation plus que suffisante au sacrifice de certaines actualités scientifiques dans l'enseignement élémentaire.

Comment, du reste, pourrait-on douter de la puissance de formation de la scolastique, en voyant ce qu'elle a fait, non seulement pour les individus, mais encore pour les institutions et les nations elles-mêmes? Nous avons déjà fait remarquer qu'elle est la vraie source des qualités caractéristiques de la langue et de l'esprit français. On s'accorde généralement à dire que nous les tenons des Latins. « C'est une propriété du génie latin, dit Brunetière, que d'éclaircir et de préciser tout ce dont il s'empare, et même c'est sa manière de s'approprier et de s'assimiler ce qu'il emprunte. » (1)

---

(1) BRUNETIÈRE, *Discours de combat*, « Génie latin ».

Mais, pour expliquer que l'esprit latin voit naturellement les choses comme organisées, il n'est pas nécessaire de remonter, comme le font certains auteurs, à la vaste organisation romaine ni à des causes politiques, ni même au latin de Cicéron et de Virgile. Le latin qui nous a imprimé son cachet est celui de l'Eglise, de la Bible et surtout de la scolastique. Comment cette dernière n'aurait-elle pas marqué notre génie et notre langue d'une profonde empreinte ? C'est en France que son règne a été le plus long, le plus florissant, nous dirons même, le plus tyrannique. Tous les plus grands maîtres ont enseigné à Paris. On accourait d'Italie, d'Allemagne, d'Angleterre pour suivre leurs cours. Paris était alors le centre d'une prodigieuse activité intellectuelle. Il méritait bien plus encore à cette époque que de nos jours d'être appelé la « Ville lumière », l' « Habitation énorme des idées » (1). Un auteur du temps en célèbre la gloire incomparable avec une touchante naïveté dans le curieux passage suivant : *Sicut quondam Athenarum civitas, mater liberalium artium atque fons omnium scientiarum, Græciam adornavit, sic Parisius nostris temporibus non solum Franciam, imo totius Europæ partem residuam in scientia et moribus sublimavit. In cujus laudem Architrinus in fine libri secundi loquitur:*

> *Exoritur tandem locus altera regia Phœbi*
> *Parisius.....*
> *Græca libris, Inda studiis, Romana poetis,*
> *Attia philosophis, mundi rosa, balsamus orbis* (2).

---
(1) VICTOR HUGO.
(2) *Comment. in librum* DE SCHOLARIUM DISCIPLINA.

Quelques savants, malgré des préjugés aussi tenaces que peu fondés ne sont pas éloignés de reconnaître l'action bienfaisante du procédé scolastique. « On ne doit pas dédaigner, dit l'un d'eux, l'éducation que donne cette méthode pour exploiter une idée. On s'en aperçoit dès que s'offre un réel sujet d'étude. Je ne veux pas dire qu'une divinité bienveillante a placé avec intention la scolastique avant le début de la science ; mais la scolastique ayant existé a dû forcément exercer ses bons comme ses mauvais effets. » (1)

Telle est donc l'origine des belles qualités qui distinguent le génie français. C'est devenu un lieu commun que de le constater. Malheureusement, cette origine est pratiquement reniée par l'abandon voulu et systématique, dans l'enseignement, de tout ce qui rappelle, de près ou de loin, le procédé de l'Ecole. Il s'est même trouvé de nos jours des réformateurs pour pousser les études du clergé dans cette voie. Et cela sous prétexte d'adapter la théologie aux grands courants de la pensée moderne. Au fond, ces réformateurs voudraient introduire, dans l'enseignement des sciences ecclésiastiques, la même liberté d'allure, la même absence de méthode qu'ils voient régner trop souvent dans l'enseignement de la philosophie universitaire. Chaque professeur pourrait se créer, dans l'immense champ de la Patrologie, un cours où l'histoire et la littérature fraterniseraient avec la théologie. Un tel enseignement, nous dit-on, présenterait plus de vie et d'intérêt, ferait une plus grande part à l'initiative

---

(1) E. MACH, la Connaissance et l'Erreur, p. 181.

individuelle, répondrait mieux aux habitudes d'esprit des hommes de nos jours. C'est possible, mais il ne répondrait pas du tout aux besoins des élèves en théologie. Ces derniers ne rapporteraient d'un tel enseignement que des idées vagues, incertaines et décousues. Seraient-ils jamais capables d'exposer les vérités dogmatiques avec netteté, précision et sans crainte d'erreur ? C'est précisément pour écarter tous ces inconvénients, pour couper court aux aberrations du sens privé, aux fantaisies de l'individualisme, à la démangeaison d'innover, que l'Eglise tient tant à l'usage de la méthode scolastique dans les Séminaires.

C'est même dans sa volonté d'assurer la primauté de la scolastique dans l'enseignement de nos Séminaires, en écartant tout obstacle à son action salutaire sur l'esprit, qu'il faut chercher la raison d'être d'une mesure prise par le décret *Sacrorum Antistitum*. Nous voulons parler de la mesure qui interdit de laisser entre les mains des élèves des Séminaires des journaux, des revues ou autres publications. Et il ne s'agit pas seulement ici de productions suspectes, sous le rapport de la doctrine, mais encore de celles qui sont composées dans le meilleur esprit. — *omnino vetamus diaria quœvis aut commentaria quantumvis optima, ab iisdem legi, onerata moderatorum conscientia, qui ne id accidat religiose non caverint.* — Cette défense a causé quelque étonnement, tant l'éparpillement, même dans les premières études, est à l'ordre du jour. On semble avoir pratiquement perdu la notion de l'étude graduée et méthodique. C'est pourtant la seule qui donne des résultats sérieux. Les jeunes gens ne sont que trop portés à s'en affranchir. Elle leur coûte toujours. Ils n'aiment pas à s'occuper longtemps et avec suite du même sujet. Ils éprouvent le besoin, non seulement de varier leurs occupations, dans une juste mesure, mais encore de papillonner, de passer rapidement d'une question à l'autre. C'est l'attention soutenue qui leur répugne. Or, la méthode scolastique leur apprend à fixer leur attention. Elle s'oppose absolument par sa rigueur et sa sévérité, surtout pendant la période de formation, à la dispersion des efforts, à l'éparpillement des lectures et des recherches. Par la défense dont nous venons de parler, l'Eglise n'a fait que tirer les conséquences pratiques les plus immédiates de la lettre et de l'esprit de la méthode scolastique. Il serait illogique d'appliquer les jeunes gens dont il s'agit de former l'esprit à cette méthode et aux travaux d'érudition tout à la fois. La question de l'intensité de l'étude a bien son importance. C'est pour l'avoir négligée qu'il ne reste souvent des études qu'un souvenir confus sans utilité pratique.

## Principe de classification

Enfin, c'est aussi comme principe de classification et de synthèse que la méthode scolastique nous paraît se recommander à notre attention. On commence à déplorer l'éparpillement de la science. Le besoin d'en classifier les éléments épars se fait vivement sentir. Après la description de tant de faits, leur classification rationnelle s'impose. Mais qui introduira dans cette masse de connaissances scientifiques un principe d'organisation ? Ce principe ne peut être fourni que par la philosophie qui domine toutes les sciences particulières, et les considère non plus séparément, mais dans les objets et les notions qui leur sont communs. C'est elle qui peut lier et unir même les éléments les plus hétérogènes en apparence. L'isolement des sciences disparaît, du moment qu'on aperçoit les principes généraux dont elles vivent toutes, et le centre vers lequel toutes convergent. Or, la philosophie des grands docteurs de l'École offre incontestablement plus de ressources qu'une autre, pour cette œuvre de synthèse supérieure. On trouve ces ressources dans l'étendue et la solidité de ses principes, ainsi que dans les innombrables applications qu'on en peut faire.

Et pour ne nous en tenir qu'à la méthode elle-même, quel précieux secours ne nous apporte-t-elle pas contre l'anarchie scientifique dont on se plaint ? Elle enseigne l'art de résumer en quelques mots les systèmes les plus touffus et les plus compliqués. Elle nous communique un flair spécial pour nous faire discerner dans chaque question ce qu'elle renferme d'essentiel ou d'éphémère, de commun ou de caractéristique. Il devient facile, avec elle, de rattacher le particulier au général, de séparer la part du sentiment de celle de la raison, dans les opérations intellectuelles. Elle est incomparable pour nous faire envisager les multiples aspects des questions et des choses, ou surveiller la rigueur logique du raisonnement. Tout réduire à l'unité est sa tendance la plus ordinaire. Elle permet, au besoin, d'enseigner beaucoup de matières en peu de temps. N'est-ce pas ici le cas d'appliquer le proverbe :

Un jour en vaut trois pour qui fait chaque chose avec ordre. Elle est donc un précieux instrument d'organisation et de condensation. Elle possède tout ce qu'il faut pour devenir, avec la philosophie traditionnelle, l'âme et le résumé de nos connaissances diverses et pour fournir aux sciences particulières l'armature dont elles ont besoin ; ainsi, plus nous voyons se multiplier les faits scientifiques et les branches du savoir humain, plus la scolastique doit nous être précieuse, plus il devient urgent de la maintenir à la base de l'enseignement des écoles. Laissons donc à cet enseignement sa forme sévère. Le supprimer pour faire du temps et de la place à l'érudition, c'est supprimer le fondement pour agrandir l'édifice. Ceux qui ont manifesté cette intention n'ont pas compris grand'chose au mal dont souffrent les intelligences contemporaines. Notre temps, si fier de ses progrès et de ses lumières, présente pour tout ce qui regarde la justesse et la force du raisonnement de nombreux stigmates de dégénérescence. Le moment serait donc mal choisi pour restreindre la part de la scolastique dans l'enseignement. Qu'on en suive la méthode plus fidèlement que jamais, au contraire. Elle procurera à ceux qui la cultivent, même toutes choses non égales d'ailleurs, une réelle supériorité. C'est surtout dans la controverse qu'on en pourra constater les grands avantages. Avec elle, on devient vraiment, selon le vœu de l'Apôtre, capable d'exhorter les fidèles d'après la vraie doctrine, et de réfuter tous les contradicteurs. On a souvent moins besoin d'érudition que de logique pour renverser le colosse aux pieds d'argile de la science incrédule ; pour

montrer la pauvreté doctrinale des hommes hostiles ou
étrangers à nos croyances, ainsi que leur radicale
impuissance à fonder une morale ; pour mettre en
évidence leurs conclusions hâtives et sophistiques dans
les sciences historiques et naturelles, leurs contradictions multiples, et le peu de résultat définitif de leurs
recherches en dehors des applications industrielles.

Sans doute, le remède que nous proposons paraîtra
héroïque à plusieurs. Ne faut-il pas un grand courage
pour se soumettre au sévère régime intellectuel de
l'École? Nous ne le nierons pas, étant données surtout
les habitudes d'impressionnisme philosophique et
d'indiscipline d'esprit qui règnent de nos jours. Mais
cette répugnance ne prouve rien contre l'efficacité du
remède. Elle en insinue plutôt le besoin et l'opportunité. Prenons-le donc puisque la raison autant que les
directions de l'Église nous en font un devoir. Le sacrifice que nous ferons de la sorte sera fécond et salutaire. Il rendra à nos esprits l'activité méthodique qu'ils
ont perdue, et les remettra dans la voie du progrès
véritable. Et s'il est permis de faire ce rapprochement,
nous trouverons le renoncement à la base de notre vie
intellectuelle, comme de notre vie morale et chrétienne. Nous pourrons ainsi, en toute vérité, appliquer
à la méthode scolastique ces paroles de l'Apôtre :
« Toute discipline, au premier moment, est cause de
tristesse et non de joie ; mais, le moment d'après, elle
produit en ceux qu'elle a formés au bien un fruit délicieux de justice et de paix. » (1)

---

(1) Hebr. xii, 2.

# CHAPITRE II

# Procédés oratoire et scolastique

La Chaire et l'Ecole suivent des méthodes d'exposition bien différentes : *Alia intelligendi, alia dicendi disciplina est*, nous dit Cicéron (1).

En étudiant le but et la nature de la scolastique, nous avons fait ressortir, incidemment, les caractères différentiels des deux méthodes. Cependant, il ne sera pas sans intérêt de les comparer formellement l'une à l'autre dans une étude spéciale, et de bien mettre en relief leurs divergences comme leurs points de contact. Nous pourrons, de la sorte, mieux comprendre la portée et le génie propre de chacune d'elles. C'est une question de pure forme, sans doute, mais elle n'est pas sans rapport avec le fond même des choses. On sait l'importance qu'a prise de nos jours la distinction des genres littéraires dans l'interprétation des textes et la qualification des doctrines. Nous voyons aussi que certains auteurs parlent avec dédain de la théologie oratoire et se plaisent à lui opposer la théologie positive et scientifique. Dans quelle mesure les critiques de ce genre sont-elles fondées en principe ?

Notre but n'est donc point de donner ici des pré-

---

(1) *De Oratore.*

ceptes ou des conseils d'éloquence sacrée. Des auteurs d'une compétence exceptionnelle l'ont fait tout récemment (1) ; il serait aussi inopportun que présomptueux de vouloir refaire leur travail. Notre point de vue est purement philosophique. Nous ne cherchons à établir que les premiers principes de la question soumise à notre étude.

Dans un discours quelconque, nous pouvons distinguer : le *procédé démonstratif*, la *charpente logique* et le *fond doctrinal*. Ce sont là, en effet, les trois éléments principaux du discours comme composition littéraire, et les seuls qu'il nous convienne de rappeler et de retenir ici. Que voulons-nous, sinon étudier ce que chacun de ces éléments devient, selon qu'il est au service de l'orateur ou du savant ? Autres sont les exigences de la science pure, autres celles de la littérature et de la rhétorique. C'est ce qui se vérifie tout d'abord pour les *moyens de démonstration*. Pour le bien comprendre, il est nécessaire de rappeler quelques données générales relatives au mode d'action de l'intelligence et de la volonté.

## Différence d'objets

Le savant, comme tel, parle uniquement à l'intelligence : il envisage toutes choses sous l'aspect du vrai, *sub ratione veri*. Mais il n'en est pas de même de l'orateur ; il se place, lui, sur le terrain de la volonté et, partant, de l'action ; avant tout, il considère le *bien*

---

(1) MONSABRÉ, *Avant, pendant, après la prédication ;* BOUCHAGE, *Formation de l'orateur sacré.*

dans l'objet de son discours ; il ne prend guère de cet objet que la partie convertissable en sentiment et en action. Volontiers il néglige ce qui intéresse l'intelligence toute seule ; cela est en dehors de son domaine. La raison de cette différence est tout entière dans cette doctrine de saint Thomas, que nous avons déjà rappelée, à savoir qu'il est un travail que l'intelligence réclame pour son développement et sa perfection, mais qui ne touche nullement la volonté : *Aliquid requiritur ad perfectionem cognitionis quod non requiritur ad perfectionem amoris* (1).

Ce principe fait sentir sa lumineuse fécondité bien au delà des limites de la question présente. C'est pour ne l'avoir pas suffisamment compris ni médité que tant d'auteurs contemporains nous proposent des systèmes qui ne sont pas autre chose qu'une mutilation de l'intelligence. Que veulent-ils, à travers leurs obscurités de langage, avec leur philosophie de l'action ? Ce qu'ils veulent, c'est dépouiller notre esprit de toute l'activité qu'il dépense pour sa vie propre, pour sa perfection indépendante et autonome. Ils n'admettent pas qu'il y ait un ordre de connaissances dont l'intelligence seule soit le principe et la fin. C'est la volonté qui est, pour eux, la mesure de nos pensées, et tout travail intellectuel qui n'est pas au niveau de la volonté ou de l'action n'a aucune valeur. Bien plus, ils portent cette théorie dans l'ordre surnaturel. A leur avis, le dogme n'a qu'un sens vital et pratique, connotant non la science, mais l'action. Dieu n'a pas parlé à notre

---

(1) *Sum. Theol.*, I-II*ᵉ*, q. XXVII, art. 2.

intelligence pour elle-même ; tout ce qu'il a daigné lui apprendre se résout en images d'action et n'a pas de sens, à proprement parler, spéculatif (1).

Dans ces doctrines, la pensée n'a pas de prix par elle-même ; elle est essentiellement relative à autre chose. Les auteurs dont nous parlons s'inspirent plus ou moins de ces paroles de Locke : « Notre affaire, en ce monde, n'est pas de connaître toutes choses, mais celles qui regardent la conduite de notre vie. » Et Dieu lui-même, ajoutent-ils, s'est rigoureusement placé à ce point de vue, dans l'enseignement qu'il nous a donné par la Révélation.

Cette conception du rôle de l'intelligence est absolument nouvelle. On n'en trouve pas trace dans les grands philosophes des siècles passés. Elle va manifestement à l'encontre de tout ce qu'ils nous ont dit des vertus intellectuelles, de la dignité des sciences spéculatives et même de la transcendance de la foi ; elle ébranle les fondements de leurs traités les plus célèbres. Il ne nous appartient pas de montrer ici combien cette conception est fausse et arbitrairement restrictive de notre faculté de comprendre. Nous avons voulu simplement faire remarquer qu'elle était condamnée tout entière dans cette doctrine de saint Thomas, si conforme à l'expérience et à la nature des choses, à savoir que le travail de l'intelligence dépasse et déborde celui de la volonté.

---

(1) Inutile de faire remarquer que les partisans de la philosophie de l'action ne lui ont pas tous donné cette portée extrême. Il existe une grande différence entre l'*alogisme* absolu de certains auteurs et le *pragmatisme* ou *humanisme* mitigé de quelques autres.

Nous disions donc que l'orateur, en tant qu'il se distingue du professeur et du savant, ne s'adresse pas spécialement à l'intelligence. Par ce qui lui appartient en propre et le caractérise, il s'adresse à la volonté, au cœur, aux passions : en un mot, il considère un sujet donné sous l'aspect du bien plutôt que du vrai : *sub ratione boni*. C'est le fait capital, le principe directeur qu'il ne faut pas perdre de vue dans une étude comparée de la Chaire et de l'Ecole, de l'enseignement proprement dit et de la prédication. Il en découle bon nombre de conséquences qui méritent d'être notées.

On s'explique tout d'abord, d'après ce principe, que l'orateur aime les généralisations et les vues d'ensemble. Il est tout naturellement porté à ne pas étendre son travail intellectuel au delà des besoins de la volonté. On sait que, pour émouvoir et décider celle-ci, une présentation globale et sommaire de l'objet est suffisante ; elle n'a que faire d'une foule de distinctions, de subtilités, de précisions pourtant nécessaires au point de vue purement scientifique. Tout cela la laisse froide et indifférente ; tout cela est contraire à son mouvement propre, qui a pour but les choses telles qu'elles sont dans leur réalité extra-mentale. De là vient qu'il ne faut pas chercher une grande rigueur scientifique dans les œuvres strictement oratoires. C'est dans ces œuvres que les données ont un sens plutôt pratique et vital qu'intellectuel. Et la tendance que nous signalons est encore exagérée bien souvent par les hommes d'imagination et de sensibilité. Alors, les généralisations ne connaissent plus de bornes ; on parle d'après de grosses apparences et par larges ensembles.

Rien de plus fréquent chez les prédicateurs et même les écrivains ordinaires de tempérament oratoire. C'est surtout dans les considérations historiques et morales que cette tendance se manifeste.

En histoire, c'est une débauche de vues générales. Cette manie de généraliser à propos de tout et de rien est même un des traits caractéristiques de la pensée contemporaine. On ne s'occupe guère d'observer les lois, même les plus essentielles, de l'induction. Sur les données historiques les plus maigres, les plus incomplètes, on édifie avec une déplorable facilité des systèmes et des lois universelles. On se contentera même souvent d'un seul fait, sous prétexte qu'il est représentatif d'une époque. Ces philosophes de l'histoire ne semblent même pas se douter des conditions dans lesquelles un pareil travail doit s'accomplir pour être légitime et durable. Aussi ne saurait-on mieux comparer les idées et les systèmes obtenus de la sorte qu'à des fusées qui montent quelque temps vers le ciel, puis disparaissent et s'abîment pour toujours. Dans l'ordre des vérités morales, on ne se meut pas avec une moindre aisance. On ne saurait y prétendre à une précision mathématique, nous dit Aristote. Voilà certes une prétention que les orateurs n'ont jamais eue. Nous voyons qu'ils émettent fréquemment des sentences et des réflexions très générales dans leur expression, mais qui ne le sont guère, en fait, quand on y regarde de près. C'est ce qui se vérifie surtout pour les appréciations et les jugements qui portent sur les actions des hommes qu'il est difficile, par suite de leur grande complexité ou relativité, de présenter dans un discours avec toutes les réserves et toutes les distinctions voulues. On les enferme donc dans des formules universelles qui prêtent beaucoup à l'éloquence, mais qu'on ne saurait prendre au pied de la lettre.

Le philosophe, lui, juge des choses d'après leur nature abstraite. C'est un degré de nos connaissances ; mais il n'est pas le seul. Etant donnée leur manière assez habituelle d'être ou d'agir, les choses prennent, pour ainsi dire, une nouvelle nature. Il arrive qu'on les nomme et les apprécie souvent à ce seul point de vue ; c'est ce qui a lieu principalement quand on les étudie et les considère dans leur existence réelle. Les jugements de cet ordre sont souvent en opposition avec ceux de l'abstrait ; ils n'ont pas la valeur ontologique de ces derniers, mais on ne peut leur refuser une grande valeur pratique. Les premiers appartiennent au philosophe et au pur savant ; les seconds au moraliste, à l'historien; à l'orateur et à tous ceux qui ont pour domaine la volonté et l'action. Il est essentiel de bien distinguer les différents degrés de nos connaissances ; autrement, on est bien porté à crier à l'erreur ou à la contradiction là où il n'y a vraiment pas lieu. Ainsi, les esprits spéculatifs sont fréquemment choqués des jugements des hommes d'action, qui parlent beaucoup plus d'après ce qui est que d'après ce qui doit être. Ces derniers pourtant ne sauraient être taxés d'erreur s'ils ne donnent pas à leurs jugements un caractère absolu. C'est ce qu'ils n'évitent pas toujours. Ils érigent facilement en principe universel des vérités de fait, de pratique, de circonstance. Ils nous donnent comme expression de l'être idéal des choses ce qui n'en est qu'un pur accident et même une déformation. Par ailleurs, les hommes de pensée métaphysique ne doivent pas oublier qu'il y a d'autres points de vue que le leur.

Cette philosophie n'a qu'un but : nous faire bien comprendre l'origine de certaines licences oratoires, nous en donner la raison dernière. La science a son objet et ses méthodes que l'éloquence ne peut s'assimiler sans se détruire elle-même, sans devenir une sèche et froide scolastique. Nous ne perdons point de vue cependant que certains discours ont pour but principal d'instruire, d'exposer une doctrine. Si réellement ils ne s'occupent que du vrai, s'ils n'admettent aucun élément étranger à la science pure, ils n'appartiennent pas à la rhétorique ; ils relèvent de l'enseignement proprement dit, du genre littéraire scolastique. Mais, le plus souvent, les discours dont nous parlons renferment certains éléments qui en font des œuvres de littérature et d'éloquence. Ainsi, ils ne se bornent pas à montrer l'enchaînement des idées ni à mettre en évidence leur caractère de vérité et de nécessité. Ils font plus que cela : ils en font ressortir aussi la beauté ou la laideur, la bonté ou la malice. C'est pourquoi la volonté intervient pour se réjouir, s'indigner ou maudire. Nous sommes alors en pleine rhétorique. Il est des orateurs qui font une place plus ou moins large à ce côté moral ou esthétique ; mais il n'en est aucun vraiment digne de ce nom qui le néglige complètement.

Une chose qu'il nous est donné également de comprendre à la lumière de ces principes, c'est la prédilection marquée des orateurs pour certains sujets. Nous avons tous observé qu'ils s'attachent volontiers aux idées qui se convertissent, pour ainsi dire, d'elles-mêmes, en matière émotionnelle, comme, par exemple, les idées de patrie, d'honneur, de sacrifice et autres semblables. Il est on ne peut plus facile de faire distiller le sentiment aux considérations de ce genre : l'émotion du bien y est inséparable de l'intelligence du vrai. On conçoit que l'orateur ait souvent recours à ces lieux communs sonores et qu'il se plaise à traiter les sujets qui présentent les caractères dont nous parlons. Avec eux, il arrive, sans effort, à réaliser tous les éléments qui constituent l'éloquence ; il n'a seulement qu'à se tenir en garde contre un sentimentalisme fade et exagéré. L'idée pure n'appartient que de fort loin à l'éloquence. Elle n'en est que la matière première. Pour qu'elle puisse figurer dans un discours, elle doit s'incarner, prendre contact avec nous ou avec la réalité qui nous entoure, devenir quelque chose de notre vie, de notre action, de notre monde. Aussi voyons-nous que, seul, ce qui donne la sensation de l'individuel dans un discours, est écouté par les auditoires ordinaires. Ce phénomène ne s'explique pas uniquement par le peu de portée intellectuelle de ces auditoires ; il a une cause première dans la nature même de l'art oratoire. Ce dernier ne saurait atteindre pleinement son effet s'il ne parle à la volonté et aux sens. Il importe peu que cette sensation de l'individuel soit donnée par le débit, le style, l'émotion communicative de l'orateur ou les circonstances ; l'essentiel, c'est qu'elle ne fasse point défaut.

## Moyens de démonstration

Avec une manière si différente d'envisager leur objet, les procédés que nous étudions ne peuvent manquer non plus de différer notablement dans leurs moyens de démonstration. Ils sont, en effet, loin d'être identiques dans les deux cas. A vrai dire, il existe entre eux la même différence qu'entre convaincre et persuader. Convaincre, c'est le propre du savant, de celui qui a pour mission d'agir sur la seule intelligence. Or, toutes les preuves ne sont pas de nature à produire la conviction ; il en est qui ne peuvent créer en nous qu'un état d'esprit inférieur à la science et dont le rôle est beaucoup plus d'ébranler la volonté que l'intelligence.

Laissons de côté l'être idéal des choses. Plaçons-nous en face d'un fait ou d'un acte de la vie réelle. C'est l'un d'eux, je suppose, qui est en question. S'il est en question, c'est qu'il est susceptible de deux solutions diverses ; car personne ne délibère, nous dit Aristote, sur des faits qui ne peuvent avoir été, être ou devoir être autrement qu'ils ne sont ; auquel cas, il n'y a rien à faire qu'à reconnaître qu'ils sont ainsi. Or, en pareille matière, les considérations tirées de la nature abstraite des choses ne peuvent pas nous être d'une grande utilité. Il ne s'agit plus de l'être idéal, mais de ses formes contingentes. Comment pourrions-nous alors invoquer une cause nécessaire ? Ce n'est pas possible. Nous devons donc renoncer, dans cet ordre-là, aux conclusions nécessaires et rigoureusement scientifiques. Mais ce n'est pas à dire, pour cela, que nous devions renoncer à toute certitude. La conclusion nécessaire, dans son sens philosophique et absolu, et la conclusion simplement certaine, sont deux choses différentes.

On prouve un fait ou une conclusion par leur cause. Nous trouvons en premier lieu la cause propre et nécessaire. C'est la preuve dans toute sa force. A mesure qu'on s'en éloigne, la démonstration diminue en perfection, mais ne perd pas dès le premier degré toute espèce de certitude. Après la cause nécessaire, nous pouvons prendre comme base de nos raisonnements les propriétés, les effets, l'autorité, les signes, les lieux communs, les vraisemblances. Quelques-uns de ces moyens termes peuvent nous conduire à une connaissance certaine, mais il en est d'autres qui n'ont pas ce pouvoir. Il y a même des questions où les seuls dont il soit permis de nous servir sont radicalement incapables d'engendrer une certitude quelconque. Les questions de ce genre sont principalement celles où l'on cherche à établir, par le raisonnement, des faits contingents et des actes humains. Les propos, les écrits, les prévisions des hommes qui ne font pas abstraction de l'être ni du cours réel des choses, appartiennent le plus souvent à cette catégorie. Que sont-ils, en effet, sinon une suite de raisonnements en matière contingente ? Eh bien ! dans ce cas, la pensée devient l'image assez exacte du mouvement et de l'instabilité de la vie elle-même. Il nous arrive donc de bâtir sur le sable mouvant des probabilités et de ne pouvoir même obtenir une nécessité de pure conséquence. Dans les raisonnements et les déductions dont il s'agit, on ne met pas en avant la cause reconnue et certaine d'une conclusion, mais sa cause probable seulement. Cette conclusion est donc du domaine dialectique au sens aristotélicien du mot. C'est là, bien souvent, il faut en convenir, le caractère des raisonnements de la science et surtout de la critique à notre époque. Mais ce qui peut être un grave abus dans la science pure, se trouve à sa place naturelle dans le genre oratoire.

Le discours, avons-nous dit, appartient à l'action et à la vie. C'est le principe capital qui domine la question qui nous occupe, nous n'avons garde de l'oublier. Le terrain de l'orateur est donc avant tout celui de l'action, du bien et du vrai pratique. On sait que ce n'est pas le terrain des abstractions. Nos actes se passent tout entiers dans le concret et le particulier. Le bien pratique également n'a rien d'abstrait ; il ne nous apparaît comme l'objet de l'appétit qu'à travers l'existence réelle. Or, dans cet ordre de contingences, le raisonnement n'a qu'une valeur dialectique et morale. Le bien pratique se démontre principalement par des raisons relatives et personnelles, par les circonstances de temps et de lieu, par l'intérêt et les dispositions du sujet. On ne fait guère appel aux idées générales dans ce cas, ces dernières ne jouant qu'un rôle secondaire dans la genèse de nos mouvements et de nos actions. Ce sont plutôt les notions concrètes et particulières qui nous déterminent et nous soutiennent dans la vie réelle ; *scientia universalis non habet principalitatem in operatione, sed magis scientia particularis eo quod operationes sunt circa singularia* (1). On comprend

---

(1) *Sum. theol.*, I-II, q LXXVII, art. 2.

donc que le raisonnement oratoire n'ait pas la portée absolue du raisonnement scientifique. Il met en avant le signe de la chose plutôt que sa cause propre. Il propose un exemple plutôt qu'une série entière de faits. Dans le premier cas, nous avons l'enthymème, syllogisme réellement imparfait dans son moyen terme et dans ses prémisses, *in medio et principiis;* il n'est, dans son genre, qu'une approximation, une ébauche. Dans le second cas, celui de l'exemple, nous avons une induction également incomplète, car l'exemple n'est pas autre chose. Rien de cela ne saurait conduire à une conclusion nécessaire. Nous y trouvons seulement une indication, tout au plus une preuve morale. Il est vrai qu'il y a des signes nécessaires dont on peut tirer un argument démonstratif, mais ce n'est pas la majorité des cas. Le signe sert de moyen terme dans l'enthymème. La conclusion de ce dernier ne peut donc, le plus souvent, qu'être dépourvue de tout caractère de nécessité.

A vrai dire, nous trouvons dans ces sortes de raisonnements deux conclusions, dont l'une est affirmée et l'autre redoutée, *una conclusa et alia formidata,* nous disent les logiciens de l'Ecole. Ces principes ne souffrent aucune difficulté pour ceux qui sont versés dans la philosophie aristotélicienne et scolastique. « Il y a peu de propositions nécessaires, nous dit Aristote, parmi celles qui servent à former les syllogismes oratoires, un grand nombre des faits sur lesquels portent les jugements et les observations pouvant avoir leurs contraires. C'est sur des faits qu'on délibère et qu'on discute ; or, les faits ont tous ce caractère, et aucun acte, pour ainsi dire, n'a lieu nécessairement. Le plus souvent il y a lieu et il est possible de raisonner d'après les faits opposés, tandis que les conséquences nécessaires ne procèdent que d'antécédents nécessaires aussi, comme nous l'avons montré dans les *Analytiques*. Il résulte évidemment de là que, parmi les arguments appelés enthymèmes, les uns sont nécessaires, les autres, le plus grand nombre, simplement ordinaires. » (1)

Nous ne devons pas perdre de vue ces principes, lorsqu'il s'agit de faire la critique d'un texte oratoire. Dans ce cas, les règles d'interprétation qui s'appliquent à un écrit de science pure ne peuvent que nous induire en erreur. Sans doute, même l'orateur doit s'exprimer et raisonner juste. C'est pourquoi les anciens lui recommandaient si fort l'étude de la philosophie, surtout de la dialectique. « Sans cette science, s'écrie Cicéron, comment connaître le genre et l'espèce de chaque chose ? Comment l'expliquer et la définir ? Comment la distribuer en ses parties ? Comment juger de ce qui est vrai et de ce qui est faux ? Comment voir les conséquences, prévoir les contradictions, se précautionner contre les équivoques, ôter toutes les ambiguïtés ? Comment parler de la vie civile, de la vertu et des mœurs ? » (2) Non, l'orateur n'est pas dispensé d'observer les règles de la logique dans sa manière de s'exprimer ou de raisonner. Mais ne lui demandons pas une rigueur de style et de méthode qui n'appartient

---

(1) *Rhét.*, c. II, trad. de CH. E. RUELLE.
(2) *De Oratore*.

qu'à l'Ecole. N'exigeons pas de lui non plus une rigueur de démonstration que la matière oratoire comporte bien rarement. Sachons comprendre aussi la part de relatif qui se glisse nécessairement dans son œuvre.

Il n'est pas précisément dans son rôle de présenter la doctrine dans sa vérité universelle et impersonnelle. C'est là plutôt l'œuvre du savant. Ce dernier n'a pas à s'inquiéter de l'action ni des résultats. Pour l'orateur il donne forcément à la doctrine, même la plus abstraite, un but pratique, et ce but, pour le prédicateur, n'est autre que l'édification et le salut des âmes. De plus, il ne s'adresse pas à l'homme en général, mais aux hommes de tel pays, de telle époque, de tel degré de civilisation. Il est donc tout naturellement amené, principalement dans l'apologétique, à faire ressortir, dans l'immuable vérité du dogme, l'aspect qui le rend accessible à l'intelligence de ses contemporains. C'est ce qu'avait merveilleusement compris Lacordaire lorsqu'il écrivait : « J'ose dire que j'ai reçu de Dieu la grâce d'entendre ce siècle et de donner à la vérité une couleur qui aille à un assez grand nombre d'esprits. » C'est pour avoir oublié ce point de vue, que certains critiques lui ont fait, et continuent même de lui faire, des reproches qui portent complètement à faux. Nul, plus que lui, ne s'est préoccupé de parler aux hommes de son temps et de leur proposer, entre toutes les raisons de croire, celles qui avaient le plus de connexion avec leur mentalité particulière. De là vient qu'il a fait une œuvre essentiellement vivante et pour des vivants. Considérée sous cet aspect, qui est le seul vrai, cette œuvre nous apparaît d'une puissance et d'une efficacité incomparables. Si, dans quelques-unes de ses parties, elle semble avoir moins de prise sur les hommes de nos jours, cela tient uniquement à l'évolution des esprits et des questions. Encore ne faudrait-il pas exagérer ce qu'elle peut contenir de suranné. On a fait des *Recueils de pensées* du grand orateur. Ceux-là seuls s'en étonnent qui parlent de lui sans le connaître. Ceux qui l'ont lu, sans parti pris ni malveillance, savent qu'il abonde en aperçus d'une profonde psychologie et d'une éternelle vérité. Il n'avait donc pas à se présenter avec un appareil d'érudition ou un travail de critique qui ne répondait nullement au besoin de ses auditeurs et qui, par ailleurs, se trouve être la négation du genre oratoire.

Du reste, les reproches, même fondés, qu'on peut adresser aux orateurs chrétiens sur l'insuffisance de leur exposition scientifique du dogme, ne prouvent qu'une chose : la nécessité d'avoir recours à une méthode d'une correction plus sévère, d'une plus grande rigueur de logique et de principes dans ses démonstrations. Or, cette méthode n'est autre que celle de l'École qui donne pleine satisfaction aux esprits les plus exigeants. Nous savons qu'elle s'assimile parfaitement l'objet et les procédés de la science, ce que ne peut faire la théologie oratoire. Les éléments mêmes qui constituent cette dernière s'y opposent, dans une large mesure. Ce sont là des principes que la critique, littéraire ou autre, ne devrait jamais perdre de vue ; elle s'éviterait, de la sorte, nombre d'appréciations fausses et injustes, qui ne proviennent pas de la distinction des genres, mais de leur confusion. Si on tombe si facilement dans cette confusion, c'est qu'on n'a pas soin de ramener les questions à leurs principes premiers, c'est-à-dire aux données d'une saine philosophie. C'est ce que nous essayons de faire, nous, pour la question qui nous occupe et qu'il nous reste à examiner à d'autres points de vue.

## Charpente logique

Après les moyens de démonstration, nous avons distingué, dans le discours, la charpente logique qui se manifeste surtout par la division. Cette dernière, à n'en pas douter, est commune aux deux procédés scolastique et oratoire, mais non dans la même mesure. Elle appartient au premier en propre et par antonomase ; on peut dire qu'elle en est un élément nécessaire et essentiel. Ce procédé met en acte l'intelligence toute seule ; or, la division nous apparaît étroitement liée à l'exercice même de cette faculté. N'est-ce pas grâce à elle que notre esprit pénètre, analyse, dissèque son objet et parvient à le connaître pleinement ? Elle a donc fatalement une large place dans tout travail intellectuel digne de ce nom. Mais c'est surtout dans les méthodes pédagogiques qu'elle a toute sa raison d'être ; elle peut s'y épanouir à son aise, sans crainte d'abus en quelque sorte. L'expérience nous prouve qu'elle est un précieux et puissant auxiliaire de l'intelligence encore novice : elle met de l'ordre dans les questions à traiter, régularise le mouvement et l'effort, repose et renouvelle l'attention. C'est pourquoi les grands éducateurs de l'intelligence en ont fait un si fréquent usage. Seuls les esprits superficiels et impatients de toute discipline la négligent ou la dédaignent. Aussi n'arrivent-ils jamais à la lumière, dans le chaos de leurs pensées.

Nous retrouvons la division dans le procédé oratoire, mais à un degré moindre de nécessité. Les anciens ne la pratiquaient guère. On s'est livré à certaines recherches sur ce point. Cicéron ne l'a employée que dans huit de ses discours sur les cinquante-six qui nous restent de lui ; Démosthène ne s'en est jamais servi, du moins sous une forme quelque peu sensible; les Pères de l'Eglise les plus célèbres n'y avaient presque pas recours non plus. Elle semble pratiquement inconnue, même à ceux d'entre eux qui suivent le plus fidèlement les préceptes de la rhétorique, comme saint Basile. On ne peut pas dire que cette absence de division soit un mérite ou une perfection. La coutume contraire introduite plus tard constitue un véritable progrès. On doit inconstestablement cette coutume à l'influence de la scolastique : elle est née des habitudes intellectuelles que cette dernière a fait contracter aux hommes d'études et de pensée. C'est un fait historique trop connu pour qu'il soit nécessaire de nous y arrêter. Contentons-nous de rappeler, à ce sujet, le passage suivant du P. Gratry, qui a souvent si bien parlé de la philosophie médiévale : « Ces prodigieux ouvriers, dit-il en parlant des scolastiques, ont donné à la pensée humaine, pour des siècles, l'habitude pratique de l'attention, de la précision et de la distinction. Ils ont formé l'instrument même de la pensée, la langue philosophique et la langue de la science. Ils ont donné aux langues modernes leur exactitude et leur rigueur analytique. Ils ont donné à l'homme la foi dans la puissance de la raison, de la raison distincte, attentive et régulièrement dirigée. C'est le plus grand progrès intellectuel qu'en aucun temps aucune école ait fait faire à l'esprit humain. » (1)

Après avoir passé par cette forte discipline intellectuelle, les orateurs ne pouvaient qu'adopter, l'usage du plan régulier et de la division dans leurs discours. Il y eut des abus, sans doute, et il serait facile d'en citer de nombreux exemples. Mais à quoi bon ? Nous jugeons préférable de chercher à établir les principes qui peuvent nous guider et nous donner le sens de la mesure, dans cette matière.

Si la division a une merveilleuse affinité avec les opérations purement intellectuelles, elle en a moins pour les opérations qui relèvent de l'appétit et de la volonté ; elle en a même si peu qu'elle paraît contraire à leur caractère propre. La volonté appartient à la vie, à l'action, au monde réel ; son mouvement la porte vers les choses telles qu'elles sont en elles-mêmes : *trahit animam ad res*. Or, les choses prises de la sorte répugnent à la division ; c'est dans leur intégralité qu'elles sont l'objet de l'appétit. C'est pourquoi la division, comme l'analyse, nous éloigne de la vie et de la réalité des choses ; poussée au delà de certaines limites, elle nous fait sortir du domaine de la volonté pour nous faire entrer dans celui de la spéculation pure et de l'abstraction ; elle nous fait perdre le terrain de la vérité morale et pratique. On peut voir par là com-

---

(1) *Lettres sur la religion.*

bien la subtilité et la dissection à outrance sont déplacées dans les questions de morale et surtout de casuistique. C'est dans son ensemble, et, pour ainsi dire, en bloc, qu'il faut envisager l'objet de ces questions ; autrement, nous ne sommes plus dans l'ordre de l'action ni de la pratique.

Le discours, ne s'adressant pas uniquement à l'intelligence, n'admet donc la division que dans une mesure assez restreinte, et cela pour des raisons qui intéressent sa vérité, c'est-à-dire le fond même des choses. Mais quelle est cette mesure ? On peut le déduire des principes que nous avons rappelés jusqu'ici. On devra éviter l'émiettement et s'en tenir aux titres généraux, aux indications sommaires. On conciliera ainsi deux choses bien nécessaires : l'ordre dans les idées et la liberté de l'éloquence. On reproche aux divisions de nuire à cette liberté ; mais cet inconvénient ne peut se produire que par un plan arrêté d'avance jusque dans ses moindres détails. Alors, en effet, l'orateur se trouve comme lié et enchaîné étroitement, et il ne saurait se mouvoir, dans son sujet ni dans son action, avec aisance ; il procède avec une rigueur abstraite et métaphysique, qui est plutôt étrangère au genre oratoire. Avec les divisions générales dont nous parlons, rien de semblable n'est à craindre. Le champ est délimité, sans doute — et c'est pourquoi on sait où l'on est et où l'on va, — mais il ne l'est pas au point de gêner la liberté de nos mouvements.

L'unité du discours n'est pas non plus en danger avec ces divisions simples et générales. Au lieu de rompre cette unité, elles la font ressortir et la soulignent au contraire. Ce ne sont pas deux ou trois discours dans un seul, comme on le dit parfois, mais bien deux ou trois parties d'un même tout. S'il en est autrement, c'est que les lois de la division ne sont pas observées. Une partie n'est vraiment telle qu'autant qu'elle se rapporte immédiatement à la formation d'un tout : *pars illud proprie dicitur*, nous dit saint Thomas, *quod immediate venit ad constitutionem totius*. Il faut avouer que cette règle fondamentale est souvent violée par les prédicateurs. Aussi l'unité de leurs discours en souffre-t-elle beaucoup. Ils montrent clairement par là qu'ils ne possèdent que très imparfaitement leur sujet. S'ils l'avaient creusé davantage, ils en trouveraient sans effort les divisions naturelles ; car c'est au sujet à fournir la division, et non pas à nous de la créer artificiellement ; on ne fait pas précisément les parties du sujet qu'on divise, on les constate. Mais, encore une fois, pour cela une connaissance superficielle de la question ne peut suffire ; il en faut une connaissance raisonnée et approfondie.

On cite parfois, comme modèle de division sobre, discrète et élégante, celle du discours du P. Le Chapelain pour la profession religieuse de la comtesse d'Egmont. La voici : « Dans ce monde distingué qui m'écoute, il est un monde qui vous condamne, il est un monde qui vous plaint, il est un monde qui vous regrette. Il est un monde qui vous condamne, et c'est un monde injuste que je dois confondre. Il est un monde qui vous plaint, et c'est un monde aveugle que je dois éclairer. Il est un monde qui vous regrette, et c'est un monde ami de la vertu que je dois consoler.

Voilà ce qu'on attend de moi et ce que vous devez en attendre vous-même. En trois mots, justifier la sagesse de votre sacrifice aux yeux du monde injuste qui vous condamne, ce sera la première partie ; éclairer sur le bonheur de votre sacrifice le monde aveugle qui vous plaint, ce sera la deuxième partie ; consoler enfin, autant qu'il est en moi, de l'éternité de votre sacrifice, le monde raisonnable et chrétien qui vous regrette, ce sera la troisième partie. »

Cette division n'est certainement pas sans mérite. Elle nous révèle un esprit méthodique et maître de son sujet. Mais nous ne pensons pas qu'on puisse la donner, à notre époque, comme un modèle ; elle nous rappelle par trop « ces énormes partitions » dont La Bruyère a parlé avec tant d'irrévérence. Etant données les habitudes intellectuelles de nos pères, elle pouvait leur paraître donner une idée de la perfection du genre. Mais on sait que nos goûts diffèrent sensiblement des leurs sur ce point. Il nous est recommandé à nous de glisser plutôt que d'appuyer. Or, notre auteur appuie et souligne lourdement. Cette insistance fait penser à une leçon de pure scolastique ; une telle exagération suffit souvent pour jeter du froid sur tout le discours et lui donner un aspect d'aridité, d'affectation et de pédanterie.

Nous ne dirons rien de plus sur la nature et les qualités de la division oratoire. Nous étendre davantage sur ce point serait sortir de notre sujet qui est purement philosophique. Ce qu'il importe donc de comprendre et de retenir, c'est qu'il existe une différence radicale, dans cette matière, entre le savant ou le scolastique et l'orateur. L'un fait abstraction de la vie et de l'action, l'autre ne saurait le faire sans se renier lui-même. Des principes si opposés ne peuvent manquer d'avoir, relativement aux preuves, à la division, au style, des conséquences qui ne le sont pas moins. Une de ces conséquences, la plus générale, c'est que l'action de l'intelligence ne doit, pour ainsi dire, jamais paraître toute seule dans une œuvre vraiment oratoire. Lorsque le fait se produit, il y a interruption du *continuus animæ motus* par lequel Cicéron définit l'éloquence. Le discours se charge alors d'idées mortes ; l'orateur se transforme en savant et en philosophe, poursuivant le vrai impersonnel ; il n'est plus dans la vérité oratoire. C'est pourquoi il convient d'user avec la plus grande discrétion, dans un discours, des opérations intellectuelles qui sont contraires au mouvement vital, comme la division, l'analyse, la subtilité (1), etc. Une règle essentielle, dans cet ordre de choses, c'est d'envisager l'objet dont on parle comme un tout naturel, et de ne pas faire abstraction de son existence. Les idées ne sont vivantes et principe de vie qu'à cette condition. En se maintenant à ce niveau, on évite ces fréquentes incursions sur le terrain de la spéculation ou de la science pure, qui sont fatales à l'éloquence. Cela suppose, sans doute, un discours dont le sujet est pris dans la réalité de la vie. S'il a pour but principal d'instruire, s'il n'est pas autre chose qu'un exposé scientifique ou une conférence doctrinale, on

---

(1) On comprend ainsi pourquoi les hommes d'action réussissent mieux, à tout prendre, dans la prédication ordinaire, que les hommes de pensée et d'étude.

ne peut lui appliquer les considérations que nous venons de faire. On sait que le cas n'est pas rare à notre époque. Eh bien ! nous ne sommes plus alors sur le domaine de l'éloquence proprement dite, telle surtout que les anciens la comprenaient lorsqu'ils élevaient des statues à la Persuasion, patronne des poètes et des orateurs.

Mais ces réflexions nous rappellent qu'il nous reste à comparer, dans les grandes lignes, la matière même du discours à celle de la science.

## Différence de matières

Le procédé oratoire ne diffère pas seulement de celui de la science ou de la scolastique dans les moyens de démonstration, dans la charpente logique, mais encore dans les vérités elles-mêmes qu'il met en œuvre. Taine a écrit quelque part que la vraie matière de l'éloquence se trouvait dans les vérités moyennes. « Ces vérités, nous dit-il, sont celles qui appartiennent à la conversation, et non à la science, qui sont du domaine de tous et non du domaine de quelques-uns, qu'on entend et qu'on aime, non parce qu'on est un homme spécial, mais parce qu'on est un homme bien élevé : telles sont les questions de morale ordinaire, d'art, de politique, d'histoire. Elles n'exigent point une extrême rigueur de style ; elles n'aboutissent pas à des réponses irréfutables ; elles n'ont pas besoin de termes spéciaux, de mots abstraits, de phrases sèches et exactes ; elles sont résolues aussi bien par le sentiment que par la logique. Elles s'adressent au sens commun autant qu'au raisonnement ; les vérités qu'elles établissent sont plutôt vraisemblables que vraies et plutôt aimées que prouvées. C'est sur elles que presque tous les littérateurs s'exercent ; seules, elles peuvent être populaires, parce que seules elles peuvent être comprises sans peine ; seules elles peuvent être traitées en beau style, parce qu'étant du domaine public elles ne demandent pas un langage spécial. » (1)

Les anciens semblent se faire une idée moins large encore de la matière du discours. C'est sur des faits qu'on délibère et qu'on discute, nous dit souvent Aristote. Pour lui, « l'action de la rhétorique s'exerce sur des questions de nature à être discutées et qui ne comportent pas une solution technique, et cela en présence d'un auditoire composé de telle sorte que les idées d'ensemble lui échappent, et qu'il ne peut suivre des raisonnements tirés de loin ». Il est donc un point sur lequel tout le monde est d'accord : c'est que les questions d'ordre scientifique doivent être écartées de la tribune et de la chaire. Il faut en voir la raison non seulement dans la débilité intellectuelle des auditoires ordinaires, mais encore dans l'inaptitude des questions de ce genre à être traitées oratoirement. Ne pas tenir compte pratiquement de cette distinction, c'est faire preuve de mauvais goût et même afficher une bien fausse conception de l'éloquence. Les considérations tirées de la nature ou de la définition abstraite des choses sont particulièrement à redouter. N'est-ce pas à la place trop considérable qu'elles occupent souvent

---

(1) *Les philosophes classiques*, p. 84.

dans la prédication qu'est due la défaveur relative, mais indéniable, de cette dernière à notre époque ? Ces considérations n'ont que peu de prise sur les esprits contemporains : trop abstraites ou subtiles, elles sont des éléments morts dans le discours. Leur présence en si grand nombre dans les sermons s'explique par le caractère trop exclusivement livresque des sources auxquelles s'alimentent les prédicateurs. Ne recevant pas l'impression immédiate des choses elles-mêmes, mais travaillant sur des concepts, ils ne peuvent que verser dans un intellectualisme déplacé et surtout mal digéré.

On est bien exposé aussi à cet inconvénient par la transcendance même de la doctrine chrétienne. Il est difficile de toucher à certains dogmes sans faire de la métaphysique, sans parler une langue spéciale à laquelle le public n'est pas initié. Quant à traduire en langage ordinaire les formules techniques de la science, c'est un travail que les prédicateurs n'ont pas toujours le courage ni la patience d'entreprendre. Il est plus commode assurément de se servir de locutions toutes faites, apprises dans les livres des savants de profession. Mais, qu'on le veuille ou non, on est alors bien loin du ton et des convenances oratoires (1). Ce n'est

---

(1) On nous a reproché de restreindre outre mesure la part de la science dans la prédication. Mais nous ferons remarquer que le sermon n'est qu'une forme de la prédication évangélique ; car celle-ci s'exprime également par l'enseignement technique et purement doctrinal. Nous regrettons même qu'on n'ait pas plus souvent recours à ce dernier, dans une certaine mesure, dans la chaire chrétienne. Mais pour cela il faudrait vaincre le parti pris de ceux qui ne reconnaissent à un discours aux fidèles d'autre objet immédiat que de pousser à l'accomplissement de quelque obligation morale ou d'un

pas à dire, pourtant, que nous ne devons pas prendre la matière de l'éloquence sacrée dans une saine théologie. Pour le fond des choses, Horace renvoie les poètes aux philosophes.

*Rem tibi socraticæ poterunt ostendere chartæ.*

A plus forte raison aurons-nous recours aux théologiens pour distribuer aux fidèles la bonne et substantielle doctrine. N'est-ce pas la mission de l'orateur sacré que de vulgariser et répandre leurs enseignements ? Mais en les lisant, en vue de la prédication, n'oublions pas que nous avons affaire à des savants, et qu'un abîme sépare le procédé oratoire du procédé scolastique. Un choix prudent et sévère s'impose donc à nous, entre toutes les richesses que nous offrent les théologiens. Ce serait une grave et funeste erreur que de nous approprier leur méthode, leurs formules et un certain nombre même de leurs arguments. Il va sans dire également qu'il y a des questions qui ne doivent jamais passer de l'École à la chaire ; elles portent trop le caractère de recherche purement scientifique pour faire l'objet d'un discours ordinaire. Nous laisserons donc de côté tous les éléments qui sont le propre de la science. Il est incontestable que ces principes ont été bien méconnus à une certaine époque de l'histoire. On ne saurait cependant souscrire, au moins dans sa généralité, à la remarque suivante du P. Rapin, dans ses

---

acte rituel. C'est du *moralisme* dans le sens le plus étroit du mot. Il a le tort grave de méconnaître les besoins intellectuels des âmes qui sont plus grands que jamais à notre époque. L'insuffisance intellectuelle de la plupart des chrétiens de nos jours, dans les choses de la religion, n'est que trop manifeste.

*Réflexions sur l'éloquence :* « Je suis persuadé que la lecture de saint Thomas a plus fait de mauvais prédicateurs que de bons. L'air sec et dur qu'il a à dire les choses est aussi opposé à l'éloquence que les choses qu'il dit y sont propres. » D'où il conclut qu'un commerce trop fréquent avec les scolastiques est plus préjudiciable qu'avantageux au prédicateur.

Nous ne pouvons, disons-nous, accepter ce jugement sans de fortes réserves ou explications. Il est trop évident que saint Thomas ni les scolastiques ne sont responsables des transpositions maladroites qu'on a pu faire de leur méthode. Cette dernière est parfaitement adaptée au but qu'elle se propose ; mais ce but n'a jamais été de former des orateurs. Ceux qui lui ont emprunté ses formes ont commis une impardonnable méprise, ont fait preuve d'une ignorance complète de l'art oratoire. Ils ont pu lire saint Thomas, mais ils n'en ont guère compris la doctrine, qui, loin d'autoriser de pareilles aberrations, les condamne formellement. Une lecture intelligente et assidue du Docteur angélique ne peut avoir, au contraire, qu'une très heureuse influence sur la formation intellectuelle et même littéraire du prédicateur et du conférencier. On l'a si bien vu de nos jours que nous n'avons pas à citer des noms qui sont présents à toutes les mémoires, ni à rappeler des ouvrages que tout le clergé connaît et apprécie. Quant à « l'air sec et dur que saint Thomas apporte à dire les choses », nous savons à quoi nous en tenir sur ce point. C'est une question, nos lecteurs s'en souviennent, que nous avons examinée précédemment; nous n'y reviendrons pas. Retenons seulement, de la citation que nous venons de faire, l'aveu que les choses elles-mêmes que dit saint Thomas sont propres à l'éloquence.

Il faut entendre par là qu'on rencontre dans ses œuvres un grand nombre d'aperçus et d'idées qui sont une matière oratoire de premier ordre (1). L'ampleur de ses principes se prête aux développements les plus magnifiques. Mais c'est surtout lorsqu'il nous montre les convenances et les harmonies des mystères de notre foi qu'il est une source abondante et précieuse pour la prédication. Ces sortes de considérations ne sont pas sans valeur intellectuelle ; elles répondent même beaucoup plus qu'on ne croirait aux besoins des intelligences à notre époque. Elles n'ont pas, sans doute, de force démonstrative, et si la théologie oratoire semble leur donner parfois ce caractère, ce n'est qu'une apparence. Mais elles rendent sympathique et plus croyable l'objet de notre foi ; elles persuadent la volonté, ce qui a bien son importance dans la genèse de l'acte de foi ; elles dissipent bien des obscurités ; elles aplanissent le chemin et le débarrassent de plus d'un obstacle. On ne s'imagine pas, en effet, à combien de difficultés vécues répondent souvent ces raisons de convenances, ces analogies, ces comparaisons qu'on trouve dans les théologiens scolastiques et dans saint Thomas en particulier. Ce dernier prend soin de nous avertir qu'il ne faut pas voir dans les explications de ce genre des preuves d'une portée rigoureusement scientifique ;

---

(1) On en trouvera une riche et puissante collection dans l'ouvrage suivant : *Medulla S Thomæ Aquinatis seu Meditationes ex operibus S. Thomæ depromptæ*. Auctore F D. MEZARD.

mais il leur attribue pour effet de rendre notre foi plus sereine et plus forte : *rationes verisimiles..... ad fidelium quidem exercitium et solatium, non autem ad adversarios convincendos* (1). Mais, pour tirer un bon parti de la doctrine du saint Docteur, il ne suffit pas d'en avoir appris quelques formules sèches et abstraites ; il est nécessaire de la posséder dans son ensemble majestueux et dans ses détails parfois si touchants. Il faut se garder aussi de la présenter sous forme de thèse ou de proposition à prouver par la Sainte Ecriture, les Pères et la raison théologique ; c'est la mort de l'éloquence, sans compter que cette fragmentation de la doctrine ne donne pas toujours une idée bien adéquate de la question dont on parle.

Enfin, si nous composons des discours ou des conférences apologétiques, nous trouverons une matière oratoire excellente dans la philosophie traditionnelle mise au service de la foi et de la théologie. Les données de cette philosophie font singulièrement défaut aux esprits les plus cultivés de nos jours. Qu'on ne s'y trompe pas : même à notre époque de science positive, la plupart des difficultés qu'on nous oppose sur le terrain de la foi sont d'ordre rationnel et philosophique. Nous voulons dire qu'à l'origine première de ces difficultés nous rencontrons le plus souvent une erreur en philosophie. Ouvrez un livre récent qui est censé nous donner la quintessence des objections que la science et la civilisation modernes élèvent contre la religion. Il a pour titre suggestif : *les Affirmations de*

---

(1) *Sum. contra Gent.*, l. 1, c IX.

*la conscience contemporaine.* Son auteur est certainement représentatif de notre monde incrédule de haute culture intellectuelle (1). Que trouvez-vous dans ce livre ? Des difficultés tirées des principes ou des conclusions d'une science spéciale, comme la physique, la chimie, la géologie ou l'histoire ? S'il en existe de ce genre, elles sont en bien petit nombre ; la plupart d'entre elles n'ont rien de technique ni de particulier à aucune science naturelle. En voici quelques-unes cueillies au hasard :

« La crainte du châtiment, si redoutable soit-il, l'attente d'une récompense, si magnifique qu'on l'imagine, sont des motifs qui ne peuvent qu'altérer le caractère moral d'une action. — Les âmes damnées sont autant de points noirs, impénétrables à Dieu, qui limitent son infini en accusant sa puissance et sa bonté. — Dans le châtiment par la souffrance, nous ne voyons qu'un mal ajouté à un autre mal, et nous jugeons singulière la politique d'un Dieu qui n'a rien trouvé de mieux dans le gouvernement de l'univers. — Quelle justice est celle de ce Dieu parfait qui condamne tous les hommes dans leur premier père, mauvais logicien qui confond le genre et l'individu, plus mauvais juge qui frappe au hasard le coupable et l'innocent ? — Nous n'avons rien de commun avec cet être transcendant (le Verbe) qui vient sur la terre donner la comédie humaine, jouer la tentation, la souffrance et la mort : nous n'avons rien à apprendre de lui. La vie morale n'a quelque chose de tragique que par le

---

(1) G. SÉAILLES.

sérieux des épisodes et l'incertitude du dénouement. »

On l'avouera : ces affirmations si contraires à la doctrine chrétienne ont leur source première, non pas dans les données des sciences naturelles, mais dans une fausse philosophie. Elles sont, qu'on le remarque bien, d'origine essentiellement rationnelle. Elles reposent sur une conception erronée de certaines notions fondamentales comme celles du mérite, de la justice, de la liberté et surtout de la cause première. Tout cela ne fait qu'illustrer la vérité de notre assertion, à savoir que l'étude de la théologie spéculative et scolastique est plus que jamais nécessaire aux défenseurs de la foi. En général, ce qui manque le plus aux savants de nos jours, c'est une étude séparée de l'abstrait.

Le choix de la matière oratoire dans l'immense trésor de la théologie catholique demande à être fait avec beaucoup de goût et de discernement. On s'attachera de préférence aux vérités moyennes, à celles qui ont une relation plus étroite avec la mentalité contemporaine ou qui peuvent être facilement converties en sentiment. Enfin, on ne perdra jamais de vue ce qui est la conclusion même de cette étude, à savoir qu'il n'existe de rapport d'identité, ni pour le fond ni pour la méthode, entre l'éloquence et la scolastique. Le savant et l'orateur ne poursuivent pas le même but ; ils n'usent pas du même procédé d'exposition ni de raisonnement. En un mot, ils suivent des voies différentes. Nous avons voulu souligner ces différences et en rechercher la cause. La question valait la peine qu'on s'y arrêtât : elle regarde et intéresse autant la pratique que la théorie.

# CHAPITRE III

# L'enseignement des écoles et le progrès de la science

Une méthode d'exposition intéresse surtout l'enseignement des écoles. Ce ne sera donc pas sortir de notre sujet que de nous demander quelle influence cet enseignement exerce sur le développement et le progrès de la science. L'examen de cette question nous permettra, au contraire, de préciser davantage encore le rôle de la scolastique telle que nous l'envisageons dans notre travail.

Il en est qui pensent que la mission de l'enseignement des écoles est bien plus de garder le dépôt des connaissances acquises que de les faire progresser. C'est aussi notre opinion. Mais comme elle ne s'impose pas par la force de l'évidence, il nous appartient d'en montrer la vérité. C'est ce que nous avons l'intention de faire dans ce chapitre, en considérant la question à un point de vue très général. Nous exposerons les principes, laissant au lecteur le soin d'en faire l'application à telle ou telle science particulière. A peine ferons-nous quelques déterminations de ce genre, relativement à la philosophie.

Pour prévenir tout malentendu, nous ferons observer que nous parlons ici beaucoup moins de l'enseignement supérieur, d'allure plus dégagée et plus personnelle, que de l'enseignement classique élémentaire. Il sera bon de remarquer aussi qu'une méthode peut être parfaitement adaptée aux besoins et aux intérêts des écoles, sans l'être également à ceux de la science envisagée dans un sens plus large et plus élevé.

## Enseignement soumis aux exigences d'esprits encore novices

Supposons une science qui n'a d'existence que dans et par les écoles. Eh bien ! cette science manque, par le fait même, de certains éléments de vie et de progrès. Sans doute, l'enseignement proprement dit est un metteur au point de premier ordre ; il donne à nos connaissances beaucoup de clarté et de précision ; il nous les fait apparaître, non plus séparées entre elles, mais faisant partie d'un tout organisé. A ce titre, comme à certains autres, l'enseignement contribue au perfectionnement intrinsèque de la science. On peut même dire qu'une doctrine n'est pas arrivée à son point de maturité tant qu'elle n'a pas subi l'épreuve et reçu la consécration de l'enseignement classique. Mais quand il s'agit d'augmenter le nombre de nos connaissances, d'établir de nouveaux rapports entre elles, d'ouvrir des horizons inconnus jusque-là, c'est une autre question. On s'aperçoit alors que l'enseignement crée un état d'esprit peu favorable au progrès scientifique. Il présente, du moins, sous ce rapport, des dangers que l'on n'évite pas toujours et sur lesquels notre présent travail a pour but d'attirer l'attention. Considéré non point dans l'abstrait, mais en fait, dans la réalité, cet enseignement n'a-t-il pas une tendance naturelle à la stagnation et à la routine ? N'est-il point même, par la force des choses, enfermé dans d'étroites limites ?

Le fait est qu'il apparaît limité de toutes parts.

Il l'est du côté des élèves : on est bien obligé de mettre cet enseignement à leur portée pour le fond et pour la forme, en leur disant avec l'Apôtre : « Je vous ai donné du lait à boire, et non la solide nourriture que vous n'auriez pu supporter. » Cette sage condescendance est de toute nécessité, si l'on veut obtenir des résultats sérieux et durables. On se trouve aussi limité par le temps. Le champ est très vaste, il faudrait de nombreuses années pour l'explorer scientifiquement. On sait que, dans la majorité des cas, c'est le temps qui fait le plus défaut : on doit se hâter beaucoup pour donner une connaissance, même sommaire, des principales questions. Et, disons-le en passant, cela vaut mieux que de consacrer de longs mois à certains traités, pour en passer ensuite d'autres sous le plus complet silence.

Il suit de là que le professeur, comme tel, ne peut guère quitter les chemins battus ni les aperçus classiques. L'esprit, dans ces conditions, finit même par considérer les limites nécessaires dans lesquelles il se meut comme des points d'arrêt de la pensée. Par l'effet de je ne sais quelle accoutumance, il ne voit plus les questions que sous leur aspect convenu et traditionnel, et il oublie même qu'il y a d'autres questions que celles contenues dans le programme officiel des écoles. On comprend qu'il y ait là, pour une science exclusivement soumise au régime des écoles, un principe non de mouvement, mais d'immobilité.

La science, quant à l'*invention*, est pour beaucoup spontanéité et liberté. Or, nous ne retrouvons pas ces caractères dans l'enseignement proprement dit. Nous voyons qu'il se déroule fort régulièrement selon un plan arrêté d'avance : rien n'y est laissé au hasard de l'inspiration, du goût personnel ou de la fantaisie souvent créatrice. Les vues originales, les recherches indépendantes, les initiatives fécondes ne sont pas de son ressort. C'est dans ce sens que J. de Maistre a pu dire, dans son *Examen de Philosophie de Bacon*, que ceux qui ont le plus fait de découvertes dans la science sont ceux qui ont le moins lu le *Novum Organum*. Il conçoit le génie plutôt comme une explosion de la personnalité hors de la routine et des idées courantes : ce qui n'a rien de révolutionnaire, mais revient à dire qu'on n'enseigne ni la recherche ni l'invention.

On peut voir par là qu'un certain individualisme n'est pas défavorable au progrès de la science : il en est, au contraire, un des principaux facteurs. Mais il demande à être pratiqué avec une grande circonspection et une sincère connaissance de soi-même. Entendu dans le sens absolu qu'on lui donne trop souvent de nos jours, il n'est plus qu'une exagération impie de la personnalité humaine. Alors il aboutit à des résultats désastreux. Loin de favoriser le progrès de la science, il remet sans cesse tout en question, même les vérités les plus essentielles et les plus fondamentales. Il se condamne ainsi à n'avancer jamais. On oublie trop qu'on peut profiter des travaux et de l'expérience des anciens, sans être pour cela de simples rééditeurs des œuvres d'autrui. N'est-il pas vrai de dire que même ce qu'il reçoit, l'esprit se le donne ? Il ne perd donc rien de sa dignité ni de sa légitime indépendance en ayant recours aux lumières et aux leçons du passé. Non, la liberté et la spontanéité dont nous parlons n'ont rien de commun avec cet individualisme outrancier et destructeur, si commun aujourd'hui. Dans le domaine des idées, on doit à ce dernier plus de ruines que de progrès, plus d'obscurité que de lumière.

L'infériorité de l'enseignement des écoles, relativement à la question qui nous occupe, consiste surtout en ceci : qu'il considère plutôt la science faite que la science à faire. Nous ne voulons pas dire qu'il considère l'avènement de cette science comme une chose acquise. Nous affirmons seulement qu'au point de vue où il se place il s'attache surtout au passé de la science, et qu'il la regarde beaucoup plus comme faite que comme perfectible et à faire. Il résulte de là une mentalité spéciale qui n'excite guère à la recherche, et encore moins à la pratique de cet art de deviner, sans lequel on n'avance guère, au dire de Leibnitz. Toute l'attention se porte, le plus souvent, vers les résultats obtenus : on s'y enferme comme dans un asile de tout repos; on n'a d'attention que pour la part de vérité qu'on possède et qu'il s'agit de communiquer à des intelligences encore novices. Il est facile alors de tomber dans une sorte de commentarisme étroit et sans fécondité. C'est un danger contre lequel Claude Bernard nous met en garde par ces paroles : « Il faut empêcher que l'esprit trop absorbé par le connu d'une science spéciale ne tende au repos ou ne se traîne terre à terre, en perdant de vue les questions qui lui restent à résoudre. » (1)

L'état d'esprit que nous signalons comme résultant de l'habitude de l'enseignement ne se produit pas avec vue et réflexion, sans doute. Il ne se présente pas sous la forme d'un projet arrêté, mais il n'en est pas moins réel. On sait que nos dispositions générales et subconscientes jouent un grand rôle dans la direction de notre activité intellectuelle ou autre. C'est pourquoi nous devons avoir toujours grand soin d'élargir nos points de vue et de nous tenir en garde contre toute clôture intellectuelle.

## Valeur scientifique des Manuels

Nous pouvons voir déjà, par les considérations qui précèdent, à quels inconvénients est exposée une science qui vivrait uniquement par l'enseignement des écoles. Si elle n'a pas d'autre littérature, d'autres procédés, d'autres organes que ceux des classes, elle court risque de se rétrécir, de se dessécher, de perdre beaucoup de son prestige et de son influence. Mais, pour mettre cette pensée dans tout son jour, il nous reste à parler de la portée scientifique des *Manuels* et de leurs rapports avec les besoins et les intérêts supérieurs de la science. Voyons si, par eux-mêmes, ils répondent à ces besoins et sauvegardent ces intérêts ; en d'autres termes, s'ils sont un élément de vie ou de progrès.

Il paraît assez évident que le manuel est plutôt fait

---

(1) *La science expérimentale*, p. 88.

pour enseigner le connu d'une science que pour l'étendre et la faire progresser. Cependant ils sont nombreux ceux pour qui il est toute la science, et pour qui sa composition est le principal objet de l'étude. La vraie science n'a rien gagné à cette manière de voir. Elle y a perdu plutôt en intérêt et en considération. Non, le manuel, ni par son but, ni par sa forme, ni par sa méthode, ne peut contribuer efficacement à la vie et au progrès de la science, dans le sens que nous avons déjà expliqué.

Son but est de nous présenter la doctrine en raccourci dans ses grandes lignes, de nous en fournir le précis et, pour ainsi dire, la grosse charpente. On lui donnait, au moyen âge, le nom de *Somme*, ce qui était synonyme d'abrégé : *brevis via quæ est via compendii vulgariter vocatur summa* (1). Il ne contient donc, par définition même, que les principes et les notions fondamentales de la science, et il les contient à l'état brut et comme en saillie. Il n'est pas la connaissance parfaite, il n'en est que l'introduction. Il n'est pas l'arbre majestueux de la science, il n'en est que le germe. C'est par la brièveté et la concision qu'il parvient à mettre en relief les premiers éléments d'une science et à les graver dans la mémoire du commençant. On ne se figure pas un manuel avec de longs développements ou force détails d'érudition, avec des préoccupations de littérature et de rhétorique. Dans ces conditions, il manquerait totalement son but. Chose bien digne de remarque : nous n'arrivons jamais à

---

(1) B. ALBERTUS MAGNUS, *Topic.*, l. I, c. II.

posséder parfaitement une science qui ne nous a pas été présentée, dès le début, sous cette forme ; nous ne parvenons pas à nous y mouvoir avec aisance, malgré toutes les lectures et toutes les recherches auxquelles nous pouvons nous livrer dans la suite. Il nous reste toujours comme la sensation d'un fond obscur. Les points de repère nous manquent, et nous ne savons comment coordonner les éléments épars de cette science.

C'est que, dans un manuel, tout est merveilleusement adapté aux besoins d'une intelligence encore novice. Il nous fait faire un excellent apprentissage de la science avec ses formules aux contours précis, ses définitions et ses énumérations complètes, son application scrupuleuse à bien mettre en évidence la suite logique des idées. Autant de choses qu'on ne retrouve plus et qu'on ne doit même plus retrouver, à ce degré de systématisation, dans un ouvrage de maturité intellectuelle. Les professeurs, il est vrai, ont une tendance assez commune à juger de toute composition littéraire, par rapport aux nécessités de la méthode d'enseignement classique. Ils recherchent volontiers dans toute exposition d'idées les notations méticuleuses, les procédés pédagogiques qui leur sont propres. L'absence de cette acribie, qui est de mise et qui est même obligatoire dans l'enseignement élémentaire, les choque presque toujours. Mais ils sont victimes en cela d'une illusion qu'une minute d'examen approfondi suffit à dissiper : « Lorsque j'étais enfant, dit l'Apôtre, je raisonnais en enfant ; devenu homme, j'ai rejeté ce qui ne convient qu'à l'enfance. »

L'exposition que le manuel nous fait d'une doctrine est donc forcément générale et rudimentaire ; elle ne sort guère de la région des principes. A ce point de vue, elle ne peut être qu'éminemment traditionaliste. Le travail qu'elle suppose porte sur le connu : il s'attache avant tout aux données acquises ; il regarde le passé plus que l'avenir. Le progrès d'une science est donc ailleurs. Il est principalement dans les applications nouvelles des principes de cette science. Or, cette œuvre n'est pas, ne peut pas être celle de l'enseignement des écoles. Ce dernier nous donne les principes généraux et souvent abstraits ; mais il ne peut guère s'occuper des cas ou problèmes concrets pour lesquels ils peuvent être utilisés, ni des faits particuliers dans lesquels ils trouvent leur réalisation. C'est là pourtant ce qui fait vivre une science et lui ouvre des horizons nouveaux. Comment un manuel pourrait-il fournir un travail de ce genre ? Il ne le pourrait sans se renier lui-même. Ne doit-il pas, s'il veut atteindre son but, se borner à l'exposition des notions élémentaires et fondamentales ? De là vient le caractère général et toujours un peu abstrait des connaissances qu'il nous apporte. Ces connaissances, qui ne se distinguent guère des principes universels et très simplifiés, ont l'imperfection des commencements. Elles n'acquièrent leur maturité et leur perfection qu'appliquées à une matière concrète et bien déterminée.

Si, en effet, l'on part de l'abstrait, c'est pour arriver à le contempler dans une réalité quelconque. Si l'on pose des principes, c'est pour aboutir finalement aux choses elles-mêmes. Se tenir enfermé dans le monde des abstractions, c'est se condamner à une connaissance incomplète, sans compter qu'on reste ainsi bien exposé à l'erreur. Cette connaissance est trop éloignée de l'élément sensible et concret qui est son soutien naturel. Elle ressemble quelque peu à un moule où il ne coule aucun métal. Sans doute, certaines de nos connaissances sont, par nature, abstraites et universelles. C'est leur objet même qui leur imprime ce caractère : l'ontologie nous en fournit un exemple. Cependant, elles ne sont pas, pour cela, affranchies de toute relation avec la réalité. C'est dans cette réalité même que nous les comprenons. Nous n'avons une parfaite connaissance de l'universel, nous dit saint Thomas, que dans le particulier et l'individuel : *Cognosci non potest complete et vere nisi secundum quod cognoscitur in particulari existens* (1). Cet universel se rapporte nécessairement à plusieurs sujets individuels. Or, ce rapport ne saurait s'établir dans notre esprit, avec force et précision, si les données sensibles nous font défaut ou si elles ne sont connues de nous que d'une manière vague et confuse, comme il arrive pour les commençants. Concrétiser nos idées, c'est, dans le sens large du mot, leur donner toute leur perfection et comme leur plein développement.

C'est pourquoi l'exposition d'une doctrine sous une forme purement abstraite ne suffit pas. Une exposition de ce genre laisse forcément cette doctrine au dehors de la réalité, de la vie et même de l'histoire. Ainsi, à côté de la philosophie abstraite des livres de l'ensei-

---

(1) *Sum. theol.*, I. q. LXXXIV, art. 7.

gnement, nous demandons une philosophie appliquée. Voici, par exemple, dans un philosophe scolastique, un traité du *Beau*. La doctrine, sur ce point, y est fort bien comprise et expliquée. Mais, cela va sans dire, elle s'y trouve à l'état purement théorique, immobile, et abstrait. Nous ne voulons pas nier qu'un exposé doctrinal de ce genre ne soit absolument nécessaire. Mais là ne doit pas se borner notre activité intellectuelle. Si nous voulons faire œuvre de science dans le sens large, vivant et surtout moderne du mot, nous appliquerons cet enseignement à quelque objet positif, par le moyen d'études critiques d'art, de littérature, d'histoire, ou par toute autre considération se rapportant à la réalité esthétique. C'est ainsi qu'une doctrine sort de la région des idées pures pour nous apparaître en images concrètes et comme en action ; c'est ainsi qu'elle jette de profondes racines dans les esprits et entre véritablement dans la circulation intellectuelle. Et ce que nous disons du Beau, on peut le dire d'un grand nombre d'autres questions traitées dans les écoles. Nous avons de ces questions une notion abstraite qu'il nous reste à appliquer à une matière déterminée et positive. Evidemment, ce travail d'application ne rentre pas dans le programme des écoles : il n'est pas et ne peut pas être le fait de l'enseignement proprement dit, mais il n'en est pas moins nécessaire pour cela.

On voit dans quelle grave erreur tombent ceux qui réduisent ou s'efforcent de réduire toute la science aux formes de l'enseignement des écoles. Ceux-là, qui sont malheureusement légion, se font une pauvre idée du besoin des esprits et même des intérêts supérieurs de la science. Il est résulté de cette manière de voir et de faire un grave dommage pour d'excellentes doctrines philosophiques et morales, qui sont toujours restées sans attache bien visible avec l'histoire et la vie réelle. Un tel état de choses a toujours été regrettable ; mais il le serait bien plus à notre époque qu'à toute autre, étant donné l'esprit positif qui règne dans la science moderne. Pour ne pas heurter cet esprit, pour donner satisfaction au besoin de réel qui nous tourmente, la raison même spéculative doit, le plus possible, s'incarner dans des faits, ou, tout au moins, dans une exposition moins écourtée et moins algébrique que celle des livres d'école. Il est urgent de développer et de compléter dans le sens que nous venons de dire certaines doctrines traditionnelles, si on veut leur infuser une vie nouvelle, les rendre accessibles aux intelligences contemporaines et bien mettre en lumière le sens profond de vérité qui s'en dégage. Incarner, par exemple, la logique dans l'étude des langues et la psychologie, dans l'ethnologie, ce n'est pas leur porter atteinte, c'est, au contraire, les vivifier au contact de la vie et de la réalité.

## Insuffisance des livres scolaires

Le travail dont nous parlons est particulièrement nécessaire pour la philosophie traditionnelle. On ne peut nier qu'à certaines époques de son histoire elle n'ait beaucoup trop vécu pour les écoles. Cela ne lui enlève rien, sans doute, ni de sa transcendance ni de sa valeur intrinsèque. Il est cependant résulté de ce fait quelque dommage pour son développement et pour son influence sur le mouvement des idées. Aussi, ses partisans actuels les plus éclairés sont-ils fermement résolus à ne pas suivre les errements du passé sur ce point. Les meilleurs esprits sentent vivement la nécessité de ne pas s'enfermer exclusivement dans les procédés et les formes d'école. « Nous ne devons plus nous contenter d'une philosophie d'enseignement, écrit l'un d'eux ; il est nécessaire de lui adjoindre une philosophie de découvertes. » (1) Un autre nous dit, avec non moins d'à-propos : « Aujourd'hui, grâce surtout au thomisme renaissant et au réveil de l'histoire religieuse, les milieux théologiques reviennent à des conceptions larges, vivantes et traditionnelles, et tendent à se débarrasser de cet esprit par trop scolaire, de cet esprit de *classes d'humanités* qui les envahissait, je ne sais par la faute de qui, depuis le XVIe siècle, et y desséchait l'enseignement plus que ne le fit jamais la scolastique en décadence, sans atténuer comme elle, par la vigueur de sa dialectique, le caractère indigeste et incohérent de l'agrégat des petites formules claires. » (2) Mais il est bon de le répéter, en signalant ces lacunes que nous révèle l'histoire de la philosophie traditionnelle, nous ne méconnaissons nullement l'excellence de sa méthode ; nous obéissons plutôt aux recommandations et aux principes des anciens eux-mêmes.

Nous savons qu'ils traçaient une ligne de démarca-

---

(1) PEILLAUBE, *Revue de Philosophie*, 1er octobre 1906 p. 428.
(2) B. AILO, *Foi et système*, p. 74.

tion très nette entre la recherche scientifique et l'enseignement. Ce dernier, considéré du côté du maître, portait, dans leur langue, le nom de διδασκαλία, *doctrina*; considéré du côté de l'élève, il se nommait μάθεσις, *disciplina*. *Doctrina est actio ejus qui aliquid cognoscere facit ; disciplina est receptio cognitionis ab alio* (1). Dans l'esprit des anciens, la méthode d'enseignement s'opposait à la méthode d'invention. L'une a pour but de démontrer le connu, l'autre de conquérir des vérités nouvelles. Or, les anciens ont, beaucoup plus que les modernes, envisagé la science comme doctrine et discipline. Ils se présentent à nous le plus souvent comme scolastiques, au sens étymologique du mot. Nous voyons que, dans leur vie intellectuelle, tout converge vers l'enseignement, vers l'école. Cette constante préoccupation de leur part n'a pas été sans de grands avantages pour eux. Ne peut-on pas dire, cependant, qu'elle a été parfois trop exclusive, et qu'à ce titre elle a été cause de lacunes qu'il est bon de signaler ?

Elle a nui tout d'abord, croyons-nous, à une *certaine vulgarisation* des saines doctrines. Il y a des sciences qui peuvent, sans inconvénient, rester ensevelies sous leurs formules techniques ou dans l'ombre des laboratoires. Elles n'ont guère d'intérêt que pour les savants de profession qui s'en occupent. Qu'elles parlent grec ou latin, cela importe peu. Mais il n'en est pas de même pour la philosophie et la théologie, dont la connaissance, pour un grand nombre des ques-

---

(1) S THOM., *Poster. analyt.*, l. I, lect. I.

tions qu'elles agitent, peut être universellement profitable. En tout cas, il est bien à souhaiter que cette connaissance se répande davantage parmi les esprits cultivés, quelle que soit d'ailleurs leur spécialité. Or, cette diffusion ne peut guère se produire par la langue et la littérature d'école. Elle exige plutôt l'emploi de la langue vulgaire et l'abandon de la forme immobile et statique si appréciée dans l'enseignement. Quelques esprits, au plus beau temps même de l'Ecole, ont eu l'intuition de ces choses. L'histoire littéraire du xiiie siècle nous les montre s'efforçant de porter les « œuvres de clergie » à la connaissance des gens du monde, des « honnêtes gens », comme on dira plus tard. Ils écrivent en langue vulgaire et le plus souvent sous forme de dialogue, ainsi qu'on le voit dans le livre des *Secrets aux philosophes* et celui de la *Fontaine de toutes sciences* (1). Quoi qu'il en soit de la valeur de ces productions, il est certain qu'elles partaient d'une idée excellente. Leur but était de combler une lacune regrettable, en rapprochant le monde des écoles de celui de la littérature générale. Malheureusement, la science universitaire et officielle ne prêta aucune attention à ce mouvement et n'en comprit guère l'utilité. Privé d'un appui si nécessaire, ce mouvement ne put aboutir à de sérieux résultats. On ne peut que le regretter.

Espérons que les efforts qui se font dans le même sens, de nos jours, auront plus de succès. Nous ne pou-

---

(1) Voir *Histoire de France* (1226-1328), par CH. V. LANGLOIS, t. III, c. III.

vons faire totalement abstraction, principalement dans l'apologétique, des habitudes intellectuelles et littéraires de nos contemporains. Sans qu'ils s'en rendent toujours compte eux-mêmes, les reproches qu'un certain nombre d'entre eux adressent à notre philosophie, l'antipathie qu'ils lui témoignent visent moins les doctrines que l'insuffisance de leur exposition : insuffisance relative à leur mentalité spéciale, mais qui n'en est pas moins réelle. Dans l'enseignement supérieur du monde universitaire du siècle dernier, on a souvent trop donné, d'après certains critiques, au talent d'écrire et de parler, et pas assez à la ferme culture de la raison ni à la science pure. On ne saurait adresser le même reproche aux anciens scolastiques. Ils seraient plutôt tombés dans l'excès contraire. Ils n'ont fait que bien peu de place, dans l'organisation de l'enseignement officiel, à l'art de parler et d'écrire. La littérature, comme science distincte, ne leur était guère connue. On dira peut-être qu'elle était comprise dans l'enseignement des arts libéraux, à savoir : la grammaire, la rhétorique et la dialectique. C'est possible. Mais, n'ayant pas d'existence autonome, elle ne pouvait guère servir à la vulgarisation des idées philosophiques. De là vient que ces idées, malgré une grande valeur intrinsèque, sont trop souvent restées du domaine exclusif des écoles. De là vient aussi que d'autres philosophes, avec moins de profondeur et de sûreté dans la doctrine, ont parfois exercé une action plus sensible et plus décisive sur le mouvement intellectuel de leurs contemporains. Ils pensaient avec raison que la contemplation solitaire et abstraite de la vérité n'est pas tout le travail de la science : ils ne négligeaient pas de répandre leurs idées par des œuvres de vulgarisation, pour lesquelles ils se servaient d'une forme qui répondait mieux que celle des écoles à la culture générale des esprits.

Mais la vie trop exclusivement scolaire, qui a été plus d'une fois celle de la philosophie ancienne, n'a pas seulement été un obstacle à sa pénétration dans les milieux non initiés ; elle a encore nui, dans une certaine mesure, à l'esprit de recherche.

On comprendra toute la vérité de cette assertion en ne perdant pas de vue les principes que nous avons rappelés plus haut. Si l'enseignement a pour objet immédiat de démontrer le connu, il est bien évident qu'il ne peut favoriser positivement l'esprit de recherche dont nous parlons ; il porte plutôt à voir les choses sous leur aspect convenu et traditionnel, et, pour tout dire, en un mot, il s'oppose à la méthode d'invention. Il ne saurait s'approprier les procédés de celle-ci sans manquer son propre but. Quels sont ces procédés ? On aurait tort de croire qu'ils sont assujettis à des règles fixes. Ce qui les caractérise, au contraire, c'est qu'ils ne peuvent revêtir une forme logique déterminée. Il n'y a pas, à proprement parler, un art de la découverte. On trouve souvent, il est vrai, dans les traités de logique des modernes un chapitre qui porte ce titre. Mais le contenu ne répond guère à l'étiquette. On y découvre des conseils de prudence et des maximes générales sur l'éducation des sens, l'observation et la recherche scientifique. Tout cela n'a que des rapports bien éloignés avec le progrès de la science. Il est donc nécessaire de faire une très grande part, dans une semblable matière, à l'activité originale de l'esprit. Nous dirons donc, avec un auteur contemporain : « La méthodologie analyse les procédés du génie : elle ne fait pas plus le grand savant que la rhétorique l'orateur. Il n'y a pas de règle qui puisse donner à l'esprit la fécondité. » (1)

## Portée exacte de nos remarques

Notre thèse, il est bon d'en faire la remarque en terminant, n'enlève rien à l'enseignement de son importance et n'a nullement pour but de le diminuer. On peut, croyons-nous, sans lui faire tort, soutenir que les procédés d'école, la technique professionnelle n'assurent pas suffisamment le progrès ni la vie de la science. Or, nous ne prétendons pas autre chose. Pour l'enseignement, il reste donc ce qu'il est par son but et sa nature. S'il considère surtout le passé de la science, s'il se sert d'une méthode d'exposition spéciale, s'il s'attarde à la région des principes, c'est pour lui une nécessité. Il se trouve enfermé, par la force des choses, dans des limites assez étroites, et nous dirons même qu'il a le plus grand intérêt à ne pas les franchir. Il a moins pour but de meubler l'esprit que de le « forger », avons-nous dit déjà. Paroles que certains professeurs feraient bien de méditer.

Pour eux, préparer une classe, c'est, avant tout, ajouter au manuel. On les voit aborder toutes les ques-

---

(1) G. SÉAILLES, *Léonard de Vinci*, p. 407.

tions, même les plus subtiles, les plus marquées au coin de la pure érudition. Ce procédé a de nombreux inconvénients dont le principal est de ne pas consacrer assez de temps et d'efforts à inculquer les notions essentielles et fondamentales. Il ne suffit pas de donner une intelligence quelconque de ces notions, il faut encore les graver profondément dans la mémoire. Malheureusement, on ne se préoccupe pas assez de ce travail d'assimilation. L'action préparatoire du professeur, comme tel, doit consister beaucoup moins à étendre la matière de l'enseignement qu'à la rendre plus sensible. C'est un fait d'expérience que l'enseignement de la philosophie ne sera fructueux et ne laissera de trace durable qu'à la condition de rester franchement élémentaire. Ainsi nous sommes bien loin de vouloir faire un reproche à cet enseignement de ne pas entrer dans la grande science. Mais il va sans dire que le professeur, lui, n'est pas limité dans ses recherches. Il peut avoir d'autre objectif que la préparation immédiate d'une classe ou la composition d'un manuel. Il fera généralement une œuvre d'un intérêt bien supérieur en se livrant à quelques travaux monographiques. C'est par des études spéciales et détaillées qu'une science s'enrichit et qu'elle communique avec la réalité et la vie. Mais passons sur ces considérations qui n'appartiennent qu'indirectement à notre sujet et concluons en quelques mots.

C'est une condition de vie et de progrès pour une science que d'exister en dehors des écoles. L'histoire nous le montre, ainsi que l'analyse de l'état d'esprit spécial, que l'habitude de l'enseignement tend à créer en nous. Les utiles barrières de cet enseignement, surtout lorsqu'il est officiel, peuvent devenir des entraves. Il est donc nécessaire que la science trouve, à côté de lui, des organes plus souples et plus indépendants. On peut voir là toute la raison d'être de nos revues de philosophie et l'importance capitale de leur rôle. Par leur intermédiaire, un professeur affranchi, en quelque sorte, de toute contrainte classique, peut traduire plus librement sa pensée, se livrer à des études plus personnelles, plus vivantes, qui mettent la philosophie en relation constante et effective avec son milieu littéraire et scientifique. En un mot, il est d'un intérêt vital pour une science et, en particulier, pour la philosophie médiévale, de ne pas rester trop exclusivement attachée à la forme et à la gangue scolaire.

# TROISIÈME PARTIE

## La Scolastique
## Caractères doctrinaux

# CHAPITRE I<sup>er</sup>

# Aperçu de la philosophie scolastique

Abandonnant le point de vue méthodologique qui a été à peu près le nôtre jusqu'ici, nous voudrions maintenant esquisser à grands traits la philosophie elle-même de l'Ecole. En d'autres termes, nous voudrions présenter cette philosophie au lecteur, non seulement pour lui inspirer le désir d'en faire une étude approfondie, mais encore pour le diriger et le soutenir dans ce travail. Notre exposé sera nécessairement sommaire et limité aux points les plus spécifiques et les plus fondamentaux. Au reste, la brièveté nous semble une condition de son utilité pratique.

## Objet

Les scolastiques regardent la philosophie comme une vraie science, et non, ainsi qu'on le fait de nos jours, comme une simple tendance de l'esprit ou « l'expression d'un sentiment qui, dans l'ordre des connaissances, nous pousse, par des voies diverses, vers l'unité et la généralité » (1). Elle possède tous les éléments qui constituent la science proprement dite.

---

(1) F. ENRIQUES, *les Problèmes de la science et de la logique*, p. 8

Elle a, tout d'abord, son objet propre. Et c'est précisément ce que ne veulent pas voir ceux qui font de la philosophie une affaire de sentiment. Pour plus de clarté nous allons condenser en quelques brèves propositions ce que nous avons à dire sur le domaine de la philosophie et ses limites d'après saint Thomas.

1° *La philosophie a pour matière propre les éléments ou caractères communs à toutes les sciences particulières.* Prenons l'ensemble de celles-ci : il est certain qu'elles ont des éléments et des principes communs. Dans ces conditions, pourquoi ne se ferait-on pas une spécialité de l'étude de ces éléments universels ? Tout nous porte, au contraire, à créer et à cultiver une telle spécialité. L'esprit humain est avide de connaître non seulement les raisons immédiates, mais encore les raisons suprêmes des choses. Les longs siècles d'existence de la métaphysique et la place qu'elle a toujours occupée dans les œuvres de la raison humaine sont un témoignage éclatant de ce besoin et de cette avidité. On prétend, il est vrai, que les sciences particulières tiennent toute la réalité dans leurs cadres, et, partant, qu'une science supérieure ne peut être qu'irréelle et chimérique, mais il est faux que les sciences particulières répondent à toutes les questions et embrassent tous les aspects du réel. Elles impliquent, dans leur point de départ même, des principes qui les dépassent : *principia scientiarum habent aliquid prius se quod est commune* (1). Elles posent et supposent non seulement les axiomes transcendantaux, fondements éternels de la pensée, mais encore

---

(1) *Poster. analyt.*, I, lect. XVII.

certaines questions relatives aux conditions de la science en général. Elles ne rendent pas compte elles-mêmes des procédés de l'analyse inductive et déductive dont elles font usage. La critique de la raison, instrument de tout savoir, ne rentre pas non plus dans leur domaine. Au surplus, comment pourraient-elles, par leurs propres moyens, soutenir leur droit exclusif à la vie? C'est là une prétention justiciable de la seule philosophie.

Il n'est pas non plus possible, sans le secours de cette philosophie, de découvrir les relations et l'enchaînement des sciences. Ce travail exige des principes supérieurs et universels : principes qui, par définition, ne peuvent être compris dans le domaine propre des sciences particulières. Sans doute, comme nous venons d'en faire la remarque, ils sont impliqués dans les commencements et les procédés de ces dernières; mais ce n'est pas à l'état latent qu'ils peuvent être un facteur d'ordre et de synthèse. Pour accomplir cette œuvre, ils doivent être dégagés des données secondaires qui les recèlent. Qu'est-ce à dire, sinon qu'ils doivent procéder d'une science plus élevée; d'une science qui les embrasse et les comprenne tous dans la vaste étendue de son objet; d'une science qui ait précisément pour but la recherche des principes suprêmes et des causes les plus profondes des phénomènes que nous observons dans l'univers? Cette science n'est autre que la philosophie. Ainsi apparaissent à la fois sa nécessité, son rôle et son objet. Elle fait sa spécialité de l'étude des caractères communs aux diverses sciences. C'est pourquoi elle se distingue d'elles. C'est pourquoi, aussi, elle peut les relier entre elles et leur donner une certaine unité synthétique. C'est en eux-mêmes qu'elle considère les principes premiers, les raisons suprêmes des choses, c'est-à-dire d'après leurs propriétés générales et abstraites. Comme science, c'est même là sa marque distinctive. Considérés sous ce rapport, les principes dont il s'agit sont susceptibles d'une application générale à toutes les branches différentes de la science humaine.

2° *L'être comme tel et ses attributs, qui sont les plus communs des caractères en question, font l'objet particulier de la philosophie première ou métaphysique.*

Les notions transcendantales telles que l'être, l'unité, etc., s'appliquent à tout. Elles dominent et pénètrent toutes les questions, toutes les connaissances spéciales; elles imposent leur loi à tout travail scientifique. Le premier devoir du savant est de se diriger conformément à ces notions et aux affirmations nécessaires et universelles dont elles sont les éléments. C'est à ces données premières de la raison que tout doit finalement se ramener, même les lois plus matérielles et les plus concrètes. Il importe donc beaucoup d'en faire une étude à part et approfondie. C'est le rôle de la philosophie première.

3° *La constitution de la philosophie ainsi comprise ne détruit ni l'objet ni la raison d'être des sciences particulières.* On comprend que la connaissance des éléments communs d'un être quelconque ne puisse faire tort à l'étude de ses éléments propres et spécifiques. Qui ne voit au contraire qu'il y a là une grande force pour le savant et le chercheur? N'est-il pas d'autant plus à même de pénétrer un sujet spécial d'étude qu'il en possède déjà une notion générique? Ne voyons-nous pas, du reste, chaque jour que les savants spéciaux se méprennent principalement sur les caractères communs de l'objet de leur science?

4° *L'universalité est la note dominante et caractéristique de la philosophie.*

Il ne saurait en être autrement, étant donné son objet tel que nous venons de le définir. C'est pourquoi les généralités scientifiques ne sont pas de la philosophie. Elles sont et ne seront jamais que les généralités d'une espèce, d'une classe, d'un domaine particulier. Elles n'ont pas d'application vraiment universelle, comme en ont, par exemple, en un sens très vrai, l'ontologie, la logique, la psychologie et la morale. Seules peuvent être considérées comme formellement philosophiques les notions qui, par l'universalité de leur matière ou de leur répercussion, intéressent toutes les sciences spéciales. Ainsi en est-il, disons-nous, même des notions qui se rapportent aux formes et aux lois de la pensée et à l'esprit qui est le sujet de toute connaissance.

5° *L'étude de la philosophie porte sur les réalités les plus hautes et les plus fondamentales.* Cette assertion paraîtra bien paradoxale à plus d'un lecteur. Le fait est qu'elle va à l'encontre d'opinions et de préjugés fort répandus. Parce que l'objet immédiat de l'expérience est toujours individuel, la plupart des savants de nos jours sont portés à croire et croient effectivement que les individus constituent la seule réalité objective de la pensée. Cette manière de voir n'est pas autre chose que la négation de toute science et de toute intellectualité. Elle est si contraire aux tendances et aux opérations essentielles de notre esprit que les savants qui l'adoptent ne peuvent eux-mêmes maintenir leur pensée dans le cadre de leur doctrine. Non, pour être universel, l'objet de la philosophie n'est pas une forme vide de matière et de contenu réel. Il est facile de voir d'où procède l'opinion contraire. Elle procède manifestement de l'idée que l'abstraction nous faire perdre tout contact avec le réel, qu'elle nous place forcément dans le royaume des ombres et du vide : *inania regna*, comme dit le poète. Presque toutes les erreurs de la philosophie contemporaine découlent de cette manière de voir. On la retrouve au fond de la plupart des systèmes de philosophie non scolastique. Elle n'est pas toujours formulée explicitement, mais elle n'en gouverne pas moins la pensée philosophique actuelle. Tout autre est l'idée que les docteurs de l'Ecole se font du rôle et des conséquences de l'abstraction. Ils résument en ces deux mots leur doctrine sur ce point : *abstrahentium non est mendacium* (1). Et après avoir entendu leurs explications, pénétré leur enseignement, on ne peut qu'adopter leur conclusion.

L'abstraction, d'après saint Thomas, s'exerce sur des données unies ensemble dans la réalité. Sous ce rapport, elle répond à une double composition que l'on peut constater dans la nature : 1° composition de

---

(1) Οὐδὲ γίνεται ψεῦδος χωριζόντων, avait dit Aristote.

matière et de forme; 2° de partie et de tout. La première sert de fondement à l'abstraction formelle : *qua forma abstrahitur a materia* (1). La seconde donne lieu à l'abstraction générique : *qua totum abstrahitur a partibus*. Dans l'abstraction formelle, l'esprit considère l'élément propre et vital d'une chose sans s'arrêter à ce qui en est l'élément imparfait et matériel. Ainsi, nous considérons la quantité sans les qualités sensibles qui l'accompagnent dans la réalité concrète et individuelle. La quantité nous apparaît, de la sorte, dans son entière perfection et actualité. Rien de commun ni de potentiel ne se mêle à son concept. Dans l'abstraction générique, l'esprit considère un tout universel en dehors de ses parties subjectives, par exemple, l'animal à part des espèces qui le réalisent. Ici, il n'y a pas épuration d'une donnée comme dans le cas précédent, mais plutôt atténuation, effacement. La chose est ramenée à son principe commun et matériel. Loin de préciser et de perfectionner la connaissance, cette abstraction la rend plutôt confuse par rapport au tout. Une certaine confusion n'est-elle pas inséparable de la potentialité? C'est dans ce sens que saint Thomas nous dit : *qui scit aliquid in universali, scit illud indistincte* (2). En un mot, l'abstraction formelle dégage l'élément propre et caractéristique d'une chose : elle en précise et actualise la notion. L'abstraction générique, au contraire, en dégage l'élément commun et matériel.

---

(1) S. THOM., *In Boet de Trinit.*, q. V, art. 3.
(2) *I Physic.*, lect. I.

Or, ni l'une ni l'autre de ces abstractions bien comprises ne sont destructives de tout objet de science : aucune ne fait le vide de la pensée. Pour l'abstraction formelle, la chose est assez évidente. N'a-t-elle pas pour résultat de rendre une donnée plus distincte, plus actuelle et plus intelligible? Au lieu de la faire disparaître, elle l'épure, la précise, lui donne du relief. Quant à l'abstraction totale, elle ne laisse pas subsister, il est vrai, dans tout son être spécifique, la donnée qui lui sert de fondement. Mais il n'en est pas moins réel que, même dans ce cas, l'esprit ne se perd pas dans le néant. Il retient suffisamment de matière pour penser et raisonner utilement. Ainsi en est-il, par exemple, lorsqu'on abstrait l'animal de l'homme. Il ne sera pas cependant inutile de remarquer, avec saint Thomas, que seule peut être dégagée de son élément matériel la forme qui n'inclut pas ce dernier dans son concept : *a qua suæ essentiæ ratio non dependet* (1). De même, ce n'est pas de toute espèce de parties que le tout peut être abstrait, mais seulement de celles qui n'entrent pas dans sa définition : *a quibus totius ratio non dependet* (2). Car il y a des parties formellement constituantes du tout : *partes speciei et formæ;* et il en est d'autres qui ne l'intéressent que matériellement : *partes materiæ* (3). Elles n'ont qu'une valeur de quantité par rapport à la nature spécifique.

Quelques exemples feront mieux comprendre la

---
(1) *In Boet. de Trinit.*, q. v, art. 3.
(2) *Ibid.*
(3) *Ibid.*

portée de cette distinction. Il est essentiel à l'homme d'être composé de corps et d'âme. On ne pourra donc faire abstraction de toute matière en parlant de lui. Mais rien ne nous empêchera de faire abstraction, dans ce cas, de la matière purement individuelle. La raison en est que celle-ci n'entre pas dans la notion de l'homme comme tel, ne représentant, sous ce rapport, qu'une valeur de quantité : *hæc anima, hoc corpus sunt partes materiæ, partes Socratis et Platonis, non tamen hominis in quantum est homo* (1). D'après ces mêmes principes, il n'est pas possible d'abstraire le triangle de ses trois côtés, mais la chose est sans inconvénient pour le cercle relativement à ses parties, qui restent étrangères à sa définition. L'abstraction n'a donc jamais pour effet de modifier le contenu d'une donnée : elle la considère seulement à part de certains éléments étrangers à son concept, le premier de ces éléments étant le mode d'être individuel.

Le nominalisme est la principale source des erreurs et des préjugés si répandus de nos jours sur le rôle et la portée de l'abstraction. Ceux qui ne voient dans nos idées que des signes sans valeur représentative ne sauraient la comprendre. Pour eux, les concepts abstraits sont dépourvus de toute objectivité. Car si un simple signe peut nous avertir de l'existence d'une réalité quelconque, il ne peut nous en révéler la nature propre. Dans ce cas, nous ne pouvons atteindre le réel à travers nos idées abstraites. Tout autre est la conclusion lorsqu'on admet que nos idées ne sont pas

---

(1) *In Boet. de Trinit.*, q. V, art. 3.

seulement le signe, mais la similitude, la forme intelligible de l'objet. Alors le monde idéal se trouve répondre au monde réel, et l'esprit peut opérer sur les idées comme sur les choses elles-mêmes. Le tout, alors, est de ne pas regarder comme faux un concept simplement inadéquat.

On tire un argument contre l'abstraction de ce que l'abstrait ne se réalise jamais dans sa forme pure et absolue. Ainsi, aucune ligne n'est absolument droite; aucun cercle n'a des rayons absolument égaux ; aucune loi ne se retrouve invariablement et avec tous ses effets dans les cas particuliers qui lui sont soumis. Admettons le fait. Il ne s'ensuit nullement pour cela que l'abstrait soit une fausseté ou une chimère. Personne n'affirme, même implicitement, que les formes séparées ou simplifiées de l'abstrait existent de la même manière, dans la réalité des choses. Or, il n'y a de fausseté et d'erreur que là où il y a négation ou affirmation. On dira, sans doute, que cette absence de jugement ne fait pas disparaître l'opposition qui est dans les choses elles-mêmes. C'est un fait que les formes abstraites ont une perfection qui ne se retrouve plus dans les formes concrètes et individuelles. Et s'il en est ainsi, le monde idéal n'est pas conforme au monde réel. Que dire alors de la valeur de nos connaissances abstraites?

Cette difficulté est plus apparente que réelle. Tout d'abord, aucune science n'a pour objet l'étude des formes ou des propriétés *individuelles*. On s'accorde à dire qu'il n'y a de science que du général. Or, toute généralisation implique un certain degré d'abstraction. C'est précisément parce que les formes et les propriétés sont dégagées de l'être individuel, qu'elles revêtent un caractère de généralité. On voit par là que les caractères abstraits sont l'objet véritable de la science. Ce ne sont pas les lignes et les cercles des corps naturels que le mathématicien considère, mais les lignes et les cercles dégagés de ces mêmes corps. Quand on les rapporte ensuite à ces mêmes corps individuels pour juger de la valeur des notions mathématiques, on se met en contradiction avec soi-même; on méconnaît à la fois et le fait initial de l'abstraction et la nature de la science; on replace dans le mode d'être individuel les objets qui en avaient été dépouillés pour être élevés à l'ordre intellectuel et scientifique.

Mais on insiste en disant : dans ces conditions, la science ne porte pas sur des objets réels. On pourrait répondre avec Taine lui-même : « Dans beaucoup de cas, en astronomie, en optique, en acoustique, l'expérience constate que certaines choses présentent les caractères requis par l'abstrait, ou, du moins, tendent à les présenter, et les présenteraient si l'on pouvait pratiquer sur elles les éliminations convenables. » (1) Mais cette réponse ne peut nous suffire, pas plus que celle qui consiste à dire : l'abstrait se rapproche assez de la réalité pour que les erreurs soient négligeables pour nous. La question est plus haute. Une réponse plus radicale est nécessaire. On en trouvera les éléments dans les remarques suivantes.

De quoi s'agit-il, en effet? De l'écart qui peut exister

---

(1) *De l'Intelligence*, l. IV, c. II.

entre le concret individuel et l'abstrait. Or, nous disons que cet écart ne peut nuire à la vérité de nos connaissances scientifiques. La science, nous le répétons, n'a pas pour objet l'individuel proprement dit : l'universalité est la *condition* sans laquelle les réalités ne peuvent être connues directement par notre intelligence : condition *sine qua non*. Ensuite, il ne faut pas oublier que l'expérience n'est pas, à vrai dire, la cause de nos idées, mais seulement la matière de la cause : *materia causæ*, selon le mot si juste de saint Thomas. C'est-à-dire que nos idées sont le produit d'un travail intellectuel. L'esprit ne reçoit pas et ne peut recevoir directement l'empreinte de la réalité sensible. L'abstraction est la condition première de notre connaissance intellectuelle. La nature abstraite et généralisée, tel est donc le véritable objet de la science : l'objet qu'elle considère, ou, plutôt, qu'elle a pour mission de considérer et d'atteindre avant tout autre, *primo et principaliter* (1), nous dit saint Thomas. Cependant, elle ne se désintéresse pas des choses contingentes et individuelles qui sont les matériaux de la science. Elle leur applique les notions universelles à l'aide des facultés sensibles qui, elles, ont pour objet propre l'individuel : *rationes illas applicat ad res etiam particulares quarum sunt, adminiculo inferiorum virium* (2). Dans ce cas, nous nous servons de l'universel pour expliquer ou apprécier rationnellement les données particulières et sensibles. Alors ces dernières ne sont

---

(1) *In Boet. de Trinit.*, q. V, art. 2.
(2) *Ibid.*

pas la mesure, mais le mesuré. Et s'il existe un écart, il ne fausse pas la mesure : il en fait plutôt ressortir la justesse.

Nous ajouterons que la nature abstraite et généralisée exprime quelque chose d'objectif et de réel. L'abstraction ne crée rien. En dégageant une forme de l'être individuel, elle n'en modifie pas le contenu. Il s'agit toujours d'un seul et même objet dans différents états ou modes d'être : dans l'esprit selon le mode abstrait et universel ; dans la réalité, selon le mode concret et individuel. Or, on ne saurait trop le redire, il n'est pas nécessaire, pour sauvegarder la vérité et l'objectivité de nos connaissances, que l'esprit se conforme à l'objet quant à la manière dont il le perçoit.

Cependant, si l'abstraction n'a pas pour résultat de modifier, à proprement parler, l'objet de nos idées, elle a d'autres effets qu'il est bon de signaler en passant. Tout d'abord elle augmente l'extension de ces mêmes idées. Une donnée abstraite, saisie par un acte réflexe de l'esprit, s'applique à nombre illimité d'individus. N'est-elle pas, par définition, affranchie de toute note individuante? C'est même là l'œuvre essentielle de l'abstraction. Ensuite, c'est elle qui fait la perfection des formes abstraites. Nulle nécessité, pour expliquer cette perfection, d'avoir recours à je ne sais quels modèles idéaux antérieurs à l'expérience. L'abstraction se suffit à elle-même pour cela. Les formes concrètes sont contingentes, particulières, variables; elles font partie d'un tout, d'un composé; elles sont attachées à une matière, à un temps, à un lieu déterminés; en un mot, elles apparaissent limitées de toutes parts. Or, l'abstraction les détache, les affranchit de ces limites. Elle les sépare des autres propriétés ou qualités auxquelles elles sont unies dans la réalité. Cet isolement nous les montre dans toute leur pureté et comme subsistant par elles-mêmes, tandis qu'elles se trouvent dans le composé par participation seulement. Dès lors, on s'explique la perfection des formes abstraites. C'est l'abstraction qui les purifie en les simplifiant, en les élevant à l'absolu. Elle ne nous les montre pas plus ou moins *réalisées*, plus ou moins *participées :* elle nous les montre indépendantes de tout rapport, de toute matière, c'est-à-dire pures et parfaites dans leur genre.

Ces considérations font bien comprendre le point de vue de la philosophie scolastique et en sont la meilleure justification. C'est pourquoi nous avons cru devoir nous y attarder. On comprend mieux maintenant que cette philosophie puisse se faire une spécialité de l'étude des objets et des principes communs à toutes les sciences sans se perdre dans le vide ou la chimère. Au reste, l'abstraction n'est pas *particulière à la philosophie :* elle intervient dans la détermination de l'objet de toute science digne de ce nom. Personne n'a jamais sérieusement soutenu que cet objet était l'individuel. Il ne peut donc s'agir que d'une question de degré ou de plus ou moins d'abstraction. Par cette remarque, on peut voir que la philosophie n'est pas en dehors des conditions ordinaires de la science. Tout ce qu'elle a de spécial, c'est qu'elle s'élève à la plus haute abstraction. Ce ne sont pas les premiers principes dans un genre donné qu'elle recherche, mais les principes qui sont communs à toutes les sciences, par exemple, les conditions préalables de tout savoir. Est-ce que la juridiction de la logique n'est pas universelle? Saint Thomas l'appelle : *scientia communis* (1). Est-ce que toutes les sciences ne communient pas aussi par certaines notions supérieures et fondamentales? Quelle que soit la particularité de leur objet, il ne sort pas du domaine de l'être et de ses attributs comme tel.

Mais l'universalité dont nous parlons ne suffit pas, à elle seule, pour caractériser l'objet de la philosophie. Il appartient non seulement au philosophe de considérer les causes les plus élevées, mais encore de les considérer à la lumière des premiers principes, c'est-à-dire d'un point de vue supérieur. Les principes sur lesquels une science s'appuie ne peuvent être d'un autre ordre que son objet. Si ce dernier est très élevé, il ne peut être étudié qu'à la lumière des premières vérités. C'est alors seulement qu'il y aura correspondance entre l'objet et les moyens de démonstration. S'il est funeste à une science particulière de raisonner sur des généralités, de procéder, comme on dit dans l'Ecole, *ex communibus*, la chose est sans inconvénient pour la philosophie. Elle ne fait, en cela, que se conformer à sa loi fondamentale. Si elle aborde parfois des questions qui peuvent paraître spéciales, c'est qu'elle empiète sur les autres sciences, ou qu'elle fait quelque application particulière de ses principes, ou qu'elle considère les conditions et les conséquences de son objet propre.

---

(1) *In Boet. de Trinit.*, q. vi, art. 1.

## Méthode de recherche

Dans la philosophie, comme dans toute science, nous distinguons la méthode et la doctrine. Ces deux éléments soutiennent entre eux les rapports les plus étroits. On ne saurait cependant les confondre.

Examinons maintenant ce qu'est la méthode dans la philosophie scolastique. On dit généralement qu'elle est analytico-synthétique. Rien de plus vrai, bien que les mots puissent prêter à l'équivoque. Ils n'ont pas toujours la même signification chez les auteurs modernes que chez les scolastiques. Pour Aristote, analyse est synonyme d'induction, synthèse de déduction. Les scolastiques ont généralement adopté cette manière de voir et de parler. Quelques philosophes contemporains, comme Taine, au contraire, opposent la preuve expérimentale ou inductive à la preuve déductive ou analytique. Nous attachons, nous, à ces mots le même sens que les anciens.

Nous résumerons dans les propositions suivantes ce que nous avons à dire sur la méthode en philosophie scolastique.

1° *La philosophie se compose d'une partie analytique, c'est-à-dire expérimentale, et d'une partie synthétique, c'est-à-dire rationnelle.*

A vrai dire, c'est la condition de toute science humaine. Mais, il importe souverainement de le remarquer, les deux éléments ou facteurs en question ne se rencontrent pas au même degré dans toutes les sciences. Autres sont, sous ce rapport, les exigences des sciences physico-chimiques, autres celles des mathématiques, par exemple. L'unité, en cette matière, au profit des sciences naturelles, est considérée, il est vrai, par un grand nombre de savants de nos jours, comme un premier principe et une chose acquise. Mais les quelques arguments qu'ils produisent parfois en faveur de cette opinion ne lui enlèvent rien de son caractère systématique et préconçu. Une science sérieuse accepte, même dans leur diversité, tous les faits qui s'imposent à la pensée ; elle se garde bien de choisir entre eux ou de les sacrifier les uns aux autres.

2° *L'analyse philosophique a pour point de départ les données d'expérience immédiate et universelle.*

C'est là un des traits caractéristiques et différentiels de la philosophie comme science. Les expériences et l'observation des faits de détail ne sont pas son affaire. Elle s'attache aux faits généraux qui se manifestent d'eux-mêmes aux sens et à la conscience. L'immédiat et l'universel se rencontrent dans tous les ordres de réalités, aussi bien dans les réalités psychiques et rationnelles que dans les réalités sensibles. C'est, par exemple, sans investigation scientifique que nous acquérons les notions du monde extérieur, du mouvement, du sujet et de l'objet, ou que nous constatons le fait de la pensée ou celui du désir instinctif du bonheur, etc. Est-ce que la vie dans ses manifestations élémentaires ne renferme pas les données fondamentales de l'expérience et même des méthodes scientifiques ? Le nombre des faits généraux et primitifs immédiatement donnés à tous est considérable. Il constitue un fonds commun auquel le raisonnement peut être appliqué avec infiniment de profit. Il n'est nullement nécessaire de se livrer à une étude détaillée des données expérimentales ou des faits en question puisqu'ils sont envisagés d'un point de vue très général.

3° *Les principes de la synthèse, autrement dit du raisonnement ou de l'explication en philosophie, ne sont pas donnés a priori ni posés hypothétiquement : ils ressortent par généralisation immédiate de la considération des faits eux-mêmes.*

On aurait tort de croire que toute généralisation est le résultat d'un travail de recherche scientifique ou d'une induction formelle. Non, de même qu'il y a des généralisations laborieuses, hypothétiques ou simplement probables, il en est d'immédiates et d'absolument certaines. Nous en avons un exemple dans les premiers principes métaphysiques, tel que l'axiome d'identité, qui est le plus fondamental de tous. Dans cette matière, nous affirmons un attribut d'un sujet et nous l'affirmons d'emblée pour tous les instants de la durée, pour tous les points de l'espace. Notre jugement possède, dans ces conditions, un caractère nécessaire et universel. Il n'est pas le résultat d'une élaboration savante, mais du simple rapprochement de deux termes transcendantaux par ailleurs universellement connus. Dans ce cas, les termes et les rapports qui existent entre eux sont d'une simplicité idéale telle que notre esprit pénètre sans effort et à première vue ce que dans d'autres sujets il ne voit qu'après de longues et patientes recherches. Les principes de ce genre ne sont pas hypothétiques, puisqu'ils s'imposent immédiatement par leur évidence intrinsèque. Ils ne sont pas non plus donnés *a priori*, la matière en étant fournie par les sens, et les notions exprimées par leurs termes étant instinctivement abstraites du monde matériel.

La partie analytique ou expérimentale est donc considérable dans la philosophie de saint Thomas. Pour lui, nos idées, si primitives et si fondamentales qu'on les suppose, sont acquises par l'intermédiaire des sens, la potentialité native de l'intelligence relativement à ses intelligibles étant sans limite. Sans doute, il arrive parfois au saint Docteur de parler d'innéité au sujet des vérités premières, comme dans le passage suivant : *Prima principia quorum cognitio est nobis innata* (1). Mais il veut dire par là que ces mêmes vérités nous sont connues sans démonstration ni recherche, *absque studio et investigatione*, comme il s'en explique lui-même dans d'autres passages. Enfin, les textes où il affirme explicitement l'origine sensible des vérités premières ne manquent pas : *Universalia*, dit-il, *ex quibus demonstratio procedit, non fiunt nobis nota nisi per inductionem* (2).

Il reste, il est vrai, à déterminer la nature de cette induction dans le cas des premiers principes. Nous dirons seulement, pour ne pas sortir de notre sujet, qu'il ne saurait être question ici de raisonnement expérimental ou inductif proprement dit. Les premiers principes dérivent de l'expérience et de l'induction en tant qu'ils désignent une connaissance acquise

---

(1) *De Veritat.*, q. X, art. 6, ad 12.
(2) *Poster. analyt.*, lect. XXX.

par les sens et par voie de généralisation immédiate. Nous ferons remarquer ensuite, ceci est capital, que ni l'expérience ni l'induction ne sont la raison déterminante de l'adhésion de notre esprit aux vérités premières. Mais il n'en reste pas moins que la philosophie scolastique, par son point de départ même, s'enracine profondément à l'expérience et à la réalité.

On aboutit à cette même conclusion avec sa doctrine sur l'objet connaturel et normal de l'intelligence humaine. On sait que cet objet est l'être des choses sensibles. D'où il suit que nous ne contemplons pas la vérité directement en elle-même, mais dans les réalités concrètes : *Naturam universalem speculatur in particulari existentem* (1). Il nous faut toujours une base sensible pour appuyer nos conceptions, même les plus abstraites et les plus absolues. L'immatériel ne nous est connu que par analogie et comparaison avec une donnée de l'ordre matériel : *Per comparationem ad corporalia* (2). Notre esprit, en un mot, ne saisit et ne comprend rien qu'en fonction de son objet connaturel et central. C'est ainsi que la philosophie scolastique ne perd jamais contact avec le réel, pas plus dans ses développements qu'à son point de départ. L'élément sensible, dans sa doctrine, se trouve au commencement et à la fin de nos opérations intellectuelles. Au commencement, puisque l'expérience est la source première de nos idées : *Sensibilia sunt prima principia cognitionis humanæ* (3). A la fin,

---

(1) *Sum. theol.*, Iᵃ, q. LXXXIV, art. 7.
(2) *Ibid.*
(3) S. THOM., *Sum. theol.*, II, q. CLXXIII. art. 3.

et voici dans quel sens, car cette doctrine n'a rien de commun avec l'empirisme. L'objet normal de l'intelligence humaine, avons-nous dit, est la nature des choses sensibles. Or, on ne saurait porter un jugement autorisé sur une telle nature sans la considérer dans la réalité concrète. De quoi s'agit-il, en effet ? Il s'agit de rendre raison des choses qui frappent notre sens. Et comment le ferons-nous si nous perdons contact avec elles ? « Les ignorer, dit saint Thomas, c'est ignorer ce qui est l'objet et la fin du jugement : *Id quod est terminus et finis judicii.* » (1) Cela est vrai même des choses spirituelles que nous comprenons, par comparaison avec l'ordre sensible et corporel, dans l'état présent de notre nature.

4° *L'étude de la philosophie consiste donc essentiellement dans l'application des données premières de la raison aux données premières et universelles de l'expérience.*

Il suffit à la science de raisonner sur des faits convenablement établis. C'est dans ce sens que Cl. Bernard a pu dire « qu'on peut acquérir de l'expérience sans faire des expériences ». On ne saurait donc refuser à la philosophie le caractère d'une science véritable. Elle en possède les éléments essentiels. Le résultat des constatations primitives et universelles offre au raisonnement une base aussi solide que l'observation des faits de détail ou l'expérimentation compliquée et savante. Un très grand nombre de

---

(1) *Sum. theol.*, I, q. LXXXIV, art. 8.

vérités peuvent être obtenues par l'application du premier procédé. Ce ne sont ni les moins certaines ni les moins importantes. Il faut que nos savants en prennent leur parti : les questions les plus graves que l'esprit humain puisse agiter tiennent leur solution beaucoup moins des sciences particulières et de leur progrès que des lumières du sens commun. Nous voulons dire que les premières données de la raison combinées avec les premiers résultats de l'expérience commune suffisent à mettre l'homme en possession de quelques vérités capitales. Le primitif, qui se dit à sa manière avec les anciens, en voyant l'ordre qui règne dans le monde : *opus naturæ est opus intelligentiæ*, ne procède pas autrement. Son raisonnement est simple, préscientifique si l'on veut ; mais il n'en est pas moins fécond et certain. Il appartient à la philosophie telle que nous venons de la définir.

5° *Le procédé général de la philosophie dans la recherche de la vérité est celui d'une science rationnelle.*

Le rationnel n'est pas nécessairement subjectif et *a priori* comme plusieurs se l'imaginent. Pour certains savants, en effet, une science n'est plus rationnelle du moment que dans sa constitution l'expérience intervient à un degré quelconque. « C'est une vérité incontestée aujourd'hui, dit l'un d'eux, qu'il n'existe pas de sciences rationnelles, au sens strict du mot. Aucune science ne saurait se fonder sans emprunter à notre perception du monde extérieur quelques notions indéfinissables. Les sciences abstraites par excellence, l'arithmétique et l'analyse qui en dérive, reposent sur les notions de nombre et de somme de deux nombres. Si intuitives qu'elles nous paraissent, ces notions n'en ont pas moins une origine expérimentale : c'est lentement qu'elles se sont formées en nous parce que nos sensations forment des groupes séparés. Des êtres qui vivraient dans un milieu continu pour leur sens n'auraient aucune idée d'unités distinctes ni, par suite, du nombre. » (1) Nous ne retiendrons de ce passage que l'affirmation relative au caractère expérimental d'une science dont les notions premières ont une origine sensible. A ce compte-là, il ne saurait y avoir, en effet, de sciences rationnelles. Mais le principe de la classification des sciences, sous le rapport qui nous occupe, est tout autre. Elles sont rationnelles ou expérimentales selon la nature de leur objet et le procédé général qu'elles suivent pour le connaître.

Toutes les sciences ont pour objet le réel. Mais il en est qui l'envisagent dans toute sa complexité, tandis que d'autres n'en retiennent qu'un attribut, la quantité, par exemple. C'est uniquement dans ces différentes conditions du réel qu'il faut chercher le fondement de la distinction entre les sciences expérimentales et les sciences rationnelles. Ou l'objet est concret, ou il est le résultat d'une abstraction de l'esprit.

Dans le premier cas, les faits et les principes qu'il s'agit d'étudier étant ceux de la nature, la méthode expérimentale s'impose absolument, méthode qui comprend deux choses, d'après C. Bernard :

---

(1) *De la méthode dans les sciences.* Art « mécanique », par PAINLEVÉ.

1° l'art d'obtenir des faits exacts au moyen d'une investigation rigoureuse; 2° l'art de les mettre en œuvre au moyen d'un raisonnement expérimental, pour arriver finalement à connaître la loi des phénomènes.

Dans le second cas, celui où l'objet, tout en demeurant réel, est en quelque sorte une création de l'esprit, les principes sont immédiatement connus; l'inconnu alors réside dans les faits particuliers et les conséquences qu'on extrait par déduction ou synthèse rationnelle. C'est l'inverse de ce qui a lieu dans les sciences de la nature.

En d'autres termes, quand l'esprit travaille sur un objet de sa création, il n'a qu'à se mettre d'accord avec lui-même : ses déductions n'ont pas besoin, pour être valables, d'être soumises au contrôle immédiat de l'expérience.

D'après ces principes, il est facile de se rendre compte du caractère rationnel de la science philosophique. Ses principes, avons-nous dit, sont obtenus par généralisation immédiate. Ils constituent des jugements analytiques, expriment des vérités de raison, des rapports nécessaires et universels. Nous n'avons donc pas à les dégager de la complicité des phénomènes individuels comme c'est le cas pour les lois des sciences naturelles. Tout ce qu'il nous appartient de faire, c'est de les combiner entre eux par le raisonnement ou d'en faire l'application à quelque donnée expérimentale considérée dans ses éléments communs. Ainsi on appliquera quelques principes de l'ontologie au monde extérieur considéré sous l'angle et la forme d'*être, sub communi ratione entis*. Il y a là matière à d'utiles et solides démonstrations. Saint Thomas, dans quelques-uns de ses traités, est rempli de raisonnements de ce genre. Ceux-là seuls en contestent la valeur qui refusent toute réalité objective aux catégories ou notions génériques et n'admettent comme matière profitable du raisonnement que les existences individuelles révélées par l'expérience immédiate et considérées comme telles. Mais avec des éléments pris dans leur pleine et entière individualité, il est impossible de raisonner et de faire de la science : vouloir s'enfermer dans ce domaine exclusivement, c'est s'exiler à tout jamais de l'ordre scientifique.

6° *La philosophie comme science se constitue et se développe dans ses éléments essentiels, indépendamment des sciences particulières.*

C'est la conséquence de ce que nous avons dit du caractère universel de l'objet de la philosophie. Celle-ci ne dépend des sciences particulières ni quant à ses premiers principes ni quant à sa matière dont l'universalité est le caractère spécifique. Ces principes et cette matière peuvent être substantiellement connus, dans l'ordre du temps, avant les données des sciences particulières. Notre esprit passe de la puissance à l'acte dans l'acquisition de la science. De là vient qu'il s'arrête tout d'abord aux éléments communs des choses. C'est dans ce sens que saint Thomas nous dit : *universalius intelligibile est prius notum nobis secundum intellectum ut puta animal homine* (1). On

---

(1) S. Thom., l. I *physic*, lect. I.

remarquera qu'il parle de priorité dans l'ordre de la connaissance intellectuelle. Je ne nie pas que dans l'ordre sensible le concret individuel soit le premier connu. En général, plus le degré d'abstraction d'une science est élevé, plus elle est à même de se développer par ses propres moyens et plus elle est indépendante de l'état plus ou moins avancé des sciences naturelles. C'est ce qui se passe pour les mathématiques. On sait qu'elles n'exigent pour être abordées avec fruit qu'un petit nombre de données préalables obtenues par une abstraction rapide et facile du monde matériel. C'est ce qui explique l'étonnante précocité de quelques grands mathématiciens. La même remarque s'applique à la philosophie bien comprise et renfermée dans ses justes limites. Il est donc sans valeur, le raisonnement suivant, qui revient sans cesse sous la plume d'un grand nombre de savants de nos jours : « Il est de simple bon sens que les tentatives d'explication générale s'appuient d'abord sur les résultats des recherches particulières. » Ce n'est là qu'une apparence, comme nous venons de le voir : rien ne s'oppose à ce que les caractères les plus communs et les plus universels soient étudiés et connus avant les conclusions scientifiques des recherches particulières. Le bienheureux Albert le Grand dit avec raison : *ea quæ primo occurrunt rationi in rebus sunt communia non propria.* (L. I, Topic., c. 1.)

Sans doute, le cours de philosophie vient après les autres études; mais il faut en voir la raison bien moins dans l'ordre des matières que dans le degré élevé de l'abstraction philosophique qui ne saurait convenir aux commençants. Par ailleurs, nous ne prétendons nullement que la philosophie doive se désintéresser des résultats généraux des sciences particulières. Elle leur appliquera, au contraire, ses propres données avec le plus grand profit pour tous et principalement pour les savants spéciaux. Mais il faut voir là un cas d'application particulière de sa méthode et de ses principes et non pas un élément qui entre dans sa constitution intime.

7° *La philosophie comme science n'est que le prolongement du sens commun.* C'est là son caractère le plus fondamental. Il résume parfaitement tout ce que nous venons de dire de la matière et de la méthode philosophiques. C'est pourquoi nous le mentionnons en passant sans nous y arrêter. Nous ferons seulement remarquer que le caractère dont nous parlons ne se rencontre dans toute sa vérité et tout son relief que dans saint Thomas. Autant d'autres philosophies (elles sont légion) ont pris plaisir à s'éloigner du sens commun, autant la sienne s'y est attachée toujours et partout.

C'est là ce qui explique la solidité et le côté apaisant de son œuvre. Ceux-là au contraire n'ont rien produit de sérieux ni de durable, qui se sont imaginé que la connaissance scientifique est, *en nature*, différente de la connaissance vulgaire. Ce faux principe les a conduits à prendre pour points de départ de leurs spéculations des données plus ou moins arbitraires et conventionnelles. Les savants qui de nos jours veulent à toute force réduire la philosophie au plan des sciences naturelles ne sont pas mieux inspirés.

## Doctrine

Il nous reste maintenant, pour compléter cet aperçu de la philosophie scolastique, à parler de sa doctrine elle-même. Le sujet est vaste. Etant donné le dessein qui est le nôtre ici, nous ne pouvons même pas donner un abrégé proprement dit de cette doctrine. Nous indiquerons seulement, pour chacune des grandes divisions de la philosophie de l'Ecole, l'idée maîtresse, le principe générateur.

La philosophie a pour objet, avons-nous dit, la recherche et l'étude des raisons suprêmes des choses. Il lui appartient de s'élever dans chaque genre jusqu'aux premiers principes. Or, l'être, dans sa totalité, se distribue en trois genres souverains. On peut le considérer, en effet, comme idéal, réel, moral. Dans le premier cas, c'est le monde des idées qui s'ouvre devant nous. Le rôle de la philosophie est d'en scruter les profondeurs. C'est ce qu'elle fait dans la logique.

Voici comment saint Thomas conçoit l'objet de cette dernière : *principaliter est de secundis intentionibus*, dit-il, ou, ce qui revient au même : *de secundis intentionibus adjunctis primis* (1). Ces quelques mots bien compris expriment tout le caractère et toute la portée de la logique. Ils contiennent même la solution de la plupart des difficultés qui se rapportent à cette science. Mais ils ont besoin d'être expliqués et commentés surtout pour ceux qui ne sont pas suffisamment initiés au langage de l'Ecole.

---

(1) *Opuscul. de Universal.*, tract. I.

Un objet de science peut être envisagé : 1° *en lui-même;* 2° *en tant que connu.* Dans l'un et l'autre cas, il est le fondement de certaines relations ou propriétés. Celles qui résultent de l'objet considéré en lui-même sont dites *premières intentions :* elles conviennent à l'objet sous son aspect fondamental, dans le premier état où il se rencontre. Celles qui résultent, au contraire, de l'objet en tant que connu, sont appelées *secondes intentions :* elles conviennent à l'objet dans son existence conceptuelle, c'est-à-dire dans un état de second plan : *conveniunt rebus prout cognitæ* (1). C'est comme un ordre nouveau que l'esprit découvre ou établit entre les idées et les concepts. Cet ordre est consécutif à notre manière de comprendre : *sequitur modum intelligendi* (2). C'est pourquoi il est un être de raison : il vient se greffer, en quelque sorte, sur nos opérations intellectuelles. N'est-ce pas aux choses en tant que connues que sont attribuées les notions de prédicat, de sujet, de genre, d'espèce, de catégories, d'universaux? C'est là une œuvre de seconde intention, intéressant les choses telles qu'elles sont dans l'esprit.

Cependant il ne faudrait pas croire que ces êtres de raison se forment avec une entière indépendance de l'objet lui-même. Ils ont en lui leur fondement, ils ne se produisent que conformément à ses indications : *Secundæ intentiones principaliter accipiuntur a proprietatibus rerum mediantibus primis* (3). Ce n'est pas

---

(1) S. Thom., *IV Metaph.*, lect. IV.
(2) *De Potentia*, q. VII, art. 9.
(3) *Opuscul. de Universal.*, tract. I.

arbitrairement que notre esprit ordonne et répartit nos concepts, mais en tenant compte de leur contenu. On peut voir par cette simple remarque la sagesse du point de vue de saint Thomas, dans une question que la philosophie moderne a si fort embrouillée. Le saint Docteur se garde bien de faire de la logique la science des formes de la pensée à l'exclusion de la matière et de soutenir, comme le fait Kant, que la « logique générale fait abstraction de tout contenu de la connaissance de l'entendement et de la diversité de ses objets et qu'elle n'a à s'occuper que de la simple forme de la pensée » (1). Ce n'est pas que saint Thomas exagère l'emprunt que la logique fait à l'objet. Nous venons de voir que cette dernière n'a pas la réalité pour matière directe et qu'il ne lui appartient pas d'en approfondir la nature: *non considerat naturam subjectam per se* (2). Autrement elle absorberait toutes les sciences particulières, tandis qu'elle n'a pour but que d'en régler la marche et la méthode. Cependant elle ne peut faire abstraction de tout le contenu de la connaissance, elle ne peut se constituer en dehors de tout élément objectif, elle ne le peut sans se détruire elle-même. Les relations de seconde intention dont elle fait son étude ont leur fondement dans l'idée directe et objective. La logique, même générale, ne peut donc s'affranchir de toute matière. Une certaine connaissance de la réalité lui est nécessaire, non pas une connaissance spécifique, ce qui est le propre des

---

(1) *Critique de la raison pure: Logique transcendantale*. Traduct. J. BERNI.
(2) S. THOM., *Opuscul. de Universal.*, tract. II.

autres sciences, mais commune. Comment, par exemple, faire rentrer les choses dans des catégories sans en avoir quelque notion ? Il faut au moins les connaître, selon la remarque d'un philosophe scolastique, dans la mesure où leur classification générale l'exige, c'est-à-dire dans leurs traits communs : *ut fundant intentiones coordinabilitatis* (1). La nécessité est la même pour toutes les parties de la logique. La morphologie de la pensée qui est son œuvre s'appuie partout sur les caractères et les contours généraux des choses. C'est pourquoi, avec ses moyens propres, elle ne peut atteindre les éléments distinctifs d'un sujet déterminé : *circa communia rerum argumentatur* (2). Sous ce rapport, elle peut donner lieu au grave abus de parler de tout sans rien savoir de spécifique. Mais cet abus ne lui enlève rien de sa nécessité ni de son mérite.

L'ordre particulier qu'elle établit dans nos opérations intellectuelles en vue de la vérité à connaître suit les mêmes divisions que ces opérations mêmes. Or, celles-ci sont au nombre de trois, et à chacune correspond un livre de l'*Organum* aristotélicien. Nous avons tout d'abord la *simple perception*. On l'examine au point de vue des termes qui l'expriment et de la répartition de son objet incomplexe en suprêmes catégories. Elle fait l'objet du livre des *Prédicaments*. Ensuite nous passons au *jugement*. On le considère dans la proposition qui le formule et dont on étudie

---

(1) JOAN. A S. THOM., log. II, text. lib. prædicam.
(2) *Poster. analyt.*, I, lect. XX.

les parties : le nom et le verbe; les propriétés : l'opposition, l'équivalence, la contingence, la nécessité, etc. C'est l'œuvre du livre de l'*Interprétation*. Enfin, nous avons le raisonnement, troisième opération de l'esprit. Le syllogisme en est l'expression la plus complète. Il est étudié quant à sa forme dans les *Premiers analytiques* et quant à sa matière dans les Derniers.

Mais l'étude de l'être de raison n'est pas toute la philosophie, elle n'en représente même qu'une partie secondaire. La logique n'est pas la science, elle n'en est que l'instrument. La science proprement dite commence avec l'étude du réel, dont la philosophie se propose de faire connaître les premiers principes.

Or, le principe le plus élevé auquel nous puissions atteindre aussi bien dans l'ordre de l'analyse inductive que dans celui de la synthèse déductive, c'est l'être envisagé absolument en tant qu'être : *ultimus terminus..... est consideratio entis in quantum hujusmodi* (1). La philosophie, science des principes, aura donc l'être ainsi envisagé comme principal objet de son étude. C'est dire que la métaphysique générale est son point culminant, car c'est à elle qu'il appartient de scruter la raison suprême des choses : *ens simpliciter et ea quæ sunt entis*.

Malgré l'universalité d'un tel objet, la métaphysique n'en constitue pas moins une science réelle et distincte. « Il est une science, dit Aristote, qui considère l'être comme tel et ses attributs essentiels. Elle

---

(1) S. Thom., *In Boet.*, q. V, art. 1.

n'est identique à aucune de celles qui s'attachent à une partie de l'être, car aucune autre science n'a pour objet l'être universellement en tant qu'être. » (1) Bien qu'il soit le résultat de la plus haute abstraction, un tel objet est un aliment très substantiel de pensée et de science. L'abstraction, nous l'avons vu, isole et généralise une forme ou une propriété, mais ne la détruit pas. Au reste, qu'y a-t-il de plus intime en toutes choses, de plus profondément réel que l'être? Il informe et pénètre les plus légères différences, comme la totalité des choses. Nous le retrouvons dans l'atome comme dans la masse. Il est inclus dans tous les degrés de la réalité. Rien ne lui demeure étranger. Il n'ajoute rien aux diverses manifestations du réel, il contient les déterminations les plus spécifiques et il est contenu par elles. On peut l'en abstraire comme une formalité qui leur est commune d'une certaine manière, formalité dont elles sont les modes particuliers. Elle est si universelle qu'elle donne une certaine unité à toutes choses, qu'elle établit une certaine ressemblance entre tout ce qui existe ou peut exister.

Remarquons toutefois que l'abstraction de l'être, même des plus ultimes différences, n'est point parfaite. La compénétration des deux éléments est ici d'une telle nécessité que l'intelligence elle-même ne peut les séparer. Tout ce qu'elle peut faire, c'est de concevoir l'être, sans concevoir explicitement ses caractères distinctifs : *ratio entis non potest perfecte prescindi ab illis in quibus reperitur : imperfecte*

---

(1) *Métaphys.*, l. IV, c. I.

*tamen prescinditur quia secundum conceptum explicitum non intelliguntur differentiæ* (1). Mais il n'en demeure pas moins qu'une raison formelle correspond objectivement dans la réalité à l'abstraction métaphysique.

On aurait tort d'en conclure que l'objet de la métaphysique possède une extension indéfinie. Il est bien vrai que rien au monde ne lui est étranger, mais il n'est constitué formellement que par l'être comme tel. C'est uniquement sous ce rapport que la métaphysique considère toutes choses : *considerat de singulis entibus non secundum proprias rationes, sed secundum quod participant communem entis rationem* (2). Il suit de là qu'elle se dirige à la lumière des tout premiers principes, de ceux-là mêmes qui découlent immédiatement de l'idée de l'être et de ses attributs. C'est pourquoi elle regarde les principes communs comme ses principes particuliers. Elle est dans le même rapport, avec les plus hautes généralités qui constituent son objet, que les sciences particulières avec la matière déterminée qui est leur raison d'être : *Ita se habet ad ea quæ sunt communia omnibus sicut se habent aliæ scientiæ particulares ad ea quæ sunt propria* (3). En d'autres termes, les principes sur lesquels elle repose sont du même ordre que son objet. Celui-ci étant le résultat de la plus haute abstraction ne peut être étudié qu'à la lumière des vérités les plus communes, vérités qui expriment pré-

---
(1) ANT. REGINAL, *Tria principia*, pars. I, c. I.
(2) *In Boet. de Trinit*., art. 5.
(3) S. THOM., *Poster. analyt.*

cisément les lois les plus profondes et les plus essentielles de l'être comme tel. C'est ainsi qu'il y a correspondance parfaite dans la métaphysique entre l'objet et les moyens de démonstration.

Dans toutes ces questions, on l'aura sans doute remarqué, saint Thomas parle de l'être et de ses attributs : *ea quæ sunt entis*. Ces derniers mots demandent quelque explication. L'être est susceptible de plusieurs acceptions. Selon qu'on le considère comme excluant toute division ou qu'on le rapporte à l'intelligence et à la volonté, il est un, vrai, bien. Ce sont là des attributs universels de l'être dont l'étude appartient à la métaphysique. Ils ne constituent pas des propriétés prédicamentales, car ils se réciproquent avec l'être. Ils n'en sont, pour tout dire, que des notions plus explicites. Comme lui, ils s'affirment dans toutes les catégories. Cependant, il est des modes d'être qui fondent une division. Tout n'étant pas donné en acte, nous avons, par conséquent, acte et puissance. Les choses ne sont pas appelées des êtres, toutes au même titre. Tantôt l'être signifie une chose : *substance*; tantôt une affection ou détermination de cette chose : *accident*. Comme il y a différentes manières de modifier la substance, il y a plusieurs catégories d'accidents. Ainsi toutes les acceptions de l'être sont liées à la substance comme à un principe commun. Elles se rapportent toutes à une seule et même nature de l'être qui ne se manifeste pas en elles d'une façon égale, c'est-à-dire univoque. Il en est qui l'expriment avec plus de force et de netteté que d'autres. Et, de même que tous les modes de l'être se rattachent tous à la substance, de même toutes les sciences particulières relèvent de celle qui s'occupe de l'être et de ses attributs comme tel.

On se fera une idée plus complète encore de l'objet de cette science en distinguant avec saint Thomas deux sortes de premiers principes. Les uns jouent le rôle d'éléments intrinsèques des choses et n'ont pas d'existence propre en dehors d'elles : *non sunt naturæ completæ in seipsis* (1). Les autres sont indépendants des choses dont ils sont les principes : *sunt in seipsis res quædam* (2). Les premiers sont séparés de toute matière par abstraction, les seconds le sont par nature. Ce qui est donné ou conçu comme premier principe implique par le fait même un très haut degré d'abstraction de la matière : *principium essendi omnibus oportet esse maxime ens maxime actu* (3). Il appartient à la métaphysique de s'occuper de ces deux sortes de principes. C'est pourquoi, dans sa partie spéciale, elle étudie Dieu, raison suprême des choses, leur cause efficiente, exemplaire et finale. Ensuite elle étudie l'âme humaine, qui est, après Dieu, la cause la plus élevée des phénomènes de cet univers. Elle est douée de la capacité de comprendre, c'est-à-dire, en bonne doctrine scolastique, de la capacité de pouvoir être autre chose qu'elle-même. Connaître, c'est posséder, outre sa forme propre, celle d'un autre : *esse cognoscens est habere formam suam et alterius*. Or, pour recevoir d'autres formes en conservant la sienne,

---

(1) *In Boet. de Trinit.*, q. V, art. 5.
(2) *Ibid.*
(3) *Ibid.*

il est nécessaire d'être immatériel. Car la matière, étant le principe de la limitation et de l'individuation des formes, restreint l'être à lui-même. L'immatérialité est ainsi la condition de toute représentation intellectuelle active ou passive.

L'étude des principes de la conduite rentre aussi dans l'objet de la philosophie. Il est un ordre, dit saint Thomas, que l'homme constate, mais ne fait pas : c'est celui de la nature. Il en est un autre qu'il établit dans ses opérations intellectuelles : c'est l'œuvre de la logique; un troisième, enfin, qu'il établit dans ses opérations volontaires : c'est l'œuvre de la science morale qui a pour matière nos actes libres, et pour objet formel l'ordre qui leur convient. Mais pourquoi cet ordre s'impose-t-il ? Quel en est le fondement ? Dire qu'il existe *vi propria*, qu'il s'impose catégoriquement, ce n'est pas répondre. Cet ordre a une cause prochaine et une cause éloignée. La première se trouve dans notre nature même d'être raisonnable : notre esprit conçoit non seulement le vrai, mais encore le bien. Or, le bien de chaque chose, c'est d'être et d'agir conformément à sa nature : *virtus uniuscujusque rei consistit in hoc quod sit bene disposita secundum convenientiam suæ naturæ* (1). Ce qui est en conformité avec la raison, tel sera donc le vrai bien de l'homme (2). C'est en restant dans la ligne de sa nature qu'il atteindra sa fin, celle-ci n'étant que la nature pleinement réalisée.

Une condition fondamentale de la moralité de nos

---

(1) I-II, q. LXXI, art. 2.
(2) *Bonum hominis est secundum rationem esse*. Ibid.

actes, c'est donc leur conformité avec notre nature spécifique. Mais comment nos actes deviennent-ils *raisonnables?* Ils le deviennent quand il ne leur manque rien dans leur genre en vertu de ce principe d'une portée universelle : *in rebus unumquodque tantum habet de bono quantum de esse* (1). Or, cette intégralité d'être, dans notre cas, exige le concours de plusieurs éléments. Le premier de tous est l'objet. N'est-ce pas lui qui spécifie l'acte? Pour apprécier la valeur de ce dernier, il faut donc, avant tout, considérer l'objet et se demander quel rapport il soutient avec notre vraie nature, la raison. Ensuite, on ne perdra pas de vue qu'un être tire sa perfection non seulement de sa forme substantielle, mais encore de certaines qualités secondaires. C'est précisément ce qui a lieu pour nos actes. Ils ne reçoivent pas toute leur perfection de l'objet, il leur en vient une part considérable des circonstances. Enfin, il arrive qu'une chose dépend d'une autre. Il devient alors nécessaire, pour en déterminer exactement la nature, de l'envisager sous cet aspect : *per considerationem ad causam a qua dependet* (2). D'après ce principe, nous devons regarder comme un critérium de moralité la fin, même intentionnelle.

Cependant, ces considérations, si vraies et si justes qu'elles soient, ne constituent pas, à elles seules, une explication suffisante du caractère impératif et sacré de la loi morale. Pour cela, il est indispensable de

---

(1) 1-II, q. XVIII, art. 1.
(2) *Ibid.*, art. 4.

s'élever jusqu'à Dieu. Si la raison humaine est la mesure et la règle de nos actes, c'est qu'elle porte l'empreinte de la raison de Dieu : *impressio luminis divini in nobis* (1). Si elle dirige et gouverne toutes nos inclinations, toutes nos facultés, c'est qu'elle est l'associée de la Providence divine : *fit Providentiæ particeps sibi ipsi et aliis providens* (2). Si la loi s'impose avec tant de force, c'est qu'elle est un dérivé de la loi éternelle : *participatio legis æternæ* (3). Si elle détermine quelles fins nous devons poursuivre, c'est en les subordonnant toutes à la fin suprême qui est Dieu. En un mot, si elle s'impose à la conscience, c'est comme expression de la raison et de la volonté de Dieu. Notre nature, dans son fond, n'est pas autre chose. Aussi a-t-elle, dans l'ordre pratique, ses déterminations et ses intuitions premières qui sont le ressort, le nerf caché de toutes nos volitions : *omnis operatio rationis et voluntatis derivatur in nobis ab eo quod est secundum naturam* (4).

Nous retrouvons là un des caractères fondamentaux de la philosophie scolastique : celui, peut-être, qui en explique le mieux la pérennité et la transcendance. Nous voulons parler du soin qu'elle a toujours eu de suivre le *dictamen* de la nature, de chercher dans les manifestations initiales et spontanées de la raison et de la volonté un point d'appui et une orientation; de tenir compte de la remarque si juste et si heureuse-

---

(1) *Sum. theol.*, I-II, q. XCI, art. 2.
(2) *Sum. theol.*, I II, *ibid.*
(3) *Ibid.*
(4) *Ibid. ad secund.*

ment formulée de Plutarque : εἰσὶ δὲ αἱ μὲν ἀρχαὶ τῆς φύσηως· αἱ δέ προκοπαὶ, τῆς μαθήσεως (1). Il faut demander les principes à la nature, leur mise en œuvre à l'art et à la science. En procédant ainsi, les scolastiques ont renoncé à une certaine originalité dont la recherche a été la première erreur de tant d'autres philosophes; mais ils ont élevé, un monument solide et incomparable.

---

(1) Περι παιδων αγωγης.

# CHAPITRE II

# La scolastique et le modernisme

Il a été publié déjà un grand nombre d'études et de travaux sur le modernisme. Etant donné le but que nous poursuivons dans cet ouvrage, nous ne pouvons nous dispenser d'en parler à notre tour. Pour rester dans notre sujet et ne pas revenir sur des questions traitées, nous parlerons du modernisme dans ses rapports avec la scolastique. La matière est vaste. Aussi n'avons-nous pas l'intention de l'envisager sous ses multiples aspects. Nous nous bornerons à mettre en saillie l'antagonisme profond et irréductible qui existe entre les deux doctrines et les deux méthodes. Ce n'est donc pas précisément une réfutation en règle du modernisme que nous entreprenons ici.

Précisons tout d'abord le sens et la portée des termes que notre étude a pour but d'opposer l'un à l'autre.

Il n'est guère possible de rédiger une définition courte et adéquate du modernisme. Une donnée complexe ne peut se définir : *complexa non definiuntur* (1), nous dit saint Thomas. Le modernisme n'est pas un système dans le sens ordinaire du mot : c'est un ramassis de systèmes; c'est, selon le mot de Pie X lui-même, le résumé, le suc vénéneux de toutes les héré-

---

(1) *Poster. analyt.*, l. I, lect. II.

sics. S'il fallait, toutefois, en donner une certaine définition, on pourrait peut-être le faire sous cette forme : le modernisme est un ensemble de concessions doctrinales très graves, faites au détriment de la vérité catholique, à ce qu'on est convenu d'appeler la science et la critique modernes. On le trouve aussi à l'état de tempérament d'esprit. Sous ce rapport, on peut dire qu'il est une tendance à diminuer le plus possible le surnaturel ou le merveilleux contenu dans la Bible et l'histoire de l'Église, et à tenir pour nulles ou d'une valeur toujours contestable les explications des mystères de la foi qui constituent, au sens strict du mot, la science théologique. Telle est l'idée générale qu'on peut se faire du modernisme.

Quant à la scolastique dont nous voulons parler, il est inutile de dire qu'elle n'est autre, pour le fond et pour la forme, que celle de saint Thomas. Nous ne faisons en cela que suivre l'exemple et les recommandations de l'Église : « Quand nous prescrivons la philosophie scolastique, ce que nous entendons surtout par là — ceci est capital, — c'est la philosophie que nous a léguée le Docteur angélique. » Une telle déclaration, dans un document aussi grave que l'Encyclique *Pascendi*, se passe de tout commentaire. Elle constitue elle-même un commentaire singulièrement précis et autorisé à tant d'actes du Saint-Siège qui célèbrent ou exigent l'enseignement de la scolastique. Cependant, pour vaincre d'infatigables résistances qui sont le fait de certains esprits bien plus préoccupés de trouver des limites et des restrictions dans les *Lettres* des Souverains Pontifes que de prendre résolument la direction qu'elles imposent, Pie X ne cesse de renouveler l'expression de sa pensée et de sa volonté relativement à la question qui nous occupe. Voici ce qu'il dit encore dans une lettre récente à l'archevêque de Caracas : *Admonemus ut in philosophiæ ac theologiæ doctrinis ducem et magistrum Thomam Aquinatem et habendum edicatis et sequendum curetis* (1). Les textes qui parlent dans le même sens sont aussi nombreux que formels. Ils sont clairs par eux-mêmes. De plus, ils ne contiennent aucune restriction. Aussi sont-ils nombreux ceux qui n'ont même pas l'idée de se poser la moindre question à leur sujet ou d'épiloguer sur leur portée. C'est là, pour eux, affaire de bon sens encore plus que de filiale soumission aux prescriptions de l'Eglise. Ils acceptent avec une totale simplicité ce qui se présente à eux sans ambiguïté aucune. Quant à ceux qui veulent, à toute force, recourir au raisonnement dans une matière si manifeste, ils ne sauraient aboutir à une conclusion différente. Un professeur conscient de son rôle et des directions pontificales raisonnera de la sorte : Ce ne sont pas mes petites constructions plus ou moins éclectiques que je dois à mes élèves, mais la doctrine de l'Eglise dans tous les sens du mot; par conséquent, et de toute nécessité, la doctrine qu'elle a prescrit maintes fois d'enseigner, la doctrine de saint Thomas : *quæ a sancto Thoma Aquinate est tradita*. Je me trouve en présence d'un acte d'autorité de l'Eglise, tout au moins de son autorité de gouvernement, en vertu de laquelle, les théologiens le

---

(1) *Acta ap. Sedis*, 15 janv. 1912.

reconnaissent, elle peut imposer l'enseignement d'une doctrine même à titre d'opinion, si les circonstances demandent qu'elle soit enseignée de préférence à toute autre. Mon premier devoir est de me soumettre à une telle autorité. Si, d'après le Docteur angélique, on doit toujours prendre pour règle et pour modèle le sentiment et la pratique de l'Eglise, que ne dois-je pas faire lorsqu'il s'agit de ses prescriptions formelles et souvent renouvelées ? (1)

Tel est, croyons-nous, le vrai point de vue de l'enseignement ecclésiastique. Si on l'avait moins oublié, cet enseignement n'aurait pas connu les ravages de l'individualisme. C'est parce qu'il est un guide sûr entre tous que l'Eglise veut que saint Thomas soit enseigné dans les Séminaires, dans les Universités et les Scolasticats : nous disons saint Thomas, et non un autre docteur de l'Ecole, si grand qu'il soit. Seule sa doctrine peut être considérée comme un remède efficace au modernisme. En effet, son opposition radicale au modernisme est manifeste à première vue. Personne n'a pu se faire illusion sur ce point. Les modernistes ont toujours proclamé cette opposition pour s'en faire un titre de gloire et de supériorité. Plusieurs d'entre eux n'ont même vu dans leur condamnation qu'une réaction moyenâgeuse et dans l'Encyclique *Pascendi* qu'une vengeance de la vieille scolastique contre la science contemporaine. Mais si l'antagonisme dont nous parlons est, d'une manière générale, assez

---

(1) Nous donnons, en appendice, les vingt-quatre thèses contenant les principes et les assertions maîtresses de la philosophie de saint Thomas, et proposées comme telles par la S. Congrég. des Etudes.

évident au premier abord, il n'est cependant pas inutile d'en dégager nettement et d'en étudier les éléments principaux. C'est ce que nous nous proposons de faire.

Pour nous, la scolastique s'oppose au modernisme en tant que : 1° *rationnelle* ; 2° *objective* ; 3° *traditionnelle;* 4° *didactique.* Nous examinerons successivement chacun de ces points en particulier.

## Rationnelle

Elle est, en premier lieu, rationnelle. Qu'est-ce à dire, sinon qu'elle fait une grand part à la raison et au raisonnement? C'est son caractère propre. Pour ce qui est de la philosophie, nous n'avons pas à le prouver longuement. Un simple coup d'œil jeté sur les ouvrages philosophiques de l'École suffira pour nous en convaincre. Cette philosophie est, avant tout, rationnelle. Et il faut voir par là non seulement sa marque distinctive, mais encore sa force et sa gloire. C'est pourquoi l'Église, gardienne vigilante de l'intégrité et de la santé de la raison humaine, comme des vérités de la foi surnaturelle, n'a cessé de recommander cette philosophie. « Par-dessus tout, écrivait Léon XIII aux évêques de France, il importe que, durant deux ans au moins, les élèves de nos grands Séminaires étudient avec un soin assidu la philosophie rationnelle, laquelle, disait un savant bénédictin, l'honneur de son Ordre et de la France, D. Mabillon, leur sera d'un si grand secours, non seulement pour leur apprendre à bien raisonner et à porter de justes jugements, mais encore pour les mettre à même de défendre la foi orthodoxe contre les arguments captieux et souvent sophistiques des adversaires. » (1)

Pour ce qui est maintenant de la théologie comme science, la scolastique peut être encore appelée rationnelle dans une large mesure. Elle ne se borne pas à la seule recherche positive des vérités de la foi; elle *traite*, si l'on peut ainsi parler, ces mêmes vérités par le raisonnement.

« La théologie, dit encore Léon XIII, ne se borne pas à proposer les vérités à croire elle en scrute le fond intime, elle en montre les rapports avec la raison humaine, et, à l'aide des ressources que lui fournit la vraie philosophie, elle les explique, les développe et les adapte exactement à tous les besoins de la défense et de la propagation de la foi. A l'instar de Béséléel, à qui le Seigneur avait donné son esprit de sagesse, d'intelligence et de science, en lui confiant la mission de bâtir son temple, le théologien taille les pierres précieuses des dogmes divins, les assortit avec art, et, par l'encadrement dans lequel il les place, en fait ressortir l'éclat, le charme et la beauté. C'est donc avec raison que Sixte-Quint appelle cette théologie (et il parle spécialement de la théologie scolastique) un don du ciel, et demande qu'elle soit maintenue dans les écoles et cultivée avec grande ardeur comme étant ce qu'il y a de plus fructueux pour l'Eglise. Est-il besoin d'ajouter que le livre par excellence où les élèves pourront étudier avec plus de profit la théologie scolastique

---

(1) Lettre du 8 sept. 1899.

est la *Somme théologique* de saint Thomas d'Aquin? Nous voulons dire que les professeurs aient soin d'en expliquer à tous les élèves la méthode ainsi que les principaux articles relatifs à la foi catholique. » (1)

Ces paroles nous donnent la vraie notion de la théologie comme science. Elles nous montrent que l'étude du dogme quant à sa seule existence serait, en un certain sens, la négation de la science théologique. Cette science regarde les vérités de foi comme ses principes. Son œuvre spécifique consiste à tirer de ces principes d'autres vérités : *ex eis procedit ad aliquid ostendendum*, nous dit saint Thomas. Telle est donc l'idée que nous devons nous faire de la théologie : il lui appartient d'argumenter, de tirer des conclusions : *ex articulis fidei ad alia argumentatur* (2). C'est pourquoi elle fait appel à la raison et au raisonnement. Sous ce rapport elle est rationnelle.

Le modernisme est parti d'une tout autre conception de la philosophie et de la théologie. Pour lui, la question des croyances scientifiques ou religieuses est, avant tout, une question historique. Aussi a-t-il étendu et appliqué à toutes les sciences la méthode historique. Il n'a fait que suivre dans cette voie les préceptes et les exemples de Renan : « Le trait caractéristique du XIXe siècle, disait ce dernier, est d'avoir substitué la méthode historique à la méthode dogmatique dans toutes les études relatives à l'esprit humain..... La critique littéraire n'est plus que l'exposé des formes diverses de la beauté, c'est-à-dire des manières dont les

---

(1) Lettre du 8 sept. 1899.
(2) *Sum. theol.*, I, q. 1, art. 8.

différentes familles ou les différents âges de l'humanité ont résolu le problème esthétique. La philosophie n'est que le tableau des solutions proposées pour résoudre le problème philosophique. La théologie ne doit plus être que l'histoire des efforts spontanés tentés pour résoudre le problème du divin. La psychologie n'envisage que l'individu, et elle l'envisage d'une manière abstraite, absolue, comme un sujet permanent et toujours identique à lui-même : aux yeux de la critique, la conscience se fait dans l'humanité, comme dans l'individu; elle a son histoire. » (1)

On ne peut douter, en lisant ces lignes, qu'elles ne soient comme le *vade-mecum* des modernistes. Le plus tristement célèbre d'entre eux n'a jamais eu une autre conception des sciences philosophiques et théologiques. Consciemment ou non, il s'est inspiré directement des paroles ques nous venons de citer. Il en a fait comme le principe directeur, le nerf de sa pensée et de ses travaux. C'est pourquoi, même en présence des condamnations les plus formelles de l'Église, il en appelait encore si malheureusement à sa conscience d'historien. Tous ceux qui se sont plus ou moins laissé entraîner par le courant moderniste ont exagéré le rôle de l'historien et substitué, dans une large mesure, la conception du relatif à la conception de l'absolu, le mouvement à l'immobilité, la catégorie du devenir à la catégorie de l'être, comme dit Renan. Ont-ils assez parlé de la vérité sans âge ni topographie des scolastiques; de la rupture de ces derniers avec le fini, le

---

(1) AVERRHOËS, Préface.

réel, le contingent de l'histoire? Leurs tirades à cet égard sont assez connues. Nous ne les rapporterons pas ici, ne voulant pas multiplier outre mesure les citations.

Sans entreprendre de réfuter leur point de vue, qui est le résultat et le principe de graves erreurs, nous ferons cependant quelques remarques. On se fait donc un système de tout demander à la méthode historique; or, cette méthode est radicalement impuissante à tout donner. Il y a des vérités qu'elle suppose et d'autres qu'elle ne peut atteindre. Comment pourrait-il en être autrement, puisque la raison reste juge des faits eux-mêmes? Ces faits ne déterminent pas toujours les idées de l'esprit. C'est l'esprit, au contraire, qui érige le plus souvent ces faits en signe d'une idée. C'est lui, en tout cas, qui en apprécie la portée, la valeur, la signification ; c'est lui qui les systématise et les fait entrer dans des combinaisons diverses. Des principes et parfois une philosophie entière se trouvent engagés dans les jugements, comme, du reste, dans toutes les démarches de l'esprit. Personne n'a rendu un témoignage plus éclatant à ces vérités que les modernistes eux-mêmes. Nous voyons que leur critique même la plus historique implique toujours des systèmes de philosophie fondamentale et spéculative. Ils font ainsi renaître la vérité abstraite, après l'avoir proscrite en principe. Il ne leur reste plus alors qu'à ne voir dans cette vérité qu'une notion indispensable pour la bonne discipline de l'esprit. Mais cela même est un système dont la discussion n'appartient pas précisément à l'histoire.

Il est si vrai que l'histoire ne saurait être regardée comme la source ou la mesure unique de nos croyances philosophiques et religieuses, que les partisans les plus exclusifs de la méthode historique sont parfois contraints d'en faire l'aveu. Ainsi, Renan dira: « L'histoire seule (j'entends l'histoire éclairée par une saine philosophie) a le droit d'aborder ces difficiles problèmes. » (1) Loisy lui-même n'a-t-il pas écrit : « Si le problème christologique se pose maintenant de nouveau, c'est beaucoup moins parce que l'histoire en est mieux connue que par suite du renouvellement intégral qui s'est produit et qui se continue dans la philosophie moderne. » (2) Qu'est-ce à dire, sinon que le fond des choses échappe complètement à l'histoire et qu'elle ne saurait en parler dignement sans faire appel à la philosophie et même à la métaphysique?

Qu'on le veuille ou non, la philosophie rationnelle est indispensable. Sans elle, on ne sera guidé, dans l'interprétation des faits, que par la fantaisie individuelle ou par quelque système adopté sans étude ni discussion, adopté inconsciemment et d'instinct, comme cela paraît être le cas d'un certain nombre de modernistes; à tel point qu'ils se récrient bruyamment quand on leur montre les véritables origines de leur pensée. En un mot, sans formation rationnelle, on est bien exposé à ne voir dans les faits que ce qu'on y voudra voir. C'est donc entrer dans une bien mauvaise voie que de généraliser la méthode historique et

---

(1) *Histoire générale des langues sémitiques*, p. 505.
(2) *Autour d'un petit livre*, p. 128.

que de vouloir se borner en toute matière à des recherches purement positives. Encore une fois, la raison reste juge des faits eux-mêmes. C'est elle, l'instrument de la science qu'il faut exercer et perfectionner avant tout : c'est à elle de prononcer en dernier ressort. Le pouvoir d'explication de l'histoire est très limité.

On comprend dès lors pourquoi l'Eglise veut maintenir la scolastique à la base de l'édifice intellectuel, dans les études du clergé. En agissant ainsi, elle ne condamne pas les recherches positives, comme quelques-uns l'en ont accusée. Au contraire, elle prend en main leurs véritables intérêts. « Mettez au premier rang, écrit Pie X, les principes de la sagesse traditionnelle : *hoc primum*. Mais ensuite, qu'on tienne compte des progrès de l'érudition, et qu'on ne néglige aucunement toute vérité découverte par la sagacité des modernes. » Bien plus, le même Pape n'hésite pas à louer « ceux qui, pleinement respectueux de la tradition des saints Pères, du magistère ecclésiastique, mesurés dans leurs jugements et se guidant sur les normes catholiques (ce qui ne se voit pas chez tous), ont pris à tâche de faire plus de lumière dans la théologie positive en y projetant celle de l'histoire, de la vraie » (1). En résumé, le procédé scolastique doit garder le premier rang : *hoc primum*. L'Eglise ne permettra pas qu'on intervertisse l'ordre des valeurs dans ces graves questions. Elle ne le permettra même pas aux Universités catholiques où se donne un enseignement supérieur. Qu'on se rappelle la lettre du car-

---

(1) Encyclique *Pascendi*.

dinal Satolli déplorant « l'habitude, devenue presque universelle, de donner trop d'importance, dans le développement des thèses pour le doctorat, à des discussions d'histoire et de critique sur des points très minutieux et singuliers, tout en laissant de côté les questions les plus amples et les plus universelles de théologie dogmatique et de philosophie rationnelle » (1). Non, la théologie comme science ne peut se concevoir sans la scolastique. Les modernistes ne l'ont pas compris. Aussi leur théologie s'est-elle réduite à n'être qu'une simple histoire des dogmes avec beaucoup d'erreurs.

## Objective

Ce serait une erreur de croire que les modernistes, parce qu'ils se réclament sans cesse de la méthode historique et parlent constamment de leur soumission aux faits, sont d'un objectivisme rigoureux en toutes choses. Il n'en est absolument rien : le caractère propre de leurs travaux et de toute leur philosophie, c'est le subjectivisme. On a pu dire avec raison que le modernisme n'est rien autre que l'application, au domaine de l'exégèse et de la dogmatique, des théories subjectivistes ou agnostiques de Kant et de Spencer. Ces théories, dans leurs grandes lignes, sont assez connues. Nous n'en retiendrons ici que les traits qui peuvent illustrer notre thèse.

On ne peut nier que le subjectivisme ne soit la

---

(1) 16 sept. 1906.

marque distinctive de la philosophie de Kant. Un auteur contemporain a pu dire sans la moindre exagération : « Le nom qui exprime le mieux l'essence même de la philosophie kantienne est celui de subjectivisme. Par cela seul qu'elle était dogmatique et croyait que les représentations fondamentales sont données à l'esprit, la philosophie antérieure à Kant était objectiviste. Tirant du sujet lui-même, comme les produits de leur principe producteur, ces mêmes représentations, la philosophie kantienne est subjectiviste. Si l'on admet qu'en dehors des représentations, il y a des choses ou que les choses sont immédiatement appréhendées dans ce que nous nommons des représentations, l'objectivisme fait tourner l'esprit autour des choses. Le subjectivisme inversement fait tourner les choses autour de l'esprit. Ce sont là les formules mêmes dont Kant s'est servi. » (1)

Pour Kant, l'objet de la connaissance n'existe pas au sens vulgaire du mot. Il est fourni par le sujet lui-même. Leibnitz avait dit : « Tout vient de la sensation, si ce n'est la pensée elle-même : *nisi ipse intellectus.* » Kant, comme le remarque Mme de Staël, s'est emparé de cette restriction, et il l'a enseigné à sa manière (2). Dans cette pensée innée à elle-même, il a vu des formes *a priori* ou conditions inhérentes à l'exercice de toute pensée. Rien ne devient *objet* qu'en revêtant ces formes, c'est-à-dire en se soumettant aux lois fondamentales et, en quelque sorte, organiques de la con-

---

(1) E. BOURLIER, *Kant.*
(2) Mme DE STAËL, *De l'Allemagne,* c. VI.

naissance. L'objet, on le voit, est donné dans le sujet. Les formes *a priori* dont il s'agit ne sont pas de véritables connaissances. Vides par elles-mêmes, elles ne nous disent rien de la réalité des choses. Ne se manifestant que dans l'expérience, elles se rapportent aux seuls phénomènes, jamais aux choses en général. C'est pourquoi elles ne peuvent être employées transcendantalement, mais seulement d'une manière empirique. Leur objet n'est saisi comme possible que dépendamment des conditions de la sensibilité ou de la forme des phénomènes. Sans ces conditions, il est insaisissable et, partant, sans aucune valeur objective. En d'autres termes, les principes *a priori* qui constituent l'entendement pur ne reçoivent leur objet et leur signification que par l'intuition empirique. Or, l'espace et le temps sont les conditions purement subjectives de cette intuition. Il suit de là, dans la doctrine de Kant, que tous les objets en relation avec l'espace et le temps ne sont que de simples phénomènes, de purs représentations de notre sensibilité. On aboutit de la sorte, qu'on le veuille ou non, à une expérience purement phénoménale. Ce n'est plus d'objectivité vraie qu'il s'agit, mais de phénomène ou d'apparence d'objectivité. Nous connaissons ce qui paraît, non ce qui est. Nous connaissons l'être que les choses reçoivent de notre esprit, de ses formes et de ses lois constitutives, et non l'être que les choses possèdent en elles-mêmes. Tel est l'aboutissement logique du système de Kant.

On comprend tout de suite qu'une telle philosophie a inspiré et dirigé la critique et la doctrine modernistes. On pourrait le montrer par de nombreuses citations. Contentons-nous de rappeler quelques-unes des applications qu'ils en ont faites dans le domaine de la foi et de la révélation. Prenons une formule dogmatique quelconque : celle, par exemple, qui définit la consubstantialité du Père et du Fils ou, si vous préférez, la transsubstantiation. Voyez ce que ces formules deviennent, si on leur applique les principes de Kant. D'après ce philosophe, la substance n'est qu'une loi de notre entendement, loi d'après laquelle nous lions les phénomènes et les réduisons à l'unité. Elle est bien plutôt l'attribut que le fond de l'être. Pour tout dire, en un mot, elle est une forme *a priori* à qui rien ne correspond dans la chose en soi. Il suit de là que les termes de consubstantiel et de transsubstantiation n'expriment pas une réalité objective, c'est-à-dire l'unité du Père et du Fils, ni le mode de réalisation de la présence eucharistique. Ils n'ont qu'une valeur relative et hypothétique; autrement dit, ils ne sont vrais que par rapport à notre concept de substance ou dans l'hypothèse où l'on distingue entre la substance et l'accident. Supposez un autre concept de la substance, ou une autre théorie de la substance et de l'accident, les formules n'auront plus la même portée. Leur valeur n'est donc que relative et temporaire : et, en définitive, leur utilité est médiocre.

Qu'on applique maintenant ces mêmes principes à l'autorité des Évangiles, les conséquences n'en seront pas moins désastreuses pour l'orthodoxie. Cette autorité sera non seulement mise en question, mais encore ruinée par la base. Les modernistes n'ont cessé de nous dire plus ou moins ouvertement : « Les écrits apostoliques contiennent sans doute la vérité chrétienne, mais telle qu'elle était comprise au temps de leurs auteurs. » Dans ces conditions, pourquoi ne pas l'avouer, ils nous renseignent beaucoup moins sur la personne et la doctrine de Jésus-Christ que sur l'opinion qu'on avait de cette personne et de cette doctrine à leur époque. On peut même ajouter qu'ils traduisent les faits et les enseignements surtout d'après le souvenir que leurs auteurs en avaient gardé et d'après l'idéal qu'ils s'étaient formé de la mission et du rôle du Sauveur. Il appartient donc à la critique de rechercher les éléments vraiment historiques de leurs récits, au milieu de leurs impressions personnelles et des apports provenant de la rédaction et de l'influence du milieu. — On sait quels ont été les résultats de l'application de ces principes : ils n'ont pas toujours été exempts même d'arbitraire et de fantaisie. Il ne pouvait en être autrement, puisque la critique n'avait pour guide, dans une œuvre délicate entre toutes, que les données d'une philosophie toute subjective.

Combien d'autres exemples on pourrait apporter de l'utilisation que les modernistes ont faite du subjectivisme kantien! Mais ce que nous venons de dire est suffisant pour le but que nous poursuivons ici. Du reste, le passage suivant de l'Encyclique *Pascendi* résume bien tout ce qu'on peut dire dans cet ordre d'idées : « L'objet étant produit de l'intelligence, nous n'avons donc, dit-elle en se plaçant dans l'hypothèse moderniste, ni la faculté ni le droit de franchir les limites des phénomènes; nous sommes donc incapables de nous élever jusqu'à Dieu, non pas même pour en connaître, par le moyen des créatures, l'existence. D'où le modernisme infère deux choses; que Dieu n'est point objet direct de science, que Dieu n'est point un personnage historique. Qu'advient-il après cela de la théologie naturelle, des motifs de la révélation extérieure ? Il est aisé de le comprendre. Il les supprime purement et simplement et les renvoie à l'intellectualisme, système, dit-il, qui fait sourire de pitié, et dès longtemps périmé. On sait quelle application la critique moderniste a faite de cette doctrine à la personne de Jésus-Christ, aux mystères de sa vie et de sa mort, de sa résurrection et de son ascension glorieuse. »

Sans même parler des autres sources du modernisme, comme les doctrines agnostiques ou évolutionnistes de H. Spencer, on peut maintenant voir que le subjectivisme en est le principal caractère. Et c'est par là qu'il se heurte violemment à la scolastique.

Kant part du sujet et aboutit à la philosophie du phénomène. Saint Thomas part de l'objet et aboutit à la philosophie de l'être. Pour ce dernier, l'intelligence est essentiellement relative à l'être. Elle atteint dans son premier acte : *ens est prima conceptio intellectus* (1). Elle l'atteint même avant de se connaître elle-même. Car c'est à l'être indépendant de toute détermination spécifique ou générique, à l'être au-dessus de toute matière, qu'elle se rapporte essentiellement, et non à tel ou tel être particulier, serait-ce

---

(1) *Poster. analyt.*, l. I, lect. V.

notre moi. Au fond, l'intelligence se trouve dans le même rapport avec l'être que la volonté avec le *bien*. Celle-ci ne se porte vers un bien particulier qu'en vertu de sa détermination naturelle au bien en général. De même, c'est uniquement parce qu'ils communient à l'être son objet propre, que notre intelligence saisit et comprend les objets particuliers. Il suit de là que toutes nos connaissances dépendent de l'adhésion première de notre esprit à son objet naturel. C'est dans cette notion fondamentale qu'elles trouvent toutes leur condition, leur mesure et leur critérium suprême. En d'autres termes, le point de départ de la science, c'est l'être, et le premier principe qu'il implique, le principe d'identité.

Tout cela nous mène loin du subjectivisme. Il ne s'agit plus ici de formes *a priori* ou de conditions subjectives appliquées aux phénomènes. Non, dans la doctrine de saint Thomas, les causes génératrices de la connaissance sont tout autres. Nous trouvons tout d'abord la faculté de comprendre : c'est l'élément subjectif. Cette faculté ne possède primitivement aucune forme, aucune détermination positive. Tout lui vient des sens par l'abstraction, même l'idée d'être. Elle n'est que la simple cause efficiente de la connaissance : elle n'en fournit nullement la matière de son propre fonds. Comme nature particulière, elle n'a d'autres lois que les lois de l'être lui-même. Ainsi, contrairement aux données de la théorie kantienne, les lois de l'objet sont, ici, les lois du sujet. L'être, avec les principes ontologiques qui en découlent immédiatement, domine tout : il est la règle, la garantie, la loi de notre science. Seulement, comme on est convenu de donner le nom de lumière à tout ce qui rend un objet visible dans n'importe quel ordre de connaissance, on peut regarder l'intelligence comme une lumière subjective, *lumen subjectivum quo*, comme disent les scolastiques. Mais il ne faut voir là qu'une puissance de représentation active, qu'une capacité de comprendre. Cette capacité exige assurément des conditions spéciales, puisqu'elle n'appartient qu'à un certain nombre d'êtres. Mais ces conditions n'ont rien des formes *a priori* de Kant. Celles-ci, purement logiques et subjectives, entrent dans la constitution de l'objet lui-même. Celles-là désignent simplement les caractères des natures douées d'activité intellectuelle. Ces caractères ne s'opposent pas à l'objet propre et formel de l'intelligence. Ils rentrent, au contraire, dans son domaine et dans sa loi, comme degrés et modes d'être particuliers; ainsi, il n'est pas vrai de dire dans le sens kantien : nous ne pouvons rien concevoir autrement que les lois constitutives de notre esprit ne nous le représentent. Mais il est vrai de dire dans le sens scolastique : nous ne pouvons rien concevoir, pas même le sujet, autrement que l'être et les principes premiers qui en expriment la loi ne nous le représentent.

Si l'esprit est une lumière, l'intelligible en est une autre : *ipsum intelligibile vocatur lumen vel lux* (1). Il est la lumière objective dans l'ordre de la connaissance : *lumen objectivum quod*. C'est ce que le subjectivisme n'a jamais compris. Il établit une théorie des

---

(1) *Sum. theol.*, I, q. XII, art. 4.

principes de l'esprit d'où il tire les principes des choses. Nous tirons, nous, les principes des choses, sans en excepter l'esprit, de l'objet propre et naturel de l'intelligence, qui est l'être pris transcendantalement. C'est la vive et puissante lumière de cet objet et des principes dont il est le fondement immédiat qui illumine et féconde tout dans l'ordre intellectuel. C'est elle qui se répand sur les questions les plus spéciales et sur les conclusions les plus éloignées. Encore une fois, c'est la loi fondamentale de l'être sous la forme du principe d'identité, qui est le nerf caché de tous nos raisonnements et la notion législatrice de notre science. C'est à cette loi suprême que se rattachent finalement toutes nos connaissances ou tous nos jugements particuliers. Aussi ces connaissances ne sont-elles que des ampliations de l'être : *omnes aliæ conceptiones intellectus accipiuntur ex additione ad ens* (1), nous dit saint Thomas. Elles ne portent pas sur des différences proprement dites, car on ne saurait concevoir un élément étranger à l'être. Mais elles portent sur des degrés et modes d'être qui ne sont pas représentés dans l'idée générale, qui est absolument indéterminée. Le rapport entre cette idée et ses modifications étant très étroit, à tous points de vue, il en résulte qu'aucune donnée, si particulière qu'on la suppose, ne peut s'écarter de l'idée première. Bien plus, elle l'implique nécessairement et en subit toute la loi.

Ces notions, pour sommaires qu'elles soient, nous montrent le caractère *objectif* de la philosophie sco-

---

(1) *De Veritate*, q. 1, art. 1.

lastique. C'est ce qui ressort également de la théorie de la connaissance d'après cette même philosophie. Pour le subjectivisme pur, nous ne connaissons que notre pensée : tout autre objet est inconnaissable en lui-même. Si nous restons en relation avec le monde extérieur, c'est pour lui attribuer nos productions subjectives. Pour le scolastique, un objet extra-mental correspond à la pensée ; cet objet est aussi réel que la pensée elle-même. Il termine l'acte de la connaissance comme réalité connue. Inutile de faire remarquer qu'il ne la termine, c'est-à-dire qu'il n'est adéquat à la pensée, que dans la mesure où il est atteint ; nous n'épuisons pas toujours l'intelligibilité de l'objet ; nous n'en reproduisons le plus souvent qu'un côté. Mais ce côté que nous percevons des êtres est tel qu'il existe en eux. Nous ne connaissons, sans doute, que le monde présenté à notre esprit, mais nous le connaissons tel qu'il est en dehors de l'âme, et non précisément tel qu'il est dans le connaissant. La confusion qui se produit à ce sujet est une cause de très graves erreurs. L'idéalisme suppose toujours que l'objet est connu suivant la modalité subjective de celui qui connaît. A ce compte, nous n'atteignons qu'un élément mental, qu'un pur état d'esprit, et, dans ce cas, il est vrai de dire que nos idées n'ont pas plus de portée hors de nous que nos plaisirs et nos peines. Sans doute, il y a un élément intellectuel ou mental dans la connaissance, mais il a pour unique fonction de nous faire voir l'objet tel qu'il est en lui-même ; il n'est pas, lui, et ne peut pas être le terme connu directement. Il n'est perçu que par un acte réflexe.

Les scolastiques, dans toute cette question d'une capitale importance en philosophie, sont partis de l'opinion vulgaire d'après laquelle nous croyons atteindre les objets tels qu'ils sont en eux-mêmes : opinion qu'ils ont élevée, par l'analyse et le raisonnement, à l'état de système scientifique. On leur reproche ce point de départ. C'est un mauvais procédé pour certains philosophes que de prendre pied sur un fait admis par tout le monde. C'est pourtant ce que saint Thomas a toujours fait, et nous trouvons là le secret de la sûreté et de la solidité inébranlable de sa doctrine. L'objectivité absolue de nos connaissances est donc posée, en fait, au début même de toute recherche se rapportant à cette question. Il s'agit donc d'expliquer ce fait fondamental, et non de le négliger ou de le détruire. C'est la marche suivie par les scolastiques. L'objet connu, ont-ils dit, doit être de quelque manière dans le connaissant. Il doit y être par lui-même ou par quelque chose qui le représente. La présence réelle étant écartée, il reste la présence par similitude.

Voici, en deux mots, ce qu'il faut entendre par là. L'intelligible étant mis en lumière par l'intellect agent, l'esprit reçoit l'empreinte de l'objet. Cette empreinte ne peut être que la copie immatérielle, la reproduction intime de l'objet lui-même, en vertu de ce principe : *omnis agens agit simile sibi*. Mais l'esprit n'est pas un simple récipient : il s'assimile et conçoit activement l'objet qui l'a mis en branle. Cette conception qui s'enfante en lui ressemble forcément à l'objet : elle n'en est que la représentation, et c'est comme telle que nous la prenons naturellement.

La question du passage de la pensée interne à l'objet externe est alors facile à résoudre. Il n'est pas nécessaire d'en chercher la solution, avec Descartes, dans le critère suprême de la véracité divine, ou dans la révélation, avec Malebranche, ou encore dans l'harmonie préétablie, avec Leibniz. Cette solution se trouve dans la nature même et la fonction de l'idée, dans la relation qui existe entre elle et l'objet. Les éléments intellectuels de la connaissance n'ont pas d'autre rôle ni d'autre raison d'être que de nous conduire à l'objet, que de nous avertir de l'objectivité de notre pensée. Ils ne sont pas un obstacle à la perception de l'objet, ils en sont le moyen; mais, pour le bien comprendre, il est essentiel de ne jamais oublier qu'il suffit à la vérité objective de l'intellect de se conformer à l'objet quant à ce qu'il perçoit et qu'il n'est nullement requis de s'y conformer quant à la manière dont il le perçoit.

Nous n'ajouterons rien à ces considérations. C'est un volume qu'il faudrait, nous le savons, pour exposer et prouver comme il convient la magnifique théorie thomiste de la connaissance. Or, notre but présent n'est autre que de mettre en évidence l'antagonisme qui existe entre le modernisme et la scolastique sur quelques points fondamentaux de leurs méthodes et de leurs doctrines. Ce but, nous croyons l'avoir atteint relativement à la question de l'objectivité de nos connaissances.

Il nous reste à poursuivre la comparaison sur d'autres matières.

## Traditionnelle

Rationnelle et objective, la scolastique est encore, avons-nous dit, traditionnelle. Ce dernier caractère la place, autant que les deux autres, à l'extrême opposé du modernisme. De quelque manière, en effet, qu'on l'entende, la scolastique n'est pas née d'hier. Elle n'a rien de commun avec ces systèmes éphémères, avec ces constructions d'un jour dont l'histoire des doctrines conserve à peine le souvenir; elle ne saurait être comparée à ces idoles élevées par une génération pour être brisée par la génération suivante : « Assidûment cultivée, excellemment professée par deux des plus glorieux docteurs, l'angélique saint Thomas et le séraphique Bonaventure », elle s'est perpétuée jusqu'à nos jours dans l'enseignement ecclésiastique. Et, après tant de siècles, elle n'a rien perdu de sa valeur ni de son actualité. Au milieu de l'anarchie de la pensée contemporaine, sa méthode et ses principes apparaissent aux esprits les plus sensés comme le suprême refuge des intelligences désemparées, comme une école de régénération et de santé intellectuelles. Cependant, cette possession plusieurs fois séculaire n'est pas le seul rapport qui relie la scolastique à la tradition. Il y a autre chose encore.

Tout d'abord, la scolastique a posé en principe le respect de la tradition. Elle en a toujours reconnu et proclamé même la valeur purement humaine. Ce n'est pas elle qui a déclaré qu'il fallait se dépouiller du passé pour parvenir plus sûrement à la connaissance de la vérité. Au contraire, elle a constamment enseigné qu'on trouve dans ce passé un soutien indispensable, un conseiller très précieux, surtout lorsqu'il s'agit de réaliser quelques progrès et de faire de nouvelles acquisitions scientifiques. En cela, elle voyait plus juste et se montrait même plus positive qu'un grand nombre d'auteurs modernes. Non, la tradition n'est pas un obstacle au progrès : elle en est la condition nécessaire. Non, le passé n'est pas un lourd et inutile héritage, comme on l'a dit : il est le point d'appui qui nous permet de monter plus haut, le puissant ressort qui nous pousse plus avant. Le respect de la tradition s'allie fort bien avec l'amour du mouvement et de la recherche. Ces deux principes, loin de se combattre, se prêtent un mutuel appui. Que peut être le mouvement sans les lumières de la tradition? L'histoire des hérésies est là pour nous le dire. Les novateurs sont toujours tombés d'un côté, à l'exclusion de l'autre. C'est pourquoi, loin de faire avancer la science, ils l'ont fait reculer parfois de plusieurs siècles. Ceux-là seuls ont bien mérité du progrès qui ont su garder, avec le goût de la recherche, le sens de la tradition. Voyez saint Thomas! Le plus illustre de ses commentateurs, Cajetan, a pu dire de lui ces belles paroles : *Doctores sacros quia summe veneratus est ideo intellectum omnium quodammodo sortitus est* (1). Pour avoir profondément vénéré les saints docteurs qui l'ont précédé, il a hérité, en quelque sorte, de l'intelligence de tous. Voilà ce qui fait progresser la science.

---

(1) II-II, XLVIII, art. 4.

D'autre part, il n'y a pas de plus prochaine disposition à l'erreur que le mépris du passé, le dédain de l'antique sagesse. Il y a toujours à se méfier de ceux qui nous disent : « Tout est à renouveler dans la science ou dans l'art, nous sortons à peine de la barbarie. » Ceux-là sont non seulement des novateurs, mais encore des sceptiques. Saint Thomas, dont nous venons de citer l'exemple, formule, relativement à la question qui nous occupe, une règle très sûre que ni les théologiens ni les écrivains catholiques ne devraient jamais perdre de vue : *Ecclesiæ consuetudo*, dit-il, *semper est in omnibus æmulanda* (1). C'est dans l'oubli de cette recommandation qu'il faut chercher la cause de la plupart des erreurs commises par des auteurs croyants.

Enfin, la scolastique s'est toujours fait une juste idée de la nature et du rôle de la tradition comme source de foi. Pour elle, le point de départ et le fondement de cette tradition se place dans la transmission que les apôtres nous ont faite, sans aucune altération, des enseignements de leur divin Maître et des lumières reçues de l'Esprit-Saint depuis la Pentecôte. L'Eglise n'y ajoute rien comme révélation divine. C'est pourquoi toute doctrine nouvelle est suspecte d'altérer le dépôt divin de la foi : *semper viris sanctis suspecta fuit novitas* (2), dit saint Augustin. Et nous voyons que les Pères parlent toujours des hérétiques comme de novateurs. Leur sentiment en cette matière

---

(1) II-II, q. X, art. 12.
(2) *Adversus Crescentium*, III, 50.

a été fort heureusement exprimé par Tertullien en ces termes : *Illud verius quod prius*. Cependant, ce serait mal comprendre le rôle de l'Eglise que de la représenter, relativement aux vérités divines, comme un pur agent de transmission en quelque sorte matérielle.

Il lui appartient d'expliquer aux hommes les vérités que renferme le dépôt de la révélation, de bannir impitoyablement toute interprétation qui aurait pour effet d'en altérer la pureté, de diriger les hommes dans l'utilisation qu'ils font de la vérité révélée pour leur vie intellectuelle et morale. Telle a toujours été la tradition comme source de foi pour les théologiens de l'Ecole.

Les modernistes se sont fait une tout autre idée de la tradition, de sa valeur et de son rôle. En premier lieu, ils ont manqué de ce respect du passé que nous trouvons avec tant de sincérité dans les grands philosophes et théologiens scolastiques. La recherche de la nouveauté a été leur caractère dominant. Ils sont partis de cette idée que tout était à renouveler dans les sciences théologiques et philosophiques, et même dans l'Eglise. Ne les avons-nous pas entendus parler d'un catholicisme nouveau? « Je vois peu de chose, disait l'un d'eux, dans l'esprit général, dans les habitudes, dans la méthode des catholiques et même dans toute l'organisation ecclésiastique qui ne soit marqué du signe de la ruine. L'autel construit dans le style du xvii$^e$ siècle est destiné à aller rejoindre le trône. L'édifice tout entier est à rajeunir et à mettre en harmonie avec le goût et les besoins des générations qui viennent. » (1) Ces paroles traduisent l'état d'esprit de la plupart des modernistes. Il est inutile d'apporter d'autres citations. La tendance que nous signalons est assez connue. Le dédain du passé a été la cause première des aberrations modernistes.

Pour ce qui est de la tradition comme source de foi, ils en ont également dénaturé et perverti la notion. Qu'est-ce que la tradition pour les modernistes? se demande l'Encyclique *Pascendi*.

« C'est, dit-elle, la communication faite à d'autres de quelque expérience originale par l'organe de la prédication et le moyen de la formule intellectuelle; car à cette dernière, en sus de la vertu représentative, comme ils l'appellent, ils attribuent encore une vertu suggestive s'exerçant soit sur le croyant même, pour réveiller en lui le sentiment religieux assoupi, peut-être, ou encore pour lui faciliter de réitérer les expériences déjà faites, soit sur les non-croyants, pour engendrer en eux le sentiment religieux et les amener aux expériences qu'on leur désire. C'est ainsi que l'expérience religieuse va se propageant à travers les peuples, et non seulement parmi les contemporains par la prédication proprement dite, mais encore de génération en génération par l'écrit ou la transmission orale.

» Or, cette communication d'expériences a des fortunes diverses : tantôt elle prend racine et s'implante, tantôt elle languit et s'éteint. C'est à cette épreuve, du

---

(1) DABRY, cité par Mgr TURINAZ, *les Périls de la foi*, p. 62.

reste, que les modernistes, pour qui vie et vérité ne sont qu'un, jugent de la vérité des religions. Si une religion vit, c'est qu'elle est vraie. »

Il n'y a donc pas pour eux, à proprement parler, de transmission d'un dépôt doctrinal quelconque. Toutes leurs conceptions s'opposent à cette idée si catholique. Des interprétations successives, c'est tout ce qu'ils voient dans la tradition. Le rôle de l'Eglise se trouve de ce fait singulièrement réduit et dénaturé. Son intervention n'a jamais été que la cristallisation momentanée d'un état d'esprit qui n'engage nullement ceux qui viendront après. On voit quelle valeur et quelle portée on attribue de ce fait aux définitions dogmatiques. Elles ne sont plus rien autre que des cristallisations successives; leur relativité est complète. Elles ne sauraient lier ceux qui, par la suite, ont un état d'esprit différent. Il pourra se rencontrer que des esprits puissants et hardis dépassent de beaucoup le niveau intellectuel de leurs contemporains. La position de ces hommes sera particulièrement délicate. Cependant, ils n'ont pas à se troubler, même dans le cas où l'Eglise de leur temps les frapperait. Ils peuvent toujours espérer qu'à l'étape suivante l'Eglise sera avec eux.

Inutile d'insister. Il est évident que de telles fantaisies ne laissent rien subsister de la tradition telle que la saine théologie l'a toujours définie et expliquée. Il résulte de tout ce qui précède que si la scolastique est traditionnelle dans toutes les acceptions du mot, le modernisme ne l'est aucunement. L'opposition est ici irréductible.

## Didactique

Cette opposition se manifeste encore à un autre point de vue. La méthode d'exposition de l'Ecole, en tant que didactique, nous apparaît tout à fait contraire aux habitudes intellectuelles du modernisme. Nous avons montré que l'exposition scolastique constitue par elle-même une excellente discipline intellectuelle. Ils sont nombreux, de nos jours, ceux qui veulent cultiver les sciences ou philosopher sans se soumettre à une méthode sévère, sans vérifier ni affiner l'instrument du savoir par une étude approfondie de la logique, cette *propédeutique* universelle. En un mot, on trouve souvent la fantaisie là où devraient seuls agir les principes de la direction de l'esprit. « La pensée du philosophe, dit à ce propos Ollé-Laprune, n'est pas libre comme celle du poète et de l'artiste. Elle est assujettie aux mêmes lois que celles du savant, parce que c'est une pensée qui a pour fin, non de se mouvoir dans un monde imaginaire, mais de contempler et de conquérir le monde réel. » C'est ce que la scolastique n'a jamais oublié. On l'a vue toujours préoccupée de la valeur des termes, de la justesse des propositions, des procédés légitimes de l'argumentation. C'est même pour cela, comme le remarque Monsabré, qu'elle est devenue si antipathique aux esprits légers et superficiels de tous les temps : « Croyez-le bien, dit-il, on n'aime pas la scolastique, parce qu'on redoute sa franchise et ses impitoyables révélations. Elle a conservé et perfectionné l'art héraldique de l'intelligence qui reproche aux propositions le vice de leur union, aux conclusions l'illégitimité de leur naissance. Elle a conservé et perfectionné le scalpel qui nous fait voir sous la trompeuse harmonie des périodes, non la forte et pure substance de la vérité, mais le vide et la corruption du sophisme. Elle a conservé et perfectionné l'instrument de torture qui tourmente l'erreur et lui arrache de pénibles aveux. » (1) Ses grands docteurs ont toujours fait preuve de sérieux dans l'effort, de rigueur et de sévérité méthodique dans la recherche.

Un éminent historien de nos jours, dans une conférence à des jeunes gens, leur disait, avec beaucoup de sagesse et d'opportunité : « La vraie science consiste moins à savoir beaucoup qu'à hiérarchiser ses connaissances, c'est-à-dire à tenir fermement quelques idées fondamentales, puis à grouper autour de ces idées maîtresses les idées secondaires, autour des idées secondaires les idées moindres, jusqu'à ce que, de classement en classement, on néglige le reste comme un déchet inutile. C'est souvent, croyez-moi, une opération intellectuelle très saine que de s'alléger le cerveau et de déposer à terre le superflu de l'érudition. »

N'est-ce pas là ce que la méthode scolastique nous fait pratiquer? Qui, plus sûrement qu'elle, nous apprend à hiérarchiser nos connaissances et à considérer les détails dans l'ensemble? Nous voyons également qu'elle se propose avant tout de créer chez ses adeptes une sorte de diathèse intellectuelle, c'est-à-dire une disposition générale, un tempérament d'esprit en

---

(1) MONSABRÉ, *Avant, pendant, après la prédication*, p. 55.

vertu duquel on juge, on raisonne dans les cas particuliers. Nous n'insisterons pas. Nos lecteurs savent à quoi s'en tenir sur les avantages de l'exposition scolastique.

Il en est tout autrement de l'exposition moderniste. Cette exposition est bien souvent fuyante, vaporeuse, difficilement réductible à la lumière crue du syllogisme. Elle manque de précision, d'ordonnance sévère et méthodique. L'usage des définitions rigoureuses lui est inconnu. Les mots et les phrases s'y succèdent sans produire aucun apaisement de l'esprit. Qu'on se rappelle, par exemple, les vains efforts des modernistes pour réduire la révélation à quelque chose de purement subjectif. « La révélation, disaient-ils, appartient plutôt à la catégorie des impressions qu'à celle des expressions; elle n'est pas une affirmation, mais une expérience; elle n'est pas une instruction, mais une éducation. Elle est une poussée du sens religieux qui, à certains moments, affleure, pour ainsi dire, les profondeurs de la subconscience et où le croyant reconnaît une touche divine. » Et qui n'a éprouvé les plus grandes difficultés à comprendre le système de l'immanence, à comprendre comment les dogmes sont appelés ou postulés par un état d'âme, comment chacun de nos états et de nos actes enveloppe notre âme entière et la totalité de ses puissances? Aussi les défenseurs de telles idées avaient-ils souvent l'occasion de reprocher à leurs adversaires de les entendre inexactement. Nous pourrions apporter bien d'autres exemples de l'obscurité et de l'imprécision de l'exposition moderniste. Contentons-nous d'ajouter une simple remarque à ce que nous venons de dire. En général, les auteurs modernistes ne savent pas rattacher leurs idées ou leurs explications à des principes communs, à des notions universellement reçues. De là, pour eux, une cause de confusion et d'erreur.

Un antagonisme profond existe donc sur quelques points capitaux entre le modernisme et la scolastique. C'est ce que nous avons voulu mettre en lumière dans cette étude, dont le passage suivant de l'Encyclique *Pascendi* contient le résumé : « Trois choses, les modernistes le sentent bien, leur barrent la route : la philosophie scolastique, l'autorité des Pères et de la tradition, le magistère de l'Eglise. A ces trois choses ils font une guerre acharnée. Ignorance ou crainte, à vrai dire, l'une et l'autre, c'est un fait qu'avec l'amour des nouveautés va toujours de pair la haine de la méthode scolastique ; et il n'est pas d'indice plus sûr que le goût des doctrines modernistes commence à poindre dans un esprit que d'y voir naître le dégoût de cette méthode. Que les modernistes et leurs fauteurs se souviennent de la proposition condamnée par Pie IX : « La méthode et les principes qui ont servi aux anciens docteurs scolastiques, dans la culture de la théologie, ne répondent plus aux exigences de notre temps ni aux progrès des sciences. »

Dans ses récriminations contre le Décret *Lamentabili* et l'Encyclique *Pascendi*, Loisy prétend que « pour le Pape, celui-là est moderniste qui n'est pas scolastique ». Nous dirons, nous, et ce sera la conclusion de ce travail : est moderniste tout ce qui est *contre* la méthode et les principes scolastiques.

# CHAPITRE III

# Caractères différentiels de la pensée scolastique et de la pensée moderne

On peut relever de profondes différences entre la pensée scolastique et ce qu'on est convenu d'appeler la pensée moderne. Nous en avons déjà signalé un certain nombre en parlant de la matière et de la méthode en philosophie. Nous en soulignerons quelques autres dans ce chapitre. Inutile de faire remarquer qu'il ne peut s'agir ici que de certaines différences fondamentales et caractéristiques. On comprendra également que notre but présent est beaucoup moins de réfuter des doctrines que de les mettre en parallèle.

C'est à la question de l'origine et de la valeur de nos idées que se rattachent finalement toutes les oppositions et tous les désaccords qui existent entre les différents systèmes de philosophie. Aussi, nous bornerons-nous à rappeler quelles sont, sur ce point capital, les données et les tendances des scolastiques et des modernes. Nous parlons en général : nous ne prétendons pas que tous les écrivains de l'Ecole ou tous les philosophes modernes aient adopté et soutenu les opinions que nous allons rapporter.

Dans la doctrine de saint Thomas et d'Aristote, la *matière et la forme de la connaissance humaine sont données dans l'expérience.* Nous prenons ici le mot expérience en tant qu'il désigne un *élément* fourni à un titre quelconque par les sens. Quant à la *forme* en question, nous lui donnons un sens plutôt kantien d'après lequel elle signifie les lois, les rapports, les principes qui relient les phénomènes. La matière de la connaissance, disons-nous tout d'abord, est donnée dans l'expérience. Tout agent naturel présuppose une matière de son action : une matière qui n'est pas lui-même. L'esprit ne fait pas exception à cette loi. Il opère sur les objets extérieurs qui lui sont révélés par l'intermédiaire des sens. Les données de ces derniers ne constituent pas la science : elles n'en sont que la matière prochaine. En d'autres termes, la science est le résultat, le produit d'un travail intellectuel, d'une élaboration ou transformation des matériaux fournis par les sens. En quoi consiste ce travail? Quelle en est la portée? Question importante et délicate entre toutes. Les systèmes de philosophie les plus célèbres ne sont pas autre chose que les réponses qu'on y a faites. Tous ont plus ou moins directement pour but d'expliquer l'origine et la valeur de la *forme* de la connaissance.

Pour Kant et ses nombreux sectateurs, la forme de la connaissance est donnée *a priori :* elle attend toute préparée dans l'esprit le phénomène, c'est-à-dire une matière. Par elle-même elle n'est qu'une forme vide : elle ne dit rien, ne représente rien en dehors de l'intuition sensible. Aussi ne saurait-on en faire un usage transcendantal. Ainsi les lois et les notions générales sont les conditions subjectives sans lesquelles tout serait décousu et inintelligible dans les phénomènes; nous appliquons aux objets de notre étude des principes *a priori*. Ces principes ne sont pas seulement, comme on pourrait le croire, le commencement de la science : ils entrent comme facteurs primitifs et irréductibles dans la constitution même des objets de l'expérience. Des phénomènes donnés dans la sensibilité à l'état purement subjectifs, nous faisons des *objets* en les localisant dans le temps et dans l'espace, formes pures de l'esprit. On voit de la sorte tout ce que l'esprit introduit du sien dans la connaissance intellectuelle : on peut dire qu'elle tient de lui seul son caractère scientifique. Comment pourrait-il en être autrement puisque ce qui fait la réalité des objets empiriques est d'origine purement subjective? La position de l'empirisme est à l'extrême opposé. Voici en quoi il consiste. Remarquons tout d'abord qu'il ne suffit pas pour caractériser ce système de dire qu'il fait dériver la connaissance de l'expérience interne ou externe. Les scolastiques en général et saint Thomas en particulier peuvent dire exactement la même chose : et ils l'ont dite et répétée bien souvent. C'est par un autre trait que l'empirisme pur doit se définir. On dira, par exemple, que c'est un système qui ne reconnaît dans la connaissance aucun élément qui ne vienne de l'expérience. Bien que tout danger de confusion ne soit pas encore écarté par cette définition, on peut cependant l'admettre. Par ailleurs, il ne s'agit pas de savoir si les empiristes maintiennent toujours leur pensée dans le cadre de leur doctrine théorique, mais quelle est au juste cette doctrine? Ce sont là des questions différentes. Pour l'empirisme considéré dans son principe et dans les intentions de ses auteurs, la véritable science réside dans l'observation des faits eux-mêmes, en dehors de toute généralisation hypothétique ou systématique, et le vrai savant est celui qui s'occupe uniquement d'enregistrer les faits, de les amasser, de les décrire, de les collectionner. Si on objecte que l'œuvre de la science même réduite de la sorte applique en chacune de ses démarches des principes d'ordre rationnel, l'empirisme répond que ces principes eux-mêmes sont le résultat de l'expérience; car, ajoutent-ils, si immédiate que leur évidence nous paraisse, leur vérité ne s'étend pas au delà des cas observés, et l'adhésion qu'on leur donne repose, non pas sur la perception directe d'un rapport intrinsèque, d'une liaison nécessaire, mais sur le témoignage extérieur de l'expérience. Il n'y a donc pas des vérités de raison, nécessaires et universelles ; il n'y a que des affirmations de fait toujours contingentes. Ce dernier trait spécifie peut-être plus que tout autre le système empiriste. Nous ne dirons rien ici du cercle vicieux dans lequel il tourne ni des contradictions dont il vit. Nous retiendrons seulement sa donnée fondamentale qui revient à dire que les faits particuliers se suffisent à eux-mêmes pour se constituer en science.

Ainsi d'un côté, on nous dit que des principes *a*

*priori* préexistent dans notre esprit à l'expérience : principes qui ne sont rien autre que les conditions générales de toute représentation et de toute pensée des phénomènes. Leur rôle est d'ériger en *objet* la sensation subjective qui n'a aucune preuve de sa réalité. De l'autre, on prétend que dans tout jugement il y a expérience sans aucune addition ; que toute connaissance est en fonction des réalités concrètes et individuelles : et, pour tout dire en un mot, que raison et expérience sont un seul et même terme : saint Thomas et avec lui toute la grande tradition péripatéticienne et scolastique s'est tenu entre ces deux extrêmes. Pour lui l'observation, qu'elle porte sur un phénomène spontané ou provoqué, ne fournit que la matière de la connaissance intellectuelle. La sensation nous donne cette matière, autrement dit les faits particuliers. C'est la première assise au-dessus de laquelle s'élève l'édifice de la science. Rien ne préexiste, dans notre esprit, à notre première expérience. Celle-ci peut être justement regardée comme le point de départ de la connaissance humaine : c'est dans ce sens que saint Thomas nous dit : *sensibilia sunt prima principia cognitionis humanæ* (1). Et ils n'en sont pas seulement le principe : on peut même dire, dans un sens très vrai, qu'ils en sont la limite. Nous ne connaissons le spirituel que par rapport et analogie avec le monde sensible. Là où la comparaison n'est plus possible, la connaissance ne l'est pas davantage : *tantum se nostra naturalis cognitio extendere potest, in quantum manu-*

---

(1) S. Thom. *Sum. theol.*, q. CLXXIII, art. 3, II<sup>æ</sup>-II<sup>æ</sup>.

*duci potest per sensibilia* (1). Cette doctrine est d'une portée considérable : elle répand une vive lumière sur un grand nombre de questions même de théologie spéculative. Nous n'en retiendrons, pour le moment, que la donnée fondamentale, à savoir que les faits particuliers, les phénomènes naturels sont la matière de notre connaissance. Mais, hâtons-nous de le dire : s'ils en sont la matière, ils n'en sont pas la *cause totale*. Ils ne peuvent passer à l'ordre intellectuel et scientifique sans subir une transformation. Quel est l'agent de cette transformation? C'est l'esprit dont le rôle n'est pas purement passif dans la connaissance comme d'aucuns se l'imaginent. Il ne manque pas de savants et de philosophes modernes, en effet, pour considérer l'esprit comme un simple récipient. Toute intervention de sa part ne peut entraîner, d'après eux, qu'une déformation du réel. Comment, pensent-ils, la connaissance pourrait-elle être la copie exacte de ce dernier si elle est le produit d'un travail intellectuel? C'est là le tréfonds de l'obscur empirisme dans lequel ils prétendent s'enfermer, sans y parvenir du reste; car, ne serait-ce que par les critiques négatives qu'ils font de la philosophie rationnelle, et par les généralités qui abondent dans leurs ouvrages, ils s'infligent un démenti à eux-mêmes et se mettent en contradiction avec leur principe.

Mais comment comprendre et expliquer la part active qui revient à l'esprit dans la formation de la science ou de la simple connaissance intellectuelle?

---

(1) S. Thom, *Sum. theol.*, I, q. XII, art. 12.

En d'autres termes, d'où vient la forme de la connaissance? D'où viennent les principes et les lois suivant lesquels on compose et unit les phénomènes particuliers ? Vous n'admettez pas que l'esprit les tire de son propre fonds : d'autre part vous déclarez que l'ordre des réalités sensibles et individuelles est par lui-même complètement étranger à l'ordre intellectuel. Voici notre réponse : *la forme de notre connaissance n'est ni une forme a priori ni une donnée empirique primitive* : elle est tirée par abstraction de la matière, c'est-à-dire des faits particuliers. Ces faits sont saisis dans leur existence concrète et individuelle par les sens : l'esprit, lui, les atteint et les considère sous un aspect tout différent. C'est en vain que l'empirisme cherche à le réduire à un rôle purement passif. Tout nous le révèle comme étant au contraire éminemment actif. S'il prend pied sur la réalité sensible, c'est pour s'élever au-dessus d'elle; s'il part des faits particuliers, c'est pour les transformer en notions immatérielles par l'abstraction. Abstraire et généraliser, telle est son œuvre essentielle et spécifique : œuvre créatrice de l'ordre intellectuel et scientifique. C'est l'abstraction, et elle seule, qui rend raison de la forme de la connaissance humaine, de la distinction des sciences, du degré de certitude que comporte leur objet et leurs conclusions et d'un grand nombre d'autres questions capitales. En général, les savants et les philosophes modernes ne l'ont pas compris. Beaucoup d'entre eux ont admis comme une chose qui allait de soi que l'abstraction dévorait l'objet de la pensée. C'est pourquoi ils ont toujours cherché en dehors d'elle la forme de la connaissance. Ainsi s'explique l'impuissance philosophique où ils se débattent et l'anarchie profonde de la spéculation intellectuelle contemporaine. L'abstraction est pour l'esprit humain une condition *sine qua non* d'intelligibilité. La réalité individuelle et concrète n'est pas immédiatement intelligible. Comment le serait-elle? Le connu est dans le connaissant : toute connaissance intellectuelle se fait par l'assimilation immanente du sujet à l'objet connu. Il est assez évident que la réalité sensible individuelle ne peut s'unir immédiatement à l'esprit qui doit la connaître : elle ne le peut que par l'intermédiaire d'une *idée* d'une représentation active. D'où la nécessité de l'abstraction et son rôle primordial. C'est par elle que la donnée sensible s'intellectualise : c'est par elle que notre esprit s'imprègne de *formes* dégagées de leur mode d'être individuel et par là même universelles. Une notion vraiment intellectuelle ou scientifique n'exprime pas directement une chose individuelle et déterminée, mais les propriétés essentielles, la réalité intelligible et spécifique de cette chose. On comprend que ce produit de l'abstraction ne puisse avoir un caractère individuel.

Cette doctrine si naturelle et si simple au fond, renferme la solution de toutes difficultés relatives à la connaissance. Elle nous renseigne non seulement sur l'origine, mais encore sur la valeur de l'universel et de l'abstrait. Le *mode* abstrait n'entre pas dans la constitution de l'objet comme les formes *a priori* de Kant. Il ne saurait donc être une cause de subjectivité pour la connaissance comme tant d'auteurs modernes se l'imaginent. Entre l'universel et le particulier de la connaissance il n'existe pas une différence *d'être*, c'est-à-dire d'objet, de contenu, mais de *mode* d'être : *scire in universali et in particulari non diversificat scientiam nisi quantum ad modum sciendi: non autem quantum ad rem scitam* (1). C'est le même objet qui est en puissance et en acte : en passant de l'un à l'autre état, il ne change pas de *nature*. C'est pourquoi en passant du particulier au général par l'abstraction nous n'atteignons pas des réalités essentiellement différentes des réalités sensibles, nous n'atteignons rien autre de ce qui était intelligible en puissance avant de l'être en acte. Et pour nous servir d'une expression bien connue d'Aristote, nous possédons cela même que la chose était destinée à être : τὸ τί ἦν εἶναι. Ce qui fait illusion, ici, c'est le mode d'universalité que l'objet a dans l'esprit. Mais, qu'on le remarque bien : c'est l'objet lui-même, pris en soi, et non son mode abstrait qui est directement perçu et attribué aux choses mêmes où il existe à l'*état* de réalité concrète et individuelle.

Nous n'ajouterons rien à ces considérations, étant donné ce que nous avons déjà dit plus haut de la valeur de l'abstrait. Il nous reste seulement à envisager cette même question sous un aspect un peu différent : nous voulons dire relativement au sens et à la portée qu'il convient d'attribuer à une *proposition* universelle. Tous les philosophes ne l'interprètent pas de la même manière. Pour saint Thomas, l'universel désigne directement la nature abstraite et non les indi-

---

(1) S. THOM. *De Veritate*, q. XIV, art. 12.

vidus même collectivement pris. Ce qu'il exprime avant tout et formellement, c'est l'extrait commun, l'identité spécifique de plusieurs individus ou cas particuliers. Il ne rappelle ces derniers que d'une manière indirecte et secondaire, c'est-à-dire en tant qu'il peut être attribué à chacun d'eux et qu'il trouve en eux les matériaux d'où il a été tiré. On connaît de la sorte, dit saint Thomas, une forme qui n'existe en réalité que dans une matière individuelle, mais on ne la connaît pas précisément en tant qu'existant dans *telle* ou *telle* matière individuellement donnée : *cognoscere formam in materia quidem corporali individualiter existentem, non tamen prout est in tali materia* (1). Il y a entre ces deux connaissances toute la différence qui existe entre l'image sensible et l'idée proprement intellectuelle. On sait que les caractères de l'une contrastent totalement avec ceux de l'autre. La reproduction sensible est particulière, contingente, limitée à des points et à des instants déterminés. Quant à l'*idée*, elle est une, invariable, sans aucune relation nécessaire avec *telle* réalité correspondante déterminée. L'abstraction donne plus en extension que ne fournit l'expérience. Les données sensibles ne sont pas la seule et unique cause de la connaissance intellectuelle : *non potest dici quod sensibilis cognitio sit totalis et perfecta causa intellectualis cognitionis, sed magis quodam modo est materia causa* (2). En un mot, l'idée générale exprime la forme ou la nature de l'être dégagée des

---

(1) S. THOM. *Sum. theol.*, q. LXXXV, art. 1
(2) S. THOM. *Sum. theol.* 1. q. LXXXIV, art. 6.

phénomènes qui l'individualisent. Or, une telle *forme* est illimitée dans son genre : l'abstraction lui confère l'universalité et la perfection. On aura beau connaître tous les individus d'un même ordre, tous les faits particuliers d'une loi, on ne pourra se flatter de posséder l'universel : on n'aura pas l'unité d'une multiplicité, mais une multiplicité pure et simple, une sorte d'universel arithmétique qui ne nous fait pas sortir de l'expérience brute ni même de l'ordre sensible et individuel.

Cette conséquence n'effraye pas l'empirisme pur. Pour lui, l'universel n'est que la somme des éléments particuliers, le résumé et l'abrégé des données concrètes et individuelles de l'expérience. L'unité de concept lui fait totalement défaut. Ainsi, dans une proposition universelle, les propositions singulières ne sont pas contenues en puissance seulement, mais en acte, bien qu'elles ne soient perçues que d'une manière confuse. D'où il suit que dans la généralisation inductive nous ne ramenons pas le multiple à l'unité autrement qu'en parole et dans une sorte de signe algébrique : l'idée générale, exprimée par le nom n'est qu'un substitut d'images et de sensations matérielles. Par ailleurs, la loi induite étant le point de départ de la déduction, celle-ci n'est plus, dans la doctrine positiviste sensationiste, qu'une opération matérielle : elle n'est plus que « l'analyse des détails, des cas particuliers qu'on a entrevus, mais non vus réellement dans la proposition générale ». A vrai dire, elle ne constitue pas une inférence réelle, mais simplement une énumération plus explicite et plus complète des propositions particulières dont la proposition universelle n'est que la somme équivalente et dont elle ne se distingue pas réellement. Les conséquences de l'interprétation purement empirique de l'idée ou de la proposition générale sont aussi graves que nombreuses. Nous ne pouvons les exposer toutes : notre but dans ce chapitre, nous l'avons dit, est moins de réfuter des doctrines ou des systèmes que de les mettre en opposition. Nous ferons seulement remarquer que la ressemblance des cas ou des faits particuliers est le vrai fondement de la génération inductive. Or, la *ressemblance* implique une identité partielle. Il s'ensuit que la généralisation suggérée par les cas ou les faits *semblables* a son point de départ dans l'unité ou l'identité d'un caractère des objets particuliers. Dans ces conditions, le produit de la généralisation ne saurait être, à aucun prix, le simple total des réalités ou des propositions particulières. La similitude observée est une première réduction à l'unité du multiple : réduction qui se complète et s'achève par l'abstraction et la perception à part du caractère commun. On a ainsi l'universel vrai, l'*unum præter multa*, l'ἕν ἐπὶ ou κατὰ πολλῶν des scolastiques et d'Aristote. C'est la seule interprétation satisfaisante de l'idée générale. Expliquer cette idée par des éléments ou des formes *a priori*, ou par je ne sais quelle sommation de souvenirs, c'est, d'une part, creuser gratuitement un abîme entre le monde de la nature et celui des idées, et, d'autre part, se livrer à une pétition de principe en ramenant cette même idée à la réalité concrète et individuelle. Si chaque sensation considérée en elle-même est particulière et contingente, une somme de sensations, si grande qu'elle soit, présentera toujours le même caractère. La proposition universelle étant définie comme nous venons de le faire, il est facile d'en préciser le rôle dans la démonstration logique. Elle n'est pas, disons-nous, une collection d'éléments particuliers, l'unité d'objet et de concept lui appartient. Elle n'est *multiple* qu'en puissance. C'est seulement en raison de cette unité qu'elle peut s'appliquer à un nombre indéfini de réalités concrètes. Et ce n'est pas à ces réalités comme formant un groupe que nous attribuons le caractère général ou universel, mais bien à chacune d'elles. Le passage de l'universel au particulier n'a donc rien de tautologique : il en serait autrement si la conclusion ou la proposition particulière était contenue en acte et non en puissance dans le principe. D'où il suit que la déduction nous fait accomplir un progrès dans la connaissance : car la connaissance est déterminée par l'acte et non par la puissance : *unum quodque cognoscibile est secundum quod est in actu*. Nous ajouterons que ce n'est pas l'accord avec l'expérience directe qui nous fait adopter la conclusion; mais bien l'accord avec les prémisses. Nous voyons cette conclusion dans le moyen terme, c'est-à-dire dans sa cause. Sans doute, il pourra parfois n'exister qu'une priorité de nature et non de temps entre la connaissance du principe et de la *mineure;* mais nombreux sont les cas où cette dernière n'est pas manifestement comprise dans l'extension du principe ou de l'universel. Il devient alors nécessaire d'avoir recours à un autre moyen terme pour faire rentrer le cas particulier dans le principe. C'est ce qui se pratique couramment dans les démonstrations mathématiques où des problèmes et des théorèmes ont été ou sont conçus avant que l'on en trouve la preuve. Dans n'importe quelle matière, du reste, il nous arrive de nous trouver en présence d'une donnée particulière dont nous avons à rechercher le principe ou le moyen terme. Ordinairement, ceux qui accusent le syllogisme de n'être qu'une répétition inutile choisissent bien mal leurs exemples : l'homme est mortel, disent-ils ; or, Pierre est homme, etc. Et ils ne voient là qu'une simple redite. Il est bien certain que, dans ce cas, la mineure et même la conclusion sont connues *en même temps* que la proposition universelle. Il n'est pas nécessaire d'avoir recours à une vérité intermédiaire pour montrer que la mineure est comprise dans l'affirmation générale : la chose est évidente. C'est même ce qui arrive toutes les fois qu'il y a subsomption d'un terme *singulier :* car, nous dit saint Thomas, entre le singulier et l'universel correspondant il n'existe pas de moyen terme : *cum inter singularia et speciem nullum medium possit inveniri* (1). Cependant même alors le principe ou la majeure possède une priorité logique et de nature. Mais nombreux sont les cas où la relation d'un principe à une donnée particulière et vice versa n'est pas manifeste et où il est nécessaire pour l'établir d'une longue suite de raisonnements. Nous avons alors succession réelle et chronologique dans la connaissance. Soit la proposition suivante : *la*

---

(1) S. Thom. *Poster. analyt.*, lect. 11.

*somme des trois angles d'un triangle est égale à deux droits.* Cette proposition n'étant pas évidente par elle-même a besoin d'être démontrée, c'est-à-dire rattachée à un principe, un moyen terme qui rende raison du rapport qu'elle énonce entre un attribut et un sujet. Ce travail, quoi qu'en disent maints savants, est fécond et nous fait accomplir un réel progrès dans la connaissance. Si certains auteurs pouvaient voir autre chose que l'exemple cité plus haut, ils comprendraient mieux la portée et l'efficacité du syllogisme. Ce n'est pas non plus parce que ce dernier aboutit à une perception d'identité qu'on est en droit de ne voir en lui que répétition inutile sans progrès réel dans la connaissance. Si cette raison avait quelque valeur, on devrait l'appliquer non seulement au syllogisme, mais encore à l'induction, à nos jugements de toute nature et à toute la science humaine. Celle-ci, en effet, ne se compose-t-elle pas, au fond, de perceptions successives dont elle fait la synthèse en les réunissant dans un concept total? Tout jugement affirmatif exprime *une* identité du sujet et de l'attribut : identité qui nous est révélée par le rapprochement ou la comparaison des idées : nos investigations de tout ordre n'ont pas d'autre but que de la faire apparaître. O un résultat de ce genre constitue une acquisition nouvelle. Il complète l'idée que nous avions tout d'abord du sujet de la proposition ou des *termes* qui entrent dans le raisonnement. L'objet de la connaissance acquise par la démonstration logique ou l'expérience n'est pas, au début même de la recherche, présent à l'intelligence. Non, celle-ci le compose pour ainsi dire, en comparant les idées dans le jugement et le syllogisme, pour découvrir entre elles de nouveaux rapports. Pour bien se rendre compte de la portée du syllogisme, il faut le prendre dans le moment où il se *fait* et se construit, et non dans une formule où il se trouve effectivement réalisé comme on a coutume de le pratiquer.

Nous ne pousserons pas plus loin ces considérations: elles suffisent à nous faire comprendre les différences d'interprétation de l'universel qui existent entre la doctrine philosophique de saint Thomas et celle des modernes. Nous aborderons maintenant une question dont le caractère fondamental nous dispensera d'autres recherches du même genre : nous y verrons, comme en résumé, la diversité de principes, de tendances et de procédés des philosophes de l'Ecole et des novateurs qui les ont combattus et surtout ignorés. Nous voulons parler de la question qui se rapporte à la catégorie de l'être et du devenir, à la conception de l'absolu et du relatif. Les différences qui portent sur ce point sont essentielles entre toutes, et en impliquent beaucoup d'autres. Il nous serait facile d'apporter des textes pour montrer que les penseurs modernes et surtout contemporains se vantent à toute occasion, comme d'un grand progrès, d'avoir substitué le devenir à l'être, le relatif à l'absolu, le mouvement à l'immobilité dans la science. Nous n'aurions que l'embarras du choix. Mais à quoi bon? La tendance dont nous parlons est universellement connue. Il sera donc préférable d'entrer immédiatement dans le vif de la question.

## Notion de l'absolu

Nous ferons tout d'abord une remarque préliminaire à l'adresse de ceux qui se font un mérite et un titre de gloire d'avoir substitué le devenir à l'être, le relatif à l'absolu dans toute science. Leur position paraît, *a priori*, suspecte d'exclusivisme. Indépendamment de toute autre considération, il semble, à première vue, qu'il eût été plus philosophique d'embrasser toutes les catégories sans en proscrire aucune; d'expliquer l'une par l'autre deux notions qui loin d'apparaître irréductibles s'accompagnent plutôt dans notre esprit comme le font tous les contraires. On dit à cela que l'absolu n'existant pas, il n'y a pas à en tenir compte. En effet, poursuit-on, rien d'absolu ne peut exister. L'absolu est insaisissable et contradictoire. Insaisissable parce qu'on ne saurait le penser : car, penser c'est conditionner. Or, l'absolu entraîne l'absence de toute condition et de toute relation. Contradictoire enfin, parce qu'étant une notion purement négative, il est tout de même conçu comme une affirmation, présenté comme une réalité et une substance ; mais ce langage n'est exempt ni de confusion ni d'erreur. En général, les auteurs modernes ont le tort grave de ne pas mentionner les différentes acceptions dont les mots qu'ils emploient dans leur raisonnement sont susceptibles. On les voit s'engager dans une discussion en attachant à un mot très important un sens exclusif et parfois même tout personnel, comme l'a fait Hamilton pour l'absolu. Nombre d'auteurs ne font aucune distinction entre l'absolu et l'infini, pas plus qu'entre l'absolu pris substantivement, signifiant l'être en soi et par soi, et l'absolu s'appliquant aux attributs ou aux formes élevées à leur plus haut degré de pureté et de perfection. Ce dernier sens est consacré par l'usage et la philosophie de toutes les langues : il se vérifie exactement pour les formes abstraites, comme nous le verrons bientôt.

Avant donc de raisonner sur l'existence ou la non-existence de l'absolu, il s'imposait de bien définir le sens du mot et d'en faire connaître les acceptions diverses. C'est une méthode excellente pour éviter l'arbitraire et l'exclusivisme dans les points de départ. Par ailleurs, les conséquences que certains auteurs tirent de l'idée de l'absolu, en tant qu'il signifie l'être en soi et par soi, n'ont aucune valeur. Sans vouloir entrer ici dans des considérations qui appartiennent au traité de Dieu, nous ferons observer qu'il ne devrait plus être permis à personne de voir dans l'absolu-infini une notion purement négative, après les explications si claires et si souvent répétées de saint Thomas sur ce point. Nier toute limite, ce n'est pas personnifier le néant, c'est affirmer l'être, au contraire, à sa plus haute puissance. Les termes eux-mêmes dont il s'agit le proclament manifestement. Pourquoi s'obstiner à ne pas reconnaître de milieu entre une connaissance *pleinement* adéquate à son objet et l'incognoscibilité? De ce que nous ne percevons pas l'absolu-infini dans toute la perfection de son être, il ne s'ensuit nullement qu'il soit pour nous l'inconnaissable. Nous pouvons nous en faire une idée par analogie, par négation de toute limite ou imperfection. Faut-il encore rappeler qu'il n'est pas nécessaire que notre esprit se conforme à son objet quant à la manière dont il le perçoit? Ainsi, l'absolu, comme objet de notre connaissance, peut subir les lois et les conditions de notre esprit, sans pour cela devenir conditionné ou relatif : *est absque falsitate etsi alius sit modus intelligentis in intelligendo quam modus rei in essendo* (1). Ces diverses manières d'être ne faussent pas la connaissance, parce qu'elles ne portent pas atteinte à la conformité du contenu objectif de l'idée. Il est bien entendu que l'être absolu infini n'a sa raison d'être en aucune autre chose et qu'il est de la sorte *inconditionné*, mais il n'est pas moins certain que nous ne pouvons en épuiser la haute et pleine réalité intelligible par un seul concept et que nous ne pouvons l'atteindre que par analogie et comparaison avec les choses sensibles. En d'autres termes, la connaissance que nous en avons est fragmentaire, discursive, analogique. Il existe donc des relations de dépendance et de cause à effet dans les idées qu'on se forme de l'intelligible suprême et absolu. Mais cette multiplicité de relations et de concepts est une condition de notre esprit, et non pas une condition attribuée à l'être en soi dont la perfection est toujours simple et infinie.

La question de l'origine et des caractères de nos jugements absolus est intimement liée à celle des degrés divers de nos connaissances. Celle-ci éclaire celle-là d'une vive lumière, comme on le verra dans les propositions suivantes :

---

(1) S. Thom. *Sum. theol.*, I, q. LXXXV art. 1.

1° *Il existe deux ordres de vérités : vérités de l'ordre idéal ou abstraites; vérités de l'ordre réel ou de fait.*

Les *premières* expriment un rapport entre deux données, abstraction faite de leur existence : *v. g.* tout être contingent implique une cause, deux lignes droites ne peuvent enclore un espace. Les *secondes* sont l'expression de l'expérience : *v. g.* l'aimant attire le fer, le phospore fond à 44° dans l'eau chaude.

2° *Les affirmations ou négations abstraites résultent tantôt de l'évidence immédiate, tantôt de la démonstration.*

Nous avons ainsi d'un côté : les axiomes ou premiers principes; de l'autre, les jugements dérivés ou conclusions. Rien de plus vrai et de plus profond que la distinction que saint Thomas établit dans cette matière, entre l'intelligence considérée comme nature, *ut natura*, et l'intelligence considérée comme faculté de raisonnement. La première obéit à sa constitution et non à une méthode savante. Elle procure l'immédiat dans l'ordre de la connaissance. Dans la doctrine de saint Thomas, l'immédiat est ce qui s'impose de lui-même sans l'intervention d'un moyen terme : *caret medio demonstrante* (1). Il est lumineux par lui-même et non par l'effet d'une démonstration quelconque. Il faudrait bien se garder de voir là une cause d'incertitude ou je ne sais quel procédé extra-intellectuel. La démonstration n'est pas, comme plusieurs se l'imaginent, une condition objective de la vérité ni une propriété de la chose connue. Elle est seulement une

---

(1) S. Thom. *Poster. analyt.*, l. I, lect. IV.

condition subjective de la science humaine. Les choses prises en elles-mêmes ne demandent pas plus à être connues discursivement que par intuition. La même vérité que nous connaissons par un long et pénible raisonnement, un pur esprit peut la percevoir d'un simple regard. Là où la vérité se manifeste d'elle-même, il ne faut pas croire à une lacune ou à un défaut : c'est plutôt d'une supériorité et d'une perfection qu'il s'agit. Il est tout aussi ridicule, dans ce cas, de refuser son assentiment ou d'épiloguer, que de nier la possession d'un objet qu'on tient en main sous prétexte qu'elle n'est pas le résultat d'une longue recherche. On peut juger par là de l'erreur d'un grand nombre de savants de nos jours qui considèrent les principes comme des points de départ plus ou moins arbitraires ou conventionnels parce qu'ils ne font pas l'objet d'une démonstration.

3° *Les vérités de l'ordre purement idéal et abstrait sont intrinsèquement nécessaires et universelles, c'est-à-dire absolues dans leur genre.*

Nous disons : de l'ordre purement idéal. Nous visons par ces mots les cas où l'abstraction de la matière est totale. Dans cette condition, il devient tout à fait manifeste que l'attribut convient au sujet en raison de sa forme pure. Or, ce qui convient au sujet de la sorte, lui convient d'une nécessité absolue, métaphysique. Ce n'est ni dans la matière ni dans le composé qu'un tel rapport a son fondement, mais dans le principe même qui fait qu'une chose est ce qu'elle est, et constitue sa nature. Dans ce cas, nous n'affirmons pas seulement qu'il en est ainsi, mais qu'il est impossible qu'il en soit autrement. Il ne faut pas chercher ailleurs l'explication du caractère de nécessité et d'universalité des premiers principes ainsi que des axiomes et des conclusions mathématiques.

3° *Dans les sciences dont l'objet ne fait pas abstraction complète de la matière, les jugements ne peuvent avoir un caractère de nécessité intrinsèque et absolue, mais seulement conditionnelle.*

L'attribution qui se fait d'un prédicat ou d'une propriété à un sujet en raison de la matière, *ratione materiæ*, ou du composé, ne peut être l'expression d'un rapport nécessaire intrinsèquement ou *a priori*. Ce qui est un principe de changement dans les choses ne saurait être le fondement d'un rapport ou d'une liaison de ce genre. Il y répugne par définition même. Il ne s'ensuit pas, cependant, qu'il n'y ait aucune stabilité ni certitude dans le domaine des sciences naturelles dont l'objet ne fait pas abstraction de la matière sensible commune. Non, dans ce domaine il y a des lois que la science a précisément pour but de découvrir et de formuler. Ces lois, par le fait même qu'elles sont la mesure des actions et des réactions des corps, n'ont pas leur racine dans la forme pure, mais dans le composé et finalement dans la matière. Il n'est donc pas possible de voir en elles l'expression d'une nécessité mathématique ou *a priori*, mais seulement conditionnelle; c'est-à-dire que *telles conditions étant données*, tel conséquent suivra invariablement, et toutes les fois que les conditions demeureront les mêmes, un phénomène naturel se réalisera de la même manière. La condition intervient ici comme une limitation, en quelque sorte, de la puissance indéterminée de la matière : elle circonscrit et affermit l'objet de nos raisonnements. En un mot, sur le terrain des sciences naturelles, l'antécédent *n'est pas nécessairement* ; mais du moment qu'il est posé dans des circonstances identiques, tel effet ne pourra manquer de se produire. C'est cette constance de rapport que les lois naturelles expriment. Mais cette constance, on le voit, n'a rien de commun avec le déterminisme absolu et, *a priori*, que nombre de savants attribuent aux faits naturels et qu'ils considèrent comme un premier principe.

4° *Les attributions qui se font à un sujet considéré dans son être purement concret et individuel sont essentiellement contingentes.*

Dans ce cas, l'abstraction est nulle. Nous prenons le sujet dans son être d'existence, c'est-à-dire en tant qu'il appartient au temps et à l'espace. Là, il nous apparaît dans une perpétuelle mobilité. Il ne saurait donc comme tel être le fondement d'une liaison nécessaire. Mais, le réel concret et singulier peut être envisagé sous un autre aspect. On peut voir en lui un représentant d'un genre ou d'une espèce. On le considère alors, *secundum universalium rationes*, comme dit saint Thomas. Sous un tel rapport, il est tout naturellement susceptible d'attributions nécessaires et peut être objet de science. En d'autres termes, dans la notion d'un sujet singulier quelque chose correspond à l'universel générique et spécifique ainsi qu'aux attributs proprement individuels, comme on le voit dans ces propositions : *Pierre est mortel.*

On ne saurait trop le remarquer : du point de vue de la connaissance intellectuelle, l'individualité ne représente qu'un mode d'être d'une nature. Il n'est donc pas étonnant que cette nature puisse être comprise indépendamment de telle ou telle réalité individuelle. Pour peu qu'on y réfléchisse, on verra que cette doctrine de saint Thomas a une immense portée, et contient la solution de nombreux et graves problèmes de philosophie.

D'après tout ce que nous venons de dire, il est facile de voir dans l'abstraction l'origine et le fondement de nos notions et jugements absolus. C'est elle seule qui nous met en possession de vérités qui ne souffrent ni limites, ni conditions, ni restrictions. Et comment obtient-elle ce résultat? Elle l'obtient en s'éloignant de la matière et en se rapprochant de la forme : de la matière dont la potentialité fait un principe d'indétermination, de changement et partant d'incertitude ; de la forme qui fait qu'une chose est ce qu'elle est, qui en représente l'élément *actuel* constitutif, déterminant. On peut dire que les degrés de certitude de nos jugements ou démonstrations scientifiques correspondent exactement aux degrés d'abstraction. C'est encore là un point lumineux entre tous de la philosophie de saint Thomas. Nous n'y touchons ici que dans la mesure requise pour expliquer la formation de nos jugements intrinsèquement nécessaires et absolus. Seule, disons-nous, l'abstraction peut donner à nos connaissances les caractères de l'absolu. Le premier d'entre eux est celui d'une *simplicité idéale*. L'abstraction n'a-t-elle pas pour effet immédiat d'isoler une

donnée pour la considérer à part; de la dépouiller de
ce qui lui est étranger pour ne la laisser subsister
qu'avec ses éléments propres? de la ramener à ses éléments simples, différentiels, irréductibles? Elle nous
permet, en un mot, de la contempler en elle-même,
dégagée de toute idée de support, de participation, et
même de relation. C'est ce que saint Thomas appelle
si souvent envisager une chose, une question *secundum se*. Ainsi, en présence de triangles de différentes
grandeurs et même de différentes espèces, nous ne
retenons que les propriétés essentielles qui sont d'avoir
trois angles et trois côtés.

Avec la simplicité idéale, l'absolu possède ensuite
la *nécessité intrinsèque*. Il ne suffit pas, pour sortir de
l'accidentel et du relatif, de poser en fait que l'attribut
accompagne le sujet : il est requis, de plus, que cette
liaison soit le produit d'une nécessité intérieure et que
nous en connaissions la cause propre et immédiate.
Alors seulement nous pénétrons dans la région de
l'absolu; nous unissons deux données dont l'une renferme l'autre essentiellement, jusqu'à ne faire qu'une
même chose se présentant sous deux aspects. Ces
données nous apparaissent donc comme inséparables
en fait et en droit. Cette nécessité a sa source dans la
forme abstraite des choses comme nous l'avons vu plus
haut. Les propositions que nous formons dans cette
matière ont toutes un caractère de nécessité intrinsèque. Elles nous font voir une chose dans les éléments
qui la constituent, dans sa *cause formelle*. Or, cette
cause est toujours propre et immédiate et son rapport
avec l'effet embrasse tous les cas : *causa per se est uni-*

*versalis causa.* Elle l'est non seulement dans l'ordre de l'être, ce qui est bien évident, mais encore dans l'ordre de la connaissance. Nous voulons dire que, posée en principe, elle conduit à une conclusion nécessaire. C'est ce qui se vérifie principalement dans les mathématiques où toutes les démonstrations se font par la cause formelle.

Seule donc l'abstraction, en dépouillant les choses non seulement de leur mode individuel, mais encore de toute matière sensible, les élève à l'absolu. Seule elle nous les fait atteindre non plus en tant qu'elles appartiennent au temps et à l'espace, mais en elles-mêmes, dans leur fond intelligible et permanent. Considérées de la sorte, elles peuvent soutenir entre elles des rapports nécessaires. Où ceux qui méconnaissent le rôle de l'abstraction pourraient-ils trouver un point fixe ? Ils sont fatalement voués au pur relativisme et à la perpétuelle mobilité de la science. Ce point fixe n'existe pas dans les réalités concrètes et individuelles. Non, c'est une chose communément reçue qu'il ne se trouve rien là où une science puisse se constituer : c'est le domaine du changement et de l'écoulement universel auquel pensait Héraclite en disant : « On ne peut s'embarquer deux fois sur le même fleuve. » La science, dans sa forme propre et finale, n'exprime les choses que réduites à leurs éléments simples et spécifiques, à leur type idéal. C'est ce qui a lieu même pour les sciences naturelles, comme les lois générales qu'elles ont pour but d'établir en sont la preuve. Le point fixe dont nous parlons ne s'explique pas davantage par le sujet pensant. Ce n'est pas ce dernier qui est la vraie cause des liaisons nécessaires que formulent bon nombre de nos jugements. Ceux-ci sont manifestement indépendants de la volonté, des impressions du sujet. Il a beau se transformer, subir les modifications les plus diverses, ils ne se modifient pas pour cela. Ils s'imposent aux hommes de tous les temps et de tous les pays. La cause de leur nécessité est donc ailleurs. Elle est dans l'abstraction qui nous place au-dessus du changement, en nous éloignant de la matière et en nous rapprochant de la forme.

Enfin, avec la simplicité idéale et la nécessité intrinsèque, l'abstraction confère l'universalité à nos connaissances. C'est là encore un trait caractéristique de l'absolu. Nous n'avons pas à nous y arrêter longuement. Il s'explique suffisamment par ce que nous venons de dire de la nécessité. En effet, l'universel et le nécessaire dans nos jugements découlent de la même source. La cause propre et par soi, *per se*, l'est toujours et partout. Par ailleurs, il est facile de comprendre que les extraits que l'abstraction nous donne des choses multiples, individuelles et complexes sont affranchis du temps et de l'espace : ils forment des concepts qui peuvent s'appliquer à un nombre indéfini de faits ou cas particuliers : ils expriment des vérités qu'il est permis d'affirmer, non seulement au regard de notre monde, mais encore de tous les mondes et de toutes les époques. Il est à remarquer, toutefois, que cette universalité suit les différents degrés d'abstraction. Elle n'atteint sa plénitude absolue qu'au dernier de ces degrés avec les notions transcendantales. L'universalité de ces notions n'est plus limitée à u.. genre, à une matière donnée : non, elle embrasse tous les genres : aucun objet ne leur échappe. C'est des combinaisons diverses de ces notions suprêmes que naissent les axiomes métaphysiques qui, par leur évidence immédiate, s'imposent partout et toujours. Ils n'ont rien à craindre des variations de l'opinion ni des changements que le temps, le climat, les progrès de la civilisation apportent dans les mœurs et les habitudes. Aussi les voyons-nous inébranlables et toujours identiques à eux-mêmes au milieu des manifestations multiples et variées de la vie des peuples et parmi les flots tumultueux des événements entre-croisés.

Mais quelque lecteur nourri de philosophie moderne ne manquera pas de dire : tous ces raisonnements supposent qu'il y a une nature des choses. Or, il n'y en a pas. Pour nous la substance n'est qu'un groupe de mouvements ou de pensées : la cause n'est qu'une relation de phénomènes. Admettons, cependant, que cette nature des choses dont vous parlez existe : elle n'en sera pas moins toujours inconnue pour nous. Tout ce que nous pouvons faire, c'est de saisir, par-ci, par-là, des rapports ou relations de phénomènes : et ces fils fragiles sont nos seuls soutiens au-dessus d'un gouffre insondable de mystères et d'obscurités.

Tout d'abord, il est une tendance de notre esprit dont ces doctrines ne tiennent aucun compte : c'est celle qui nous porte invinciblement à chercher la cause des effets qui arrivent à notre connaissance. On sait que cette même tendance est le point de départ de toute la philosophie. Notre logique remuante ne nous laisse aucun repos avant de nous avoir conduit d'étape en étape, jusqu'à la cause première et souveraine. Des objets se révèlent à nous par des formes et propriétés changeantes : vous ne nous empêcherez jamais de nous demander ce qu'il y a de stable et de permanent sous ces métamorphoses. Cette inclination, on l'avouera, constitue une forte présomption en faveur d'une certaine connaissance, au moins, de la substance de la nature des choses. Par ailleurs, on ne voit pas ce qui pourrait lui faire obstacle. Il est dans cette question certaines vérités d'évidence immédiate qu'on paraît oublier, telle que celle-ci par exemple : un rapport suppose des êtres entre lesquels le rapport existe. Vouloir s'en tenir aux relations sans aucun fondement positif, c'est bâtir en l'air. Que l'on fasse toutes les suppositions qu'on voudra, on ne pourra jamais se passer d'un sujet d'inhérence, d'une réalité primordiale et substantielle dont les propriétés que nous étudions sont les modes d'être; on ne pourra jamais écarter l'idée d'un support fondamental, d'un être consistant par lui-même : *ens per se subsistens*.

Il est bien certain que la substance n'étant sensible que *par accident* ne peut pas être connue aussi parfaitement que d'autres propriétés. Nous ne la saisissons point par une similitude tirée immédiatement d'elle-même : *intellectus noster non format proprium et distinctum conceptum rerum quæ sensibiles per se non sunt* (1). La *matière* et la *forme* sont dans le même cas. Mais rien ne nous oblige à les regarder comme

---

(1) SUAREZ, *De anima*, l. IX, c. II.

inconnaissables. Ceux qui proclament l'incognoscibilité de la substance se trompent surtout en ceci qu'ils n'admettent guère qu'une sorte de connaissance. De là vient qu'ils sont portés à ranger dans la catégorie de l'incognoscible tout ce qui ne tombe pas directement sous les sens. Mais ils oublient que notre connaissance admet divers degrés. Pour la substance, nous pouvons l'atteindre par ses effets et ses propriétés. Ce procédé sera toujours assez efficace pour nous en révéler l'existence et les caractères généraux. On l'emploie même dans les sciences naturelles où l'on admet bien des choses qui ne sont pas sensibles par elles-mêmes. Que de choses dont nous n'avons seulement qu'une connaissance indirecte ! Mais, pour être abstractive et imparfaite, cette connaissance n'en est pas moins précieuse et même certaine. On peut dire d'elle, proportion gardée, ce que saint Thomas nous dit de la connaissance naturelle des choses divines : *modica cognitio quæ per sapientiam de Deo haberi potest omni alii cognitioni præfertur* (1).

Telle n'est pas l'appréciation d'un grand nombre d'esprits de nos jours. La connaissance déductive et indirecte dont nous parlons leur est souverainement antipathique. C'est leur pierre d'achoppement en philosophie. Ils refusent d'en faire un état quelconque et ce refus devient pour eux une source de confusions et d'erreurs. Ils ne peuvent comprendre ni souffrir qu'on raisonne sur des choses qui ne sont pas directement sensibles. Tout ce qu'on dit de semblables

---

(1) S. Thom., *Sum. theol.*, 1ª q. LXVI, art. 5.

sujets leur paraît chimérique et purement verbal. Cette disposition a pour cause une soif déréglée du sensible dans les opérations de l'intelligence et aussi la tendance, si commune de nos jours, de vouloir faire rentrer toutes nos pensées dans le cadre et la forme des sciences naturelles. Ce n'est pas à dire, cependant, que nos modernes savants ou philosophes aient remplacé le concept de substance ou de nature par quelque chose de plus concret et de plus satisfaisant. Ce qu'ils nous ont dit du point central et permanent des choses est tout ce qu'il y a de plus obscur et de plus irréel. Que signifie, au juste, cette conscience obscure de l'univers qui tend à se faire un secret ressort amenant tout le possible à exister, comme dit Renan? Et cette vitalité intérieure, ce stimulus caché de la nature qui la pousse au progrès? Et sans parler de « l'axiome » ni de la « formule créatrice », comprend-on un groupe de mouvements et de pensées tenant lieu de substance? Conçoit-on un mouvement sans quelque chose qui se meut? Une pensée sans un sujet qui pense? N'est-il pas infiniment plus simple et plus logique d'admettre un substratum permanent des modifications et des propriétés et qui est en même temps le point qui les réunit? Si l'on n'a pas une perception directe de la substance, on en a encore bien moins des choses dont on nous parle. Il y aurait beaucoup à dire sur les rapports de la substance avec les accidents ou les phénomènes dont on se fait souvent une si fausse idée. Mais nous ne devons pas oublier que nous ne traitons ce sujet qu'incidemment, et qu'il nous reste à parler du relatif.

## Notion du relatif

La philosophie scientifique contemporaine a mis à l'ordre du jour la question du relatif. Elle s'imagine même l'avoir découverte, mais l'ignorance du passé est pour beaucoup dans cette prétention. Ce qui est incontestable, c'est qu'un grand nombre de savants et de philosophes de nos jours ont parlé du relatif, sans en creuser la notion. Ils ont employé le mot dans un sens vague et très mal défini. C'est pourquoi ils ont vu du relatif partout. Ils ont même proclamé bien haut que tout n'est que relation ; on pourra voir dans les propositions et distinctions suivantes le principe de leurs erreurs et confusions dans cette matière. Ce n'est cependant pas un traité du relatif que nous entreprenons ici. C'est là un sujet fort complexe dont la discussion nous ferait sortir des limites de notre présent travail.

1° *Toute relation suppose une entité absolue.*

Une relation est inconcevable sans deux termes ou deux êtres qui la soutiennent. On ne saurait remonter à l'infini dans la série des relatifs. Il est nécessaire que la chaîne en soit accrochée quelque part et solidement. Or, il n'est pas besoin de longues recherches pour trouver le support indispensable. Un sujet d'inhérence se trouve impliqué dans la relation elle-même, quels qu'en soient, par ailleurs, le genre et l'espèce. Le relatif n'est pas et ne peut pas être un concept primordial de notre esprit. Il se présente, au contraire, comme quelque chose de secondaire ou surérogatoire. Il pose ou suppose une donnée logiquement antérieure.

Toute propriété ou qualité, même relative, est avant tout attribuée à un être, à un sujet. Aussi les anciens diraient-ils par manière de premier principe : *relationes in aliquo absoluto fundantur* (1). Il s'ensuit que la relativité de nos connaissances ne peut pas avoir le caractère universel qu'on lui prête. Au surplus, nous avons vu que, par abstraction, chaque chose peut être envisagée en elle-même, dans les éléments qui la font ce qu'elle est et constituent sa nature : c'est-à-dire qu'elle peut être considérée uniquement *secundum se*, comme disent souvent Aristote et les scolastiques. C'est le point de vue des sciences spéculatives et rationnelles et c'est, en même temps, la raison pour laquelle leurs principes et leurs conclusions ont un caractère absolu indéniable.

2° *Dans toute relation il y a lieu de distinguer trois choses* : le SUJET, le FONDEMENT et le TERME.

Toute propriété, même relative, est attribuée à un sujet. Or, celui-ci, en tant que premier support d'une relation, ne peut être lui-même une relation. Celle-ci n'existe que pour un être qui n'est pas elle et pour lequel elle est une modification, ou accident. Le sujet ainsi considéré est le fondement éloigné de la relation. Il ne suffit pas à nous en expliquer l'origine ni la nature. Autre chose est un sujet d'inhérence, autre chose est une cause prochaine. Ce n'est pas par tous ses éléments ni sous tous ses rapports que le sujet engendre une relation, mais par un point seulement. Ce point est le fondement propre et immédiat de la

---

(1) JOAN. A S. THOM., *Log.* III, p., q XVIII, art. 4.

relation. Cependant celle-ci ne se produit pas sans l'intervention d'un autre facteur qui est le *terme*. Elle ne peut résulter que de la coordination effective de deux données. Prenons l'exemple classique de la paternité : nous avons le sujet dans Pierre; le fondement prochain dans la génération; le terme dans le fils, Paul. C'est là une relation prédicamentale ou proprement dite. Le caractère d'une relation de cet ordre, c'est d'être par définition tout en rapport; c'est de se porter vers un terme par tout ce qu'il a d'être. Considérée de la sorte, elle forme une catégorie distincte : c'est le τὸ πϱός τι d'Aristote, l'*ad aliquid* des scolastiques. Aussi dans cette matière les mots expriment-ils avant tout et directement une propriété dont l'être spécifique n'est que rapport. Il en est autrement de la relation transcendantale. Les noms relatifs de ce genre dénotent directement une entité positive et absolue : *v. g.* la matière, la forme, la science, etc. Mais s'ils n'expriment pas un pur rapport, il n'en est pas moins vrai qu'ils connotent autre chose. La question est de savoir à quel titre ils connotent ou impliquent cette autre chose. Ce n'est pas comme simple terme de relation, mais plutôt à titre d'effet, de cause, d'objet déterminant de l'espèce, etc. Les rapports de cette nature ont directement trait à la constitution de l'être considéré en lui-même. Sans doute celui-ci peut être ou peut devenir un sujet de relation : mais ce n'est pas là le point spécialement visé dans une relation transcendantale. Son terme immédiat est dans la réalité intrinsèque et immanente de l'être : et c'est aussi cette même réalité que les mots par lesquels elle s'exprime signifient avant tout. En résumé, elle porte beaucoup plus sur le fondement de la relation que sur la relation elle-même. C'est tout ce qui la distingue de la relation prédicamentale qui n'est et ne signifie rien autre qu'un pur rapport à un terme : *significat solum respectum ad aliud.*

3° *Une relation réelle ne peut exister qu'entre un fondement et un terme réellement distincts.*

C'est de la coordination du fondement et du terme que la relation résulte. On ne saurait donc la concevoir d'un autre ordre que ses deux facteurs ou que sa cause propre. Par ailleurs, il n'est pas douteux qu'il existe des rapports ou des liaisons naturelles entre certaines choses : nous disons *naturelles,* c'est-à-dire complètement indépendantes de toute opération de notre esprit : *v. g.* l'ordre qui règne dans l'univers ou dans une armée. C'est pourquoi la réalité de certaines relations ne peut faire aucun doute : *quando aliquæ res secundum suam naturam ad invicem ordinatæ sunt et invicem inclinationem habent...... relationes oportet esse reales* (1). Le rapport est alors inscrit dans les choses elles-mêmes. C'est ce qui se vérifie pleinement quand les deux extrêmes sont réels et de même ordre. S'ils sont d'un ordre différent, le rapport n'est réel que d'un côté : ainsi en est-il de la connaissance et de l'objet connu. La connaissance se rapporte manifestement à l'objet : et comme elle est quelque chose de réel, le rapport ne l'est pas moins. Cependant, il n'est pas mutuel. *Etre connu* n'est rien de réel pour l'objet :

---

(1) S. THOM. *Sum. theol.*, 1, q. XXVIII, art. 1.

cela ne saurait donc fournir le fondement d'une relation réelle de l'objet à la science. Mais en tant que nous le considérons comme connu, il donne lieu à une relation de raison. La qualité de connu ne lui est conférée ou attribuée que dépendamment d'une opération de notre esprit. La relation réelle est fondée sur les choses prises en elles-mêmes : la relation de raison, au contraire, découle des choses en tant que connues, c'est-à-dire représentées dans notre esprit : *relationes*, dit saint Thomas, *quæ consequuntur solam operationem intellectus in ipsis rebus intellectis, sunt relationes rationis tantum quia scilicet eas ratio adinvenit inter duas res intellectas* (1). En un mot, de même qu'il existe des rapports entre les choses prises en elles-mêmes, il en existe entre les idées ou les concepts que nous en avons : c'est ainsi que nous distribuons les choses en genres et en espèces. Cependant, même dans ce cas, ces rapports sont conçus à la ressemblance de ceux qui existent réellement entre les choses.

4° *Considérer ou connaître une chose comparativement à une autre n'implique pas nécessairement une relation réelle dans l'objet ainsi connu ou considéré.*

Il est certain que tout peut être considéré relativement. Les causes les plus ordinaires de cette manière d'envisager les choses se trouvent dans le point de vue qu'oppose à un même objet un sujet diversement disposé, ou qu'un objet changeant ou considéré sous différents aspects présente à un même sujet. Ainsi, une seule et même vérité a pu être crue ou comprise d'une

---

(1) S. THOM., *Sum. theol.*, I, q. XXVIII, art. 1.

façon plus ou moins claire et plus ou moins explicite selon les besoins et les capacités du sujet. On ne l'a pas crue ou comprise autrement qu'elle n'est, on l'a possédée plus ou moins parfaitement : les uns en puissance et en germe, les autres en acte ; les uns en figure ou en légende, les autres dans une formule doctrinale et directement intelligible. Les divers états du sujet expliquent à eux seuls ces différences : autre est la mesure de l'enfant, autre celle de l'homme d'âge mûr. Ensuite, un objet, indépendamment des couleurs que peuvent lui prêter nos intérêts et nos passions, n'offre pas toujours le même aspect. Une même question a donc pu être envisagée et traitée différemment, non seulement aux diverses époques de l'histoire, mais encore par un seul et même esprit. Nous avons encore là un fondement d'une certaine relativité. Il ne sera pas non plus inutile de remarquer qu'une seule et même chose peut être soumise à des rapports ou des comparaisons multiples : il en résulte qu'elle peut devenir le sujet d'attributions variées et même opposées les unes aux autres : *de ratione relativi est quod possit oppositas prædicationes suscipere secundum quod diversimode consideratur. Ainsi un nombre peut être grand ou petit* selon l'objet ou le but auquel nous le rapportons.

Il suit de là qu'une chose considérée relativement peut donner lieu à des jugements divers. La vérité que ces jugements expriment ne se dégage pas comme une quantité fixe et invariable, comme c'est le cas pour l'absolu : non, elle est essentiellement limitée à tel ou tel point de vue. Changez les termes de la comparaison ou du rapport, vous changerez de jugement et d'appréciation. Considérée absolument, une chose est à elle-même sa propre mesure : prise relativement, elle a, au contraire, sa mesure en dehors d'elle, et cette mesure n'est pas invariable. D'où cette conséquence que l'être considéré relativement prend un aspect protéiforme. Certains esprits sont extrêmement frappés de cette variabilité. C'est pourquoi ils s'en vont répétant : tout est relatif ; bien plus, tout n'est que relation. Ce qui tient le dernier rang dans l'ordre du réel, *debilissimum esse*, devient toute réalité pour eux.

Mais ils oublient trop facilement que tout relatif quel qu'il soit pose ou suppose en définitive quelque chose d'absolu dans son sujet d'inhérence comme nous l'avons vu plus haut. C'est pourquoi saint Thomas nous dit : *in rebus creatis, in illo quod dicitur relative, non solum est invenire respectum ad alterum sed etiam aliquid absolutum* (1). Il est tout naturel, en effet, que les éléments qui constituent une chose aient, avant tout, cette chose considérée en elle-même comme terme immédiat. Les scolastiques diraient avec raison : *per substantiam et qualitatem secundum suos proprios conceptus non ordinatur aliquid nisi ad seipsum* (2). La relation proprement dite ne vient qu'en second lieu, fondée sur la puissance active ou passive, ou sur la quantité de la chose en question. Et tout ceci revient à dire qu'un être s'appartient d'abord à soi-même, avant d'être rapporté à un autre. Le con-

---

(1) S. THOM. *Sum. theol.*, q. XXVIII, art. 2; log. II, q. XVIII, art. 3.
(2) JOAN. A S. THOM.

traire ne se conçoit même pas. Dire que *tout* est relation, c'est bannir, du monde de la nature comme du monde de la pensée, toute réalité substantielle, tout sujet d'inhérence et d'attribution.

Maintenant, devons-nous admettre sans restriction, que le fait de considérer une chose relativement ou de la comparer à une autre crée ou détermine une relation immanente aux choses elles-mêmes? Non, on ne peut l'admettre. La relativité dans ce cas n'est pas plus la propriété des choses elles-mêmes que la démonstration n'est la propriété de la chose démontrée. Le recours au procédé discursif ou comparatif est une nécessité purement subjective de l'acquisition de la science humaine. Il est une conséquence directe de l'imperfection spécifique de notre intelligence. Les choses en elles-mêmes, avons-nous dit déjà, ne demandent pas plus à être connues discursivement que par intuition ou comparaison. Il faut en conclure que le fait de comparer ou de rapporter une chose à une autre dans un but de pure connaissance ne modifie en rien le contenu de nos idées. La comparaison ou la considération *relative* est un acte de notre esprit : il ne crée aucun rapport entre les choses elles-mêmes. Voir en lui le fondement ou l'origine d'une relation affectant la réalité, c'est commettre la plus étrange confusion ; non, un tel acte ne résout pas la question de fait ni de nature du relatif : il la laisse subsister entièrement. Cette question relève de considérations purement objectives. Encore une fois, comparer ou rapporter une chose à une autre est une condition subjective de notre science qui n'entraîne, par elle-même, aucune relativité réelle des choses ainsi considérées ou connues. C'est le cas visé par saint Thomas lorsqu'il dit : *quandoque relatio est in intellectu tantum, non sicut in relato, sed sicut in intelligente aliquid sub relatione* (1).

On peut voir, par là, l'erreur de tant de savants et philosophes modernes pour qui toute relation procède d'une simple comparaison. Et comme nous pouvons rapporter toutes nos connaissances et même toutes choses les unes aux autres, il s'ensuit que la relativité est en tout et partout. Cette conclusion est non seulement adoptée sans difficulté aucune par les auteurs dont nous parlons, mais encore regardée par eux comme un premier principe et une des plus précieuses acquisitions de la pensée moderne. Aussi rien n'est-il plus ordinaire chez eux que l'affirmation de la valeur purement relative de la science qu'il nous est possible d'atteindre. Ils n'hésitent même pas à proclamer que des intelligences organisées autrement que la nôtre auraient fatalement une autre métaphysique, une autre géométrie, etc. Sans vouloir entrer ici dans la réfutation de cette doctrine, nous ferons simplement remarquer encore que la conception possible *d'autres intelligences* n'entraîne et ne peut entraîner logiquement qu'une différence dans le mode d'acquisition de la science : elle ne saurait influencer en rien la correspondance des éléments objectifs de la réalité et des éléments représentés par l'idée. Dans le rapport de conformité de cette dernière avec l'objet, le mode

---

(1) S. THOM. *I ad Annibal.*, dist. XXX, art. 1.

d'acquisition ne compte plus. C'est ainsi, par exemple, que les mathématiques sont absolument vraies pour toutes les intelligences quel que soit, par ailleurs, leur mode de perception.

Par ailleurs, il ne suffit pas non plus, pour nous placer dans le domaine du relatif, de connaître une chose par une autre. Certains philosophes modernes l'admettent cependant comme une chose qui va de soi. Bien plus, toute sensation, toute idée qui en rappelle une autre est qualifiée par eux de relative. Une connaissance simplement distincte revêt à leurs yeux le même caractère. « Nous connaissons la chaleur parce que nous venons d'éprouver le froid, dit A. Bain ; la lumière parce que nous sortons des ténèbres; le haut par opposition avec le bas. Toute connaissance absolue est une chimère. Nous ne connaîtrions pas le mouvement si nous étions incapables de connaître le repos. Comme saisir ce qu'on entend par une ligne droite, si l'on n'a pas vu une ligne courbe. » (1) Ces remarques qu'on dit être destinées à rectifier toute une vaste catégorie de sophismes, en philosophie, impliquent, croyons-nous, de nombreuses erreurs et procèdent d'une notion superficielle du relatif. Tout d'abord, il serait difficile de soutenir que, dans les exemples cités, comme dans les autres du même ordre, les mots dans leur signification première et principale n'expriment pas quelque chose de positif et d'absolu. Ce n'est que secondairement qu'ils font naître l'idée d'un rapport. A vrai dire, ce n'est pas une relation qu'ils désignent,

---

(1) A. BAIN, *Logique déductive et inductive*, t. 1ᵉʳ, Introd., p. III.

mais plutôt le fondement le plus souvent éloigné d'une relation. Comment voir des choses dont tout l'être consiste en une relation dans le mouvement et le repos, la lumière et les ténèbres, la ligne droite et la ligne courbe? Manifestement, nous avons là autre chose qu'un simple rapport prédicamental. Nous remarquerons ensuite qu'il ne suffit pas de connaître une chose par une autre pour conclure à une dépendance ou une relation intrinsèque de nature entre elles. Nous connaissons les contraires l'un par l'autre; mais il n'en est pas moins vrai que chacun possède et garde sa nature et sa définition essentielle propre. La notion d'une chose ne se trouve nullement modifiée du fait que nous la connaissons. La qualité de courbe « n'entre pas dans celle de droit » *ut definiens in definito*, mais plutôt comme un terme extrinsèque de comparaison : *sicut terminus ad quem extrinsecus stat definitio* (1). Seul le relatif prédicamental dont l'être consiste en un rapport est défini par son corrélatif : la raison en est qu'il tient son *être* de la coordination de deux termes : *esse suum habet ab eo ad quod est*. En résumé, être connu ou considéré relativement — *sub relatione* — n'est rien de réel pour l'objet connu. Ce n'est là pour lui qu'une dénomination extrinsèque, comme c'en est une d'*être vu*, pour le mur qui est sous mes yeux. Il n'en résulte ni pour l'objet ni pour le mur une relation réelle, mais tout au plus une relation de raison uniquement fondée sur l'appréhension de mon esprit : *res intellecta non refertur realiter ad intel-*

---

(1) Alb. Magnus, *Topic.*, l. VI, tract. II, art. 2

*ligentem, quia res intellecta in eo quod hujusmodi denominatur ab actu intelligendi qui nihil secundum rem ponit in re intellecta sed solum in intelligente* (1). C'est pour n'avoir pas tenu compte de cette distinction que tant de philosophes et de savants modernes n'ont fait qu'allonger la liste des sophismes en dénonçant *ceux* de la philosophie ancienne.

5° *Est fondement de relation tout ce qui, dans son être, constitue un principe de communication avec autre chose.*

Or, un être se relie à un autre sous le rapport : 1° *de la puissance active ou passive ;* 2° *de l'unité ou de la diversité ;* 3° *du mesuré et de la mesure ou spécification.* Tout cela ne donne pas lieu à des relations également réelles. Nous ne pourrions, sans sortir de notre sujet, entreprendre un examen détaillé de toutes ces questions. Nous ferons seulement observer, au sujet de la troisième catégorie dont nous venons de parler, qu'elle comprend l'objet de l'intellect pratique : objet qui est le principal domaine du relatif. Sur le terrain de la pratique, en effet, et d'une œuvre à réaliser, ce n'est pas de valeurs absolues qu'il s'agit, mais de valeurs de moyen. Le vrai que nous cherchons alors, nous ne le trouvons pas uniquement dans la considération de la chose en elle-même, mais encore et surtout dans sa correspondance à la fin particulière que nous poursuivons. C'est pourquoi saint Thomas nous dit que l'intellect pratique est dans le rapport de la mesure à la chose mesurée : *res comparantur ad*

---

(1) S. Thom. *Sum. log.*, tract. V, c. 1.

*intellectum (prœticum) sicut mensuratum ad mensuram* (1). Qu'est-ce à dire sinon que sur le terrain de l'action l'intelligence *compose* son objet. Elle le compose; en d'autres termes elle l'adapte, le proportionne, le *relative* à une fin particulière. C'est dans la juste appropriation des moyens à la fin poursuivie que gît la vérité pratique, supposition faite toutefois d'une fin voulue en droit et en raison. La vérité dont il s'agit ne s'établit donc pas seulement par la considération de l'objet en soi, mais encore et surtout par l'évaluation des circonstances et de l'œuvre concrète et individuelle à réaliser. Dans ces conditions, on comprend que le *vrai pratique*, comme tel, implique une part considérable de relativité et de contingence. Cependant, même dans cet ordre de choses, il sera bon de ne pas perdre de vue cette remarque de saint Thomas : *nihil est adeo contingens quin in se aliquid necessarium habeat* (2). On retrouve un fond permanent et universel partout, même dans les réalités les plus individuelles. Ne sont-elles pas des échantillons d'un genre ou d'une espèce ? On ne peut nier qu'à ce titre elles ne soient matière d'idées générales et de principes.

La doctrine que nous venons d'exposer est la condamnation de certaines attitudes ou opinions extrêmes très communes dans cette question du relatif et de l'absolu. Ceux dont les études et les recherches ont pour objet habituel les réalités concrètes et leurs rapports variables et contingents; ceux qui envisagent

---

(1) S. Thom. *Perihemencias*, l. I, lect. III.
(2) S. Thom. *Sum. theol.*, I, q. LXXXVI, art. 3.

les questions et les choses principalement du point de vue de l'action et de la pratique, exagèrent le plus souvent la relativité de nos connaissances. Il leur arrive même de perdre toute foi à l'absolu. Ils ne sauraient reconnaître la vérité d'aucun principe abstrait dans la succession des réalités individuelles ni dans les rapports qu'elles soutiennent entre elles; le train ordinaire de la vie et des événements leur paraît exclusif de toute loi fixe et invariable : l'écart entre la théorie et la pratique est, pour eux, invraisemblable et inadmissible. Volontiers, ils s'écrient avec un écrivain du dernier siècle : « Viennent le contact de la vie, l'étude de l'histoire, l'habitude de l'analyse, et peu s'en faut qu'on ne finisse, comme Benjamin Constant, par s'imaginer qu'aucune proposition n'est vraie que si l'on y fait entrer son contraire. » (1) Et comme la notion de l'absolu a tenu une grande place dans la philosophie, la politique et la littérature anciennes, on n'hésite pas à attribuer à la pensée moderne la découverte du relatif. On dira, par exemple : la découverte du caractère relatif des vérités est le fait capital de l'histoire contemporaine — tout l'édifice du monde ancien reposait sur la foi à l'absolu ; — là où nos ancêtres voyaient des contradictions, ne voyons que des différences. Or, tout cela repose sur une notion très superficielle du relatif ainsi que des rapports de l'abstrait et du concret. Nous en avons donné plus haut les raisons essentielles. Les anciens disaient couramment : *relationes fundantur in aliquo absoluto*. Le

---

(1) EDMOND SCHÉRER.

fait est que le contraire n'est pas concevable. Quant à l'écart entre la théorie et la pratique dont on nous parle, il n'a ni le sens ni la portée qu'on lui donne. On oublie que la loi abstraite n'agit pas seule dans le concret : elle peut y rencontrer des forces modératrices ou opposantes. A cela rien d'étonnant : le concret est toujours complexe. Par l'abstraction nous pouvons considérer chacune à part les propriétés d'une chose ; mais, dans le jugement pratique, il est essentiel de tenir compte de leur union et de leur coexistence dans le même sujet. En ne le faisant pas, nous réalisons une séparation qui n'existe qu'entre les concepts abstraits, et nous tombons dans les erreurs pratiques les plus graves. Mais ce n'est pas une raison de sacrifier la théorie. Cela ne prouve qu'une chose : c'est que nous n'en avons pas compris la portée ni la juste valeur. Quant à ceux qui suivent des errements tout opposés, c'est-à-dire qui font une part trop exclusive à l'absolu dans l'appréciation des choses de la vie et de la pratique, des réalités concrètes et de leurs rapports, ils ne sont pas moins répréhensibles. Dépourvus d'expérience ou prisonniers d'habitudes intellectuelles contractées dans l'étude de l'abstrait, ils n'adoptent guère le point de vue du relatif, qui les déroute par sa multiplicité. Ils n'en prennent que difficilement conscience. Volontiers, ils conçoivent l'être abstrait et les rapports statiques dont il est le sujet. Mais ils ne le conçoivent guère dans son devenir, dans ses états intermédiaires, son imperfection et ses métamorphoses : ils n'entrent pas facilement dans l'idée de ce qui est naissant, mobile et divers. Toute notion pour eux tend à se cristalliser, à prendre une forme absolue, universelle. Ils n'oublient qu'une chose qui est de tenir compte du travail de simplification et de séparation que la pensée abstraite accomplit toujours. Nous savons que cette dernière isole les choses des circonstances qui les accompagnent et de tout caractère individuel pour les considérer en elles-mêmes. Sur le plan de l'action et de la pratique, au contraire, nous les voyons dans leur milieu naturel, dans l'engrenage où elles sont prises, dans la complexité de leurs éléments. Ce point de vue diffère beaucoup de celui de l'abstrait. Dans le réel concret, les choses ne se terminent pour ainsi dire pas avec elles-mêmes : elles sont unies à un ensemble qui les modifie, les limite ou les prolonge. Dans l'abstrait, par contre, elles se présentent uniquement en elles-mêmes, dégagées de leur gaine empirique et des caractères qui les individualisent. En d'autres termes, le produit de l'abstraction n'est autre que l'idée générale, le type spécifique de la chose. Inutile de faire remarquer qu'une connaissance de cet ordre ne saurait nous dispenser de l'examen des cas concrets individuels sur le terrain de l'action et de la pratique.

On peut dire que toute la question du relatif et de l'absolu tient dans ces quelques mots du B. Albert le Grand : *relativum non significat ens ut ab aliis separatum sed ut aliis immixtum* (1). Nous n'avons fait que commenter et développer cette remarque si profonde dans sa simplicité. Cette question du relatif et

---

(1) ALB. MAGNUS, *I de Prædicam*, c. VI.

de l'absolu est une des plus subtiles de la philosophie. Elle demande un examen à part et approfondi : la traiter en passant, à l'occasion de quelque problème particulier, comme font tant de savants spéciaux de nos jours, c'est se condamner à n'y rien comprendre. Et ceci est vrai, en général, pour toutes les questions de pure philosophie. Les résultats d'un tel procédé sont déplorables. Les auteurs les plus étrangers à la philosophie du sens commun le reconnaissent parfois : « La formule « rien n'est absolu » a fait fortune, écrit l'un d'eux. C'est une de celles qu'on répète le plus souvent. Il semble qu'il suffise de l'employer pour prouver qu'on a l'esprit scientifique : et on i'emploie dans les sens les plus différents. » (1) On trouvera dans l'exposé que nous venons de faire l'explication et même la réfutation sommaire des tendances et des opinions de la science moderne sur ces points fondamentaux. Nous n'y ajouterons que les réflexions suivantes concernant la psychologie de la défaveur de l'absolu à notre époque.

## Aversion pour l'absolu — Ses causes

Si quelques modernes ont pu parler de la « déconfiture de l'absolu », s'ils ont montré une grande aversion pour les études spéculatives, tout n'est pas progrès dans cet état d'esprit. Lorsqu'on le soumet à l'analyse, on lui trouve des causes plutôt décadentes. On nous dit que les progrès des sciences naturelles

---

(1) P. DUHEM, *la Science et la réalité*, p. 124.

et les magnifiques résultats obtenus par la méthode expérimentale ont ruiné à tout jamais la confiance des hommes dans la pensée pure. Nous avouons ne rien comprendre à cette manière de raisonner. Faisons aussi belle qu'on voudra la part de la méthode expérimentale dans l'histoire des connaissances humaines : s'ensuit-il que toute autre méthode de recherche soit nécessairement fautive ou condamnée à l'impuissance? Personne n'oserait le soutenir. Non, les succès du procédé d'observation ne prouvent rien contre l'usage ou l'utilité de la déduction dans les sciences; ce sont là deux questions trop différentes pour qu'on puisse conclure ainsi de l'une contre l'autre. Pour porter un jugement équitable sur deux méthodes réellement distinctes, il est nécessaire de les considérer chacune dans son objet et ses attributions propres. Il faudrait aussi définir exactement ce que l'on entend par ces mots de pensée pure : les contempteurs de la métaphysique en abusent beaucoup. Nous dire que ces mots désignent le système de ceux qui partent de l'idée pour expliquer le monde, ce n'est guère satisfaisant. C'est là l'idéalisme de Hegel, pour qui la science n'était que la déduction *a priori* de tout ce qui est contenu dans l'idée d'être, mais ce n'est certainement pas celui des scolastiques qu'on a pourtant toujours plus ou moins en vue dans ces sortes de remarques ou d'attaques. Ils ne partent pas de l'idée, eux, pour expliquer le monde, mais tout simplement du monde lui-même. Etant donnée leur doctrine sur l'origine sensible de nos idées, ils ne peuvent reconnaître à leurs spéculations, même les plus hautes, d'autre matière que les données de l'expérience; ces spéculations ne sont pour eux que la réalité ramenée à ses éléments intelligibles les plus simples et les plus universels.

Il est vrai que l'expérience qui leur sert de point d'appui en philosophie est toute vulgaire, s'identifiant avec la connaissance intuitive des phénomènes communs que la nature offre indistinctement à l'observation de tous les hommes. Mais ces faits généraux qui se manifestent d'eux-mêmes aux sens et à la conscience, suffisent au métaphysicien qui peut en dégager ses données transcendantales. Un pied de terre sur lequel se trouve un cerveau qui pense suffirait à la rigueur. Mais, si réduite que puisse être cette base sensible, elle n'en est pas moins d'une absolue nécessité. Il nous est donc permis, à nous qui soutenons cette doctrine, de repousser le reproche de partir de l'idée pure pour expliquer le monde. Nous partons, tout au plus, des principes premiers obtenus par généralisation immédiate; nous développons ces principes par les moyens du raisonnement, et rien ne prouve que ce travail de déduction logique ne soit pas fructueux, si l'on a soin de se renfermer dans le domaine de l'universalité qui est propre à la philosophie. Rien n'empêche, du reste, d'élargir la base sensible dont nous parlons.

A vrai dire, ce n'est pas la confiance dans la philosophie spéculative que le progrès des sciences a fait perdre, c'est plutôt le goût de cette philosophie. Ce sont là deux choses qu'il convient de distinguer soigneusement. Une certaine appropriation du sujet est nécessaire pour qu'il se porte à l'étude d'une science quelconque, et même pour qu'il puisse en comprendre toute l'importance et toute la vérité. Or, on conçoit très bien des temps et des milieux où cette disposition subjective pour un certain ordre de connaissances fait généralement défaut. C'est précisément ce qui s'est produit dans le monde contemporain au sujet des études spéculatives. Notre esprit ne peut s'attacher fortement à un point de vue sans laisser les autres dans l'obscurité. Les recherches positives ayant absorbé l'attention générale, on est arrivé peu à peu à leur donner une importance exclusive; seuls, leurs procédés ont paru efficaces; seuls, leurs résultats dignes des labeurs de l'homme d'étude. « Qu'une teinte jaune frappe d'abord mon œil, disait un peintre, il m'est impossible, sur le moment, de voir les autres couleurs dont le propre serait de me causer une sensation incompatible avec celle qui me possède; si les rouges et les bleus ne sont pas anéantis pour moi, c'est à travers mon impression du jaune, comme à travers une atmosphère teintée, que j'en reçois les rayons. J'étais libre en commençant, mais le ressort de mon être a reçu une impulsion, et il a désormais ses volontés; il repousse ou transforme ce qui voudrait l'arrêter brusquement dans la ligne de son mouvement. »

Il s'est passé, sur une plus vaste échelle, un phénomène psychologique tout semblable dans la question qui nous occupe : l'esprit public, orienté vers les connaissances positives, repousse, lui aussi, tout ce qui n'entre pas dans la ligne de son mouvement; enfermé dans les réalités concrètes, il regarde la région des idées abstraites comme un monde peuplé de chimères et de fantômes; il a perdu, en un mot, toute adaptation, toute appropriation immédiate aux études spéculatives. Rien de plus réel, malgré son caractère tout moral, que cette cause de la défaveur actuelle de l'absolu et de la métaphysique. Elle fait bien comprendre comment le fini et les intérêts ont fait abandonner tout idéalisme. Cependant, elle n'est pas la seule cause du fait que nous rappelons ici. On pourrait en signaler beaucoup d'autres, par exemple, le développement monstrueux et maladif de la littérature de sensibilité et d'imagination.

Par suite de cet abus, des esprits même distingués par ailleurs ont contracté une certaine impuissance à s'élever jusqu'à l'idée purement intellectuelle; ils ne savent plus distinguer entre sentir et comprendre, ne voient plus bien la différence qui existe entre se représenter une chose par l'imagination et la concevoir par la raison, entre l'image sensible de cette chose et sa définition philosophique. Si le monde des réalités individuelles existe peu pour le spéculatif de profession, le monde des idées abstraites existe encore bien moins pour l'homme atteint de l'hypertrophie de sensibilité en question. Cet homme, malgré ses prétentions à l'intellectualité, a sa place marquée parmi ces anciens philosophes dont saint Thomas nous dit qu'ils ne pouvaient s'élever au-dessus de l'imagination : *Antiqui philosophi imaginationem transcendere non valentes* (1).

---

(1) *Sum. theol.*, I, q. LXXV, art. 1.

A ce régime, les esprits se forment un tempérament intellectuel qui les rend à peu près incapables d'une idée générale ou d'une notion abstraite des choses. Si, au moins, ils gardaient un silence respectueux à l'égard de considérations pour lesquelles ils n'ont aucune compétence : mais, oublieux de leur condition, ils tranchent les questions les plus hautes et se livrent à des négations du caractère le plus absolu.

Nous serions tentés de voir aussi une cause du peu de goût et d'estime actuel pour les études abstraites dans la diffusion même du savoir à notre époque. Et cela n'a rien de paradoxal.

De sa nature, la science est plutôt aristocratique, et combien c'est vrai surtout de la philosophie première en qui toute science aspire à se résumer. Or, pour se faire accepter du grand nombre, la science doit nécessairement se rapetisser, se rapprocher de l'utile et de l'agréable, se montrer sous ses côtés les plus superficiels et les plus voyants. Volontiers alors, au lieu d'exposer et de prouver des doctrines, on se contente d'en faire l'histoire plus ou moins anecdotique. On comprend qu'en suivant cette pente, on arrive peu à peu à éliminer des sciences et de leur enseignement tout ce qui ressemble de près ou de loin à la métaphysique et même à une doctrine quelconque. Sans attacher plus de portée qu'il ne convient à cette considération, on ne saurait en mettre en doute la réalité. Et plus on examine les causes de la prétendue « déconfiture de l'absolu », plus on se persuade qu'elles se rattachent presque toutes à un étiolement des intelligences ; elles accusent, en général, une exagération de la sensibilité, un besoin maladif d'émotions et de couleurs, au détriment de la pensée pure. Qu'on cesse donc de voir un progrès dans ce qui pourrait bien n'être, au fond, qu'un état de faiblesse cérébrale.

# CHAPITRE IV

# Crise de l'intelligence contemporaine
# Le remède dans saint Thomas

L'intelligence a ses maladies comme la volonté. Malgré certaines apparences contraires, l'intelligence contemporaine n'en est pas exempte. L'état avancé de notre civilisation matérielle ne doit pas nous faire illusion sur ce point. On peut faire des expériences sans acquérir de l'expérience, c'est-à-dire sans s'instruire, dit fort judicieusement Cl. Bernard. C'est ce qui s'est produit à notre époque dans une large mesure. Il y a quelque chose d'atteint dans l'énergie intellectuelle des hommes de nos jours. La pensée vulgaire comme la pensée scientifique présentent d'incontestables symptômes de dégénérescence. N'est-ce pas un fait qu'il existe, parmi nous, dans le monde des idées, une confusion babélique, une décevante et perpétuelle mobilité ? Tout y est sans cesse remis en question. L'entente intellectuelle ne peut se faire même sur les tout premiers principes de la raison. C'est en vain qu'ils sont moins l'apanage de l'individu que de l'espèce, comme le remarque saint Thomas : *cognoscere prima intelligibilia est actio consequens speciem humanam* (1). On ne peut que regretter vive-

(1) S. THOM. *Sum. theol.*, q. LXXIX, art. 5.

ment cet état de choses. Il résulte de quelques tendances ou dispositions générales que nous allons noter et analyser brièvement pour en montrer la contrepartie et le remède dans la saine philosophie de saint Thomas.

Il faut voir une première manifestation de la crise dont nous parlons dans *l'oblitération progressive* de toute distinction entre sentir et penser, imaginer et comprendre. Nous ne parlerons pas de la pensée vulgaire : on sait qu'elle n'a jamais pénétré bien profondément dans le monde des idées pures. Le règne du cinéma n'est assurément pas fait pour la rendre plus intellectuelle. On doit en dire autant des bribes de connaissances scientifiques si communes à notre époque. Ayons le courage de le reconnaître et de le dire : l'enseignement primaire tel qu'il est pratiqué de nos jours n'apporte le plus souvent aucune science appréciable et devient, par là même, fatal au bon sens populaire. Du reste, les savants eux-mêmes sont loin de distinguer nettement l'ordre sensible de l'ordre intellectuel. Leur tendance la plus ordinaire est de les confondre ou de les sacrifier l'un à l'autre. Dans la partie théorique de leur science, tout est pensé et défini en fonction du *sensible individuel*. Pour eux, la connaissance n'a de valeur réelle que par son adaptation exacte au fait particulier : adaptation entendue d'une manière exclusivement empiriste ou sensualiste. Cette conception se fait jour partout dans les œuvres des savants et des philosophes contemporains étrangers à la tradition scolastique. Ainsi, la philosophie nouvelle ou bergsonienne n'est, au fond, qu'un retour à la sensation, comme l'a proclamé W. James lui-même : « Replongez-vous dans le flux des phénomènes, nous dit Bergson, si vous voulez connaître la vérité.....; tournez-vous vers la sensation, vers cette chose liée à la chair et que le rationalisme a toujours comme telle accablée d'injures. » (1) Inutile de dire combien cette dernière remarque tombe à faux lorsqu'il s'agit de l'intellectualisme de saint Thomas. Celui-ci, en effet, ne sépare nullement la raison des choses et de l'expérience. Il nous laisse en pleine possession de la réalité concrète et individuelle. Il n'a rien de commun avec l'intellectualisme de Malebranche, par exemple, qui renferme l'esprit en lui-même et ne voit guère dans les sensations qu'une cause d'erreur. Mais revenons à notre sujet.

On peut voir aussi une manifestation de la tendance dont nous parlons dans l'idée que de nombreux savants se font de l'abstraction et de l'universel. « L'abstraction, nous dit l'un d'eux, est une opération très simple, élémentaire en quelque sorte, que l'on emploie à chaque instant sans y penser. Un enfant préfère une robe pour sa couleur, faisant abstraction de tout le reste, la forme, la nature de l'étoffe, etc. » (2) C'est très simple, en effet. Cependant, on ne peut nier que l'abstrait ne soit le produit de l'abstraction. Or, il annonce et contient manifestement autre chose que le partage de l'attention et de l'intérêt entre des propriétés concrètes et individuelles. On dira, sans doute, que cette autre chose est un apport de la

---

(1) W. JAMES, *Philosophie de l'expérience*, leçon VI.
(2) P. DELBET, *la Science et la réalité*.

généralisation. Mais c'est reculer la difficulté et non la résoudre. Généraliser, c'est abstraire : l'*universel* est le résultat d'une abstraction. C'est uniquement en tant qu'abstrait, tout au moins du mode d'*être individuel*, qu'il revêt un caractère de généralité. Au surplus, l'interprétation que ces mêmes savants nous donnent de l'idée générale n'est pas faite pour rendre à l'abstraction sa véritable portée ni pour nous éclairer sur sa nature. On sait qu'ils n'y voient qu'une sommation de faits particuliers, une évocation d'un grand nombre de constatations individuelles. Ainsi, on affirme que l'expression « l'homme » signifie simplement tous les hommes. Pour tout dire en un mot, l'idée générale n'est pour eux que le total, le résumé de l'observation. Ainsi, tout ce qui dépasse ou semble dépasser la sensation est porté au compte du subjectif, de l'arbitraire, de la commodité ou de la convention. Qu'y a-t-il au fond de tout cela? Tout simplement une réduction de l'idée intellectuelle aux dimensions de l'image et de la réalité sensibles et individuelles. C'est la négation théorique et surtout pratique de toute distinction entre l'entendement et les facultés sensitives. C'est là un des grands courants de la pensée contemporaine, qui se trouve ainsi ramenée au premier stade de l'histoire de la philosophie que saint Thomas décrit en ces termes : *antiqui, ignorantes vim intelligendi et non distinguentes inter sensum et intellectum, nihil esse existimaverunt in mundo, nisi quod sensu et imaginatione apprehendi potest* (1). Il

---

(1) S. THOM. *Sum. theol.*, I, q. XIV, art. 12.

n'y a guère autre chose dans la philosophie scientifique actuelle.

La doctrine de saint Thomas est tout autre. Elle correspond si bien aux manifestations élémentaires de notre vie intellectuelle et psychique telles que le langage commun nous les révèle, qu'elle s'impose en quelque sorte à notre assentiment par une simple exposition. Nous n'en rappellerons ici que les données fondamentales. Elle distingue nettement entre l'ordre sensible et l'ordre intellectuel, entre imaginer et comprendre. Le sensible, comme l'image qui le représente, sert de matière à la formation de l'idée : la sensation est le point de départ et non le principe de l'intelligence. Ce n'est pas une différence quantitative seulement, mais intrinsèque et essentielle qui existe entre sentir et penser. Ces deux actes ne portent pas sur le même objet formel. En d'autres termes, ils peuvent s'exercer sur le même objet, mais ils ne l'atteignent pas sous le même angle. Les sens le saisissent uniquement dans son mode d'être concret et individuel. L'esprit lui prend le même objet, mais bien plus haut. Il en perçoit les caractères communs et les considère à part de leur mode d'être individuel. C'est l'œuvre de l'abstraction ou de la généralisation qui est tantôt immédiate, comme c'est le cas des notions premières et transcendantales, tantôt savante et laborieuse, comme il arrive pour la connaissance des lois naturelles. Ainsi l'objet propre des sens, c'est le *concret individuel*, l'objet propre de l'intelligence, c'est *l'universel*. Nous sentons et comprenons la *même chose* : seulement les sens l'atteignent dans sa forme sensible et individuelle reliée au temps et à l'espace ; l'esprit, lui, en saisit la réalité spécifique ou générique, la forme intelligible et universelle. D'un côté, nous avons la copie d'une réalité particulière, de l'autre nous en avons l'expression ou l'idée générale.

Il résulte de ces notions bien comprises que l'idée *intellectuelle* ne représente que les caractères spécifiques ou généraux du fait ou phénomène particulier correspondant : *species intelligibilis intellectus nostri est similitudo rei quantum ad naturam speciei quæ est participabilis a particularibus infinitis* (1). Par ces derniers mots, il faut entendre que le contenu de l'idée définie de la sorte peut prendre corps et se réaliser dans le concret indéfiniment. Ces réalisations individuelles peuvent disparaître; mais ce qui en exprime le fonds universel, le modèle abstrait et pur, demeure toujours. C'est pourquoi la *science* acquise est impérissable. Cette philosophie, qui répond à tant de difficultés, est bien méconnue et surtout ignorée des modernes. On les voit mentionner ou exposer longuement les systèmes les plus alambiqués et les plus exclusifs et passer sous silence la belle et apaisante théorie de la connaissance d'après saint Thomas et les plus grands écrivains de l'Ecole. C'est l'effet d'un préjugé aussi tenace que regrettable. Ce n'est pas le seul qui pèse sur la philosophie scientifique actuelle au sujet des doctrines et des méthodes scolastiques : le règne de l'absolu, le finalisme aristotélicien, la réalisation de l'abstrait, l'entitéisme, l'abstraction verbale,

---

(1) S. THOM. *Sum. theol*, I, q XIV, art. 12.

le procédé *a priori*, sont autant de clichés et de lieux communs qui, pour revenir sans cesse dans les ouvrages de nos savants, n'en répondent pas moins à rien dans la philosophie des grands docteurs scolastiques : nous parlons, bien entendu, de leur vraie doctrine et non pas de celle que Bacon, Descartes et tant d'autres ont dénaturée ou mal comprise.

Nous disions donc que l'idée purement intellectuelle n'exprimait que la nature commune, les caractères spécifiques de la réalité concrète et individuelle : *naturam speciei*. Par ce trait fondamental, elle se distingue nettement de toute image ou représentation sensible. Ainsi elle est *une*. Elle n'a rien de commun avec une collection ou un simple total d'objets ou de phénomènes particuliers comme tels. Il est vrai qu'elle éveille la pensée du multiple; mais elle ne le contient qu'en puissance seulement. Les faits particuliers ne sont ni exprimés ni représentés formellement en elle. Ils y sont, si l'on veut, mais comme dit saint Thomas: *non in quantum distinguuntur ad invicem, sed secundum quod communicant in natura speciei* (1). Nous avons de la sorte l'unité d'une multiplicité. Il y a unité de concept, de chose immédiatement signifiée : l'idée vraiment générale est celle qui se rapporte directement à un objet général, c'est-à-dire à la nature désindividualisée, à la réalité spécifique du particulier. C'est dans ce sens qu'on dit couramment que la science porte sur le général et non sur l'individuel. On ne saurait prétendre qu'une connaissance de ce genre est

---

(1) S. THOM. *Sum. theol.*, I, q. XIV, art. 12.

irréelle; car c'est l'expérience qui en fournit la matière. Par ailleurs, l'idée générale n'est rien autre que l'expression constante et abstraite des rapports connus plus ou moins directement dans l'expérience. Pour n'exprimer immédiatement aucun fait particulier, une idée n'en est pas moins précieuse. Ainsi, quand je dis : *tout être contingent implique une cause; la somme des trois angles d'un triangle est égale à deux droits,* mon jugement ne se rapporte expressément à aucun objet déterminé. Mais il ne manque pas pour cela de réalité objective : l'individualité ne représente qu'un mode d'être relativement à la *science* d'un objet quelconque. D'où il suit que l'idée intellectuelle ou générale a une valeur propre, indépendante de tout *usage empirique,* pour nous servir du langage de Kant.

Et cette même idée est non seulement *une,* mais encore *intemporelle.* Quant à son contenu objectif, elle ne se rattache, à proprement parler, ni au temps ni à l'espace. Elle est manifestement la même pour tous. Ainsi, l'idée de triangle est pour nous ce qu'elle était pour les pythagoriciens. « La géométrie des Grecs, dit G. Bouty, est parfaitement d'accord avec la nôtre. Les plus anciens documents écrits qui sont parvenus jusqu'à nous nous sont demeurés intelligibles. Il ne semble donc pas que la raison humaine ait éprouvé aucune modification appréciable depuis les temps les plus reculés. Nous savons avec quelle facilité les Japonais, par exemple, se sont assimilé notre science actuelle. Leur raison est donc identique à la nôtre. La raison n'est une affaire ni d'époque ni de race. » (1)

---

(1) E. BOUTY, *la Vérité scientifique,* v. 1".

Nous ferons seulement remarquer que le mot raison a deux sens : l'un, subjectif, par lequel il désigne la faculté de penser ; l'autre, objectif, qui s'entend des vérités acquises, surtout des vérités premières qui, par leur évidence immédiate, s'imposent à notre esprit. L'oubli de cette distinction est bien souvent une cause de confusions regrettables et même d'erreurs chez les philosophes et les savants contemporains. En tout cas, on ne peut nier que l'idée intellectuelle scientifique ne soit affranchie du temps et de l'espace : le rapport qu'elle énonce se vérifie partout et toujours, même pour les lois naturelles quand les conditions en sont données. C'est grâce à ce caractère de *l'idée* que la science une fois constituée ou établie est durable : les réalités individuelles et concrètes qui étaient son point de départ peuvent disparaître, elle n'en demeure pas moins comme le patrimoine commun de tous les hommes présents et futurs. Seul, le caractère impersonnel et intemporel de la représentation intelligible des choses rend possible la communion des intelligences à travers les âges. La vérité d'un jugement qui porte sur un fait *contingent individuel*, envisagé expressément comme tel, se trouve limitée sous tous rapports. Un autre caractère de l'idée purement intellectuelle objectivement prise, c'est d'être *prédicable* de chacun des cas ou faits particuliers qui lui correspondent. Rien ne prouve mieux que l'idée générale n'est pas la collection ou la somme des réalités individuelles et contingentes. S'il en était ainsi, l'universel n'aurait aucune application en dehors de la collection ou du total. Quel est le tout quantitatif qui peut être attribué à l'une de ses parties ? Le toit n'est pas la maison, l'oxygène n'est pas l'air, Jean n'est pas le collège apostolique, etc. Le tout universel, au contraire, peut être correctement attribué à chacune de ses parties subjectives. Ainsi, après avoir dit d'une manière générale : l'homme est mortel, j'affirme la même chose de chaque individu de l'espèce humaine ; après avoir dit : le métal est bon conducteur de la chaleur et de l'électricité, j'affirme la même propriété de l'or, du fer, du platine, etc. *Totum universale*, nous dit saint Thomas, *adest cuilibet parti ejus et secundum esse et secundum perfectionem et proprie prædicatur de parte sua, non autem totum integrale* (1). Toutes les difficultés que les savants et les philosophes modernes font concernant la réalité de l'inférence dans le syllogisme et l'induction complète viennent d'une confusion du tout arithmétique ou quantitatif avec le tout universel. Dans l'induction complète, nous ne passons pas des parties quantitatives, toutes énumérées ou connues, à un tout de même ordre : non, nous passons des faits ou sujets *individuels* séparément donnés à un tout *universel*. Les faits ou sujets en question, qu'on le remarque bien, ne sont pas les composants actuels de ce tout une fois formé. Par ailleurs, avant la formation de ce dernier, ce n'est que très improprement qu'ils sont dénommés *parties*. Il y a tout autre chose qu'une addition ou sommation de réalités particulières dans l'opération inductive : il y a passage de la forme *chaque* à la forme *tout* et, dans

---

(1) S. THOM. *Sum. theol.*, I, q. LXXVII, art 1.

le cas de l'induction complète, du tout arithmétique qui ne cesse pas d'être particulier, au tout universel, générique ou spécifique. C'est l'inférence la plus réelle et la plus riche qu'il nous soit donné d'accomplir. La supériorité de l'homme s'y révèle tout entière. N'est-ce pas l'idée générale qui est la condition et le véritable instrument du progrès humain? Il n'y a qu'à jeter un coup d'œil sur le règne animal pour s'en convaincre. La matière reçoit la forme à l'état individuel. Notre esprit la reçoit à l'état universel, c'est-à-dire dégagée de sa gaine empirique et des caractères qui l'individualisent. Les propriétés de l'idée intellectuelle que nous venons de rappeler sont manifestement incompatibles avec celles de l'image ou de la représentation sensible, avec celles de la copie pure et simple d'une réalité concrète et individuelle. Nous croyons même inutile d'insister sur cette opposition. Nous pourrions signaler bien d'autres différences tout aussi irréductibles. Mais nous devons nous borner. Les considérations qui précèdent suffisent à nous faire comprendre la gravité d'une crise qui résulte de la confusion de l'ordre sensible avec l'ordre intellectuel : elles nous montrent en même temps que la doctrine de saint Thomas nous fournit un moyen sûr et efficace d'y remédier. Rien de plus fréquent que de prendre la philosophie moderne et scientifique en flagrant délit de confusion entre imaginer et comprendre. On nous dira, par exemple : l'espace n'existe pas; car s'il existait il faudrait qu'il fût fini ou infini ; or, il ne peut être ni l'un ni l'autre.

Les scolastiques, qui savaient distinguer entre la

définition et la représentation sensible d'une chose, entre l'espace réel et l'espace imaginaire, n'auraient jamais osé produire un dilemme semblable.

La méconnaissance théorique et pratique de toute distinction entre le sensible et l'intelligible, tel est le premier trait caractéristique de la pensée scientifique à notre époque. Il en est un autre non moins fondamental qu'il convient de signaler; c'est *l'élimination, dans toute édification scientifique, de l'idée même du nécessaire*. Il faut voir là une des principales causes de la confusion et de l'anarchie qui règne dans la spéculation intellectuelle contemporaine. En général, on ne peut nier que la pensée moderne n'ait sacrifié le nécessaire au contingent. La place faite à l'histoire parmi les sciences humaines en est une première preuve. N'a-t-on même pas voulu faire de toute science une histoire? Dans ce but, on a raisonné de la sorte : le vrai n'est pas vrai en soi; il n'y a pas de nature des choses, pas de vérités nécessaires. Ce qui existe, ce sont des états d'opinions qui sont eux-mêmes les effets de la condition perpétuellement changeante de l'humanité. La vérité n'exprime que l'état d'esprit de celui qui l'énonce. Les opinions et les systèmes se déterminent d'après les mentalités successives des individus, des peuples et des siècles. Or, quelle est la science qui a pour objet les manifestations de la pensée et de l'activité humaine dans la série des temps? C'est l'histoire. Il lui appartient donc de nous faire connaître le déploiement des forces de l'esprit humain à travers les âges. Etant donnée l'individualité du vrai, cette œuvre est, à proprement parler, la seule qui soit scientifique. On ne saurait porter un autre jugement sur les idées et les systèmes que celui qu'ils expriment eux-mêmes en se transformant. Le seul ordre rationnel qui leur convienne est leur succession elle-même. C'est ainsi que toute science devient une histoire.

Il n'est pas nécessaire de s'être livré à de longues recherches ni à de profondes méditations sur les courants de la pensée moderne pour savoir qu'elle se rattache par les liens les plus étroits aux idées ou tout au moins aux tendances que nous signalons. Ces idées ne se présentent pas toujours sous une forme systématique : elles ne vont pas toujours aux conséquences extrêmes que nous venons d'exposer. Mais elles n'en inspirent pas moins consciemment un grand nombre d'écrivains de nos jours. S'il en est parmi eux qui reconnaissent une nature des choses, un ordre de vérités idéales, ils ne tardent pas à se démentir eux-mêmes, en supposant que les choses sont par définition ce qu'elles sont dans l'histoire. Pour eux, le travail de la science consiste à rechercher à travers le temps et l'espace les différentes solutions proposées pour résoudre tel ou tel problème. C'est le relativisme dans toute sa rigueur. Nous ne reviendrons pas sur ce que nous avons dit concernant le relatif et l'absolu. Nous ferons simplement observer que ce n'est point par des arguments purement historiques que ses auteurs cherchent à l'établir et à le défendre. Qu'ils le veuillent ou non, ils se placent pour cela sur le terrain de la philosophie rationnelle : ils abandonnent, par le fait même, la thèse qu'ils se proposent de soutenir.

C'est la contradiction dans laquelle tombent tous ceux qui veulent organiser scientifiquement les faits particuliers, l'expérience brute, sans recourir à d'autres données, à d'autres éléments que ceux qui nous sont fournis *directement* par cette même expérience. Ils font nécessairement appel à des principes d'ordre rationnel pour parfaire leur œuvre. La contradiction est particulièrement flagrante lorsqu'il s'agit d'organiser la connaissance avec les seules données de l'histoire. Celle-ci atteint l'être dans le fait contingent de son existence. Ce n'est pas en se maintenant dans ce cadre que l'historien pourra édifier un corps de doctrines. Les auteurs les plus portés à grandir le rôle de l'histoire le reconnaissent eux-mêmes : « Comment de l'histoire, dit l'un d'eux, faire sortir une philosophie de la nature et de Dieu? Comment ériger le témoignage en une méthode universelle qui s'applique à la solution de tous les problèmes que se pose l'esprit humain? L'histoire ne nous apprend que ce qui s'est passé, et combien étroit est son empirisme si elle ne porte que sur les manifestations de l'activité humaine. » (1) Qu'est-ce à dire sinon qu'on ne saurait constituer une science avec les réalités directement connues. Il est indispensable, pour ce travail de coordination, de faire appel à des principes et même à des sciences d'ordre rationnel. L'histoire, moins que toute autre, échappe à cette nécessité.

Mais ce n'est pas seulement par la place faite à l'histoire dans les sciences humaines que notre époque

---

(1) G. SÉAILLES, *Ernest Renan*.

a manifesté son incompréhension et son éloignement pour la notion du nécessaire dans la science. C'est encore et surtout par l'idée exclusive qu'elle s'est faite du *rôle et de la portée de l'expérience*. Pour elle, la raison et l'expérience sont un seul et même terme. Mais cette formule n'est pas seulement équivoque; elle cache les plus graves erreurs. Elle n'est rien autre, au fond, que la négation implicite de toute distinction entre les vérités de raison et les vérités de fait : négation qui est à la base de la philosophie scientifique contemporaine. De là tant d'efforts pour établir une interprétation purement empiriste de l'idée générale et pour faire de toute science, même de la mathématique, une science d'expérience. Ne pouvant se résigner à ne recueillir que l'expérience brute, nos savants s'efforcent à faire œuvre scientifique, c'est-à-dire universelle, avec la réalité confuse et les contours flottants des choses. La pensée que l'abstraction fait perdre tout contact avec le réel ne les abandonne jamais. C'est pourquoi ils ont tenté de composer même les premiers principes, les jugements nécessaires et universels avec les données immédiates de l'expérience : données forcément individuelles et contingentes. En d'autres termes, ils ont mis dans l'expérience seule la raison déterminante de notre adhésion à ces principes. Ils ont détruit de la sorte le caractère de nécessité et d'universalité inhérent aux vérités premières. A. Bain traduit exactement l'opinion des auteurs dont nous parlons, dans le passage suivant. Après avoir dit que la preuve de l'axiome est l'expérience constante et non démentie, il ajoute : « Nous pouvons avoir constaté mille fois que les grandeurs qui coïncident avec une autre grandeur coïncident entre elles : dans les limites de notre expérience, la chose est sûre et l'évidence de l'essai actuel est aussi grande que possible. Mais tout cela ne prouve pas qu'il en sera de même dans les cas non observés. Il faut le croire sans qu'on puisse le prouver. Cette croyance n'a pas d'autre principe qu'elle-même. Si nous croyons avoir trouvé une preuve qui la démontre, nous ne faisons, en réalité, que la poser en principe sous une autre forme. » (1) D'où il suit que les axiomes, les premiers principes eux-mêmes, n'ont qu'un degré de vraisemblance proportionnelle au nombre des cas observés. Leur valeur est toujours incertaine, puisqu'elle reste à la merci d'une découverte. Il s'est trouvé des savants pour tirer les conclusions les plus extrêmes de cette doctrine. Puisque les principes ne se démontrent pas, on ne doit voir en eux, ont-ils dit, que des conventions commodes dont il est aussi déraisonnable de chercher si elles sont vraies ou fausses que de demander si le système métrique est vrai ou faux. Bien plus, la signification des premiers éléments sur lesquels le raisonnement s'appuie n'a pas d'importance : ce qui importe, c'est que le travail dont ils sont le point de départ soit cohérent. On le voit, les principes dans cette théorie se trouvent réduits, en définitive, à de simples hypothèses. Ainsi, en voulant faire de l'expérience immédiate la justification de toute proposition, on finit par porter atteinte aux fondements éternels de la pensée.

---

(1) A. BAIN, *Logique déductive et inductive*, t 1ᵉʳ, p. 331, traduct. G. COMPAYRÉ

Tout cela procède d'une idée fausse des rapports de l'abstrait avec le réel. L'objet de la science, nous dit-on encore, ne peut être que le réel. Or, notre notion du réel se réduit à peu de chose. En l'exprimant, notre esprit le simplifie, le décolore, le déforme ou, en tout cas, le traite abstraitement. On sait tout le mal qu'une certaine philosophie pense de notre connaissance par concepts. « Le caractère essentiel de la vie, écrit W. James, est de changer continuellement. Or, tous nos concepts sont fixes et discontinus, et la seule façon de les faire coïncider avec la vie est de supposer arbitrairement des points où la vie s'arrête : c'est avec ces points d'arrêt que nos concepts peuvent s'accorder. Mais ces concepts ne font pas partie de la réalité. Ce ne sont pas des positions prises par elle, ce sont plutôt des suppositions, de simples notes prises par nous, et nous ne pouvons pas plus puiser la substance de la réalité par leur moyen que nous ne pouvons puiser de l'eau avec un filet, quelque serrées qu'en soient les mailles. » (1) En suivant la méthode conceptuelle ou abstraite, nous transformons donc la vie qui s'écoule, nous en arrêtons le mouvement pour la découper. La connaissance ainsi obtenue ne peut être qu'artificielle, mais elle a l'avantage d'être commode. La traduction conceptuelle s'inspire, en effet, des intérêts de la pratique. Nous sommes faits pour agir, mais voulant connaître d'une façon désintéressée, nous appliquons tout naturellement à la spéculation les procédés de la connaissance nés de la pratique.

---

(1) W. JAMES, *Philosophie de l'expérience*, leçon VI.

On sait quelle faveur ces idées rencontrent aujourd'hui dans certains milieux. Elles ne sont, à vrai dire, qu'une forme particulière du vaste mouvement antiintellectualiste qui s'est produit ces dernières années. Il a eu pour résultat de ruiner la notion du nécessaire et de l'absolu dans un grand nombre d'âmes. Les conséquences morales de cet état de choses sont aussi déplorables que ses conséquences spéculatives. Car la nécessité se présente sous divers aspects. Comme le fait justement observer Balmès : « En général, dit-il, on entend par être nécessaire celui qui ne peut point ne pas exister » ; mais les acceptions du mot *ne peut* sont très multipliées. Exemple : sens moral de ce mot : « Je ne puis m'affranchir de ce devoir » (1) ; sens physique : un paralytique ne peut se mouvoir ; sens métaphysique : un triangle ne peut être un quadrilatère. Dans le premier exemple, l'obstacle tient à la loi ; dans le second, il tient à la nature ; dans le troisième, à l'essence même des choses. Dans toutes les suppositions, la nécessité implique l'impossibilité du contraire et la nécessité participe de l'impossibilité. Lorsqu'on place dans le témoignage direct de l'expérience l'unique et suprême critérium de toute proposition, on s'occupe de ce qui *est* et non de ce qui *doit* être. D'où les conséquences morales dont nous parlons. On ne saurait donc le nier : la philosophie et la science modernes ont opéré une dissociation complète entre le contingent et le néces-

---

(1) BALMÈS, *Philosophie fondamentale*, t. III, l. X, c. 1ᵉʳ, traduct. MANEC.

saire et ont constamment opposé ces deux notions l'une à l'autre dans un conflit mortel. Par toutes ses conceptions fondamentales, la doctrine philosophique de saint Thomas s'éloigne de ces systèmes et de ces tendances. Elle éveille, à la fois, le sens du nécessaire et du contingent : rien ne lui est plus étranger que de les sacrifier l'un à l'autre. Elle nous les montre, au contraire, comme formant, dans nos connaissances, un tout solide et harmonieux. Au lieu de s'exclure, ils s'éclairent et se complètent mutuellement.

Tout d'abord, la doctrine en question, disons-nous, ne sacrifie pas le contingent. Par sa théorie de l'origine sensible des idées, elle fait la plus large part à l'expérience : elle en proclame la nécessité primordiale. Pour elle, la pensée ne préexiste nullement à la sensation : elle trouve en elle son point de départ plus ou moins prochain. Aucune philosophie n'a plus catégoriquement affirmé qu'elle les droits de l'expérience, ni fait une aussi large part aux réalités sensibles dans la formation de nos connaissances spéculatives et rationnelles. Ce caractère de la doctrine de saint Thomas est tellement évident que nous croyons inutile de le démontrer par des textes. Il suit de là que les recherches les plus positives des sciences naturelles et de l'histoire sont pleinement conformes au principe et à l'esprit de cette doctrine. On ne manquera pas, sans doute, d'objecter qu'elle n'a créé aucun courant dans ce sens, même au plus beau jour de son règne : on invoquera le témoignage suivant de Bacon : « Les théologiens scolastiques avaient beaucoup de pénétration et jouissaient d'un grand loisir; mais ils ont eu trop peu de lecture. Ainsi que leurs corps étaient renfermés dans les cellules de leurs monastères, on peut dire en quelque sorte que leurs esprits étaient aussi renfermés dans les écrits d'un petit nombre d'auteurs. Ils ignoraient presque entièrement l'histoire. » (1) Nous répondrons brièvement qu'on ferait difficilement passer saint Thomas pour un homme de peu de lecture. Par ailleurs, on ne saurait raisonnablement reprocher aux scolastiques de n'avoir pas cultivé toutes les sciences. La loi de la division du travail s'applique, dans une certaine mesure, même aux différentes époques de l'histoire. Ils se donnaient comme philosophes et théologiens. Or, qui oserait nier la valeur et la portée considérable de leurs travaux dans ce domaine? C'est en philosophes et en théologiens et incidemment qu'ils ont touché aux sciences naturelles. C'est toute l'explication des erreurs qu'ils ont commises sur ce terrain. Théoriquement, leurs idées sur la méthode qui convenait à ces sortes de sciences étaient irréprochables: elles se résumaient dans ces mots de saint Thomas : *qui negligit sensum in naturalibus incidit in errorem* (2). Si, en fait, ils n'ont pas toujours suffisamment pris pied sur les réalités concrètes, ils ne les ont jamais éliminées, en principe, de la science. Ils leur ont toujours fait, au contraire, la plus large part.

Saint Thomas ne sacrifie pas davantage le *nécessaire*. L'expérience nous montre ce qui est : son témoi-

---

(1) *De augm. scient.*, traduct. de M. EMERY, *Esprit de Bacon*.
(2) S. THOM. *In Bœthium de Trinit.*, q. V, art. 2.

gnage est particulier et contingent. Mais elle n'est qu'un commencement de la science. Pour se constituer, celle-ci doit passer du particulier au général, du contingent au nécessaire. Dans ce passage, nous n'atteignons pas des réalités différentes de celles qui sont à notre point de départ. Non, nous ne faisons que nous élever de la réalité concrète et individuelle à la réalité spécifique, de la représentation sensible à l'idée intellectuelle, c'est-à-dire la forme de l'être dégagée des caractères qui l'individualisent : *ad naturam speciei*. Nous appliquons ensuite le contenu spécifique de cette idée ou de cette forme aux sujets ou aux cas particuliers qui se présentent : elle nous est un moyen de les reconnaître et de les juger. C'est dans ce sens que saint Thomas nous dit : *ratione universali utitur sciens et ut re scita et ut medio sciendi* (1). Le reproche d'*extériorité* qu'on adresse à l'idée et à la connaissance intellectuelle, telle que nous venons de la définir, n'a aucun fondement. Cette idée nous laisse en pleine possession du réel le plus individuel et le plus concret : rien ne nous empêche de l'appliquer à ce dernier saisi par nos facultés sensitives. Par cette application, notre connaissance acquiert toute la plénitude et toute la perfection qu'elle peut avoir, étant données les conditions de notre nature humaine. Le grand tort de l'intuitionisme bergsonien et de l'antiintellectualisme en général dans leur critique de l'idée abstraite ou conceptuelle, c'est de vouloir que notre entrée en possession du réel se fasse par une seule faculté et même

---

(1) S. Thom. *In Boetium de Trinit.*, q. VI, art. 2.

par un seul acte. Ériger en principe cette exigence si manifestement contraire au fait de la multiplicité de nos puissances et de nos actes, c'est se condamner à toutes sortes d'erreurs. Par la seule notion de la connaissance intellectuelle que nous venons de donner d'après saint Thomas, il nous est déjà permis de voir comment cette connaissance échappe au domaine du contingent, au temps et à l'espace.

Il nous reste cependant à expliquer plus à fond comment saint Thomas maintient en harmonie le contingent et le nécessaire.

La raison ne reste pas simplement passive à l'égard de la sensation et de l'expérience immédiate. Elle lui fait subir une certaine élaboration, sans pour cela en modifier le contenu essentiel. Nos idées ne sont pas une image sensible, une pure copie, un décalque du réel individuel; non, elles sont le produit d'un travail intellectuel, travail dont le but est d'élever au général, à l'universel les choses contingentes et concrètes. Comment s'opère cette transformation? Dans la doctrine de saint Thomas, c'est l'esprit qui en est la *cause efficiente* et l'abstraction *la condition nécessaire*. Il faut savoir, en effet, que du point de vue de la connaissance, l'individualité n'est pour une donnée quelconque qu'un *mode d'être* particulier. Elle n'entre pas dans le concept essentiel de la chose considérée en elle-même, *secundum se*. Cette distinction est d'une capitale importance dans la question qui nous occupe. Elle nous montre qu'il est possible de nous faire une idée juste d'une chose, abstraction faite de son mode d'être individuel. Bien plus, la science humaine, en tant qu'elle est du général, n'existe qu'à cette condition. Une donnée contingente et individuelle peut être envisagée sous un double aspect, nous dit saint Thomas : *uno modo secundum quod contingentia sunt :* c'est-à-dire dans leur être d'existence, dans leur individualité concrète et singulière ; *alio modo secundum quod in eis aliquid necessitatis invenitur* (1) : en tant que dans les traits individuels sont contenus et représentés en puissance les caractères spécifiques. Sous ce dernier aspect, l'individu nous apparaît comme représentant ou échantillon de l'espèce. Considéré de la sorte, bien que variable et corruptible dans son être purement individuel d'existence, il peut être objet de science et partant sujet d'une nécessité plus ou moins grande : cela dépend de son degré d'abstraction. La contingence ayant sa racine dans la *matière*, plus on s'éloigne de celle-ci, plus on entre profondément dans le domaine des idées nécessaires. Or, on ne s'éloigne de la matière, principe de puissance passive et de contingence, et on ne se rapproche de la forme, principe *actuel* et déterminant, que par l'abstraction. Elle nous apparaît ainsi comme le vrai fondement de nos jugements nécessaires : *potentia pertinet ad materiam : necessitas consequitur ratione formæ* (2). C'est pourquoi la nécessité dans nos connaissances suit exactement leur degré d'abstraction : ainsi, les mathématiques qui considèrent la quantité abstraite de toutes qualités sensibles et *démontrent* par la cause formelle,

---

(1) S. Thom. *Sum. theol.*, q. LXXXVI, art. 3
(2) S. Thom. *Sum. theol.*, q. LXXXVI, art. 3.

se meuvent, par le fait même, en matière nécessaire et absolue. De là vient également que la nécessité, dans les sciences naturelles ou plutôt dans les lois qu'elles dégagent des phénomènes particuliers, n'est pas absolue ou *a priori*, mais conditionnelle. L'abstraction, en effet, sur ce terrain, n'est pas complète : si l'objet envisagé est affranchi de toute matière purement individuelle, il ne l'est pas de toute matière sensible commune. Celle-ci demeure en lui comme un fondement de *possibilité* : pour tout ce qui convient à cet objet en raison de la *matière*, elle s'oppose à tout rapport de nécessité absolue. Il ne peut y avoir, dans ce cas, qu'une nécessité conditionnelle de conséquence : tout ce qu'on peut dire, c'est que tel effet se produit toutes les fois que les *conditions en sont données*. Le rôle de la condition, dans ce cas, est précisément de limiter la *puissance* de la matière et de fournir, de la sorte, un terrain suffisamment solide pour une affirmation générale. Pour ce qui est de nos jugements relatifs au contingent comme tel, c'est-à-dire des attributions qui lui sont faites exclusivement sous le couvert de son état individuel, on comprendra, d'après ces principes, qu'ils n'ont rien de nécessaire. Ils sont condamnés à la perpétuelle mobilité du *sensible* lui-même. Tout ceci est contenu dans ces mots de saint Thomas : *ratio universalis accipitur secundum abstractionem formæ a materia particulari... ea quæ consequuntur formam ex necessitate insunt* (1).

On le voit, toutes les questions de ce genre reposent

---

(1) S. THOM. *Sum. theol.*, q. LXXXVI, art. 3

en définitive sur l'abstraction. Le tout, c'est de s'en faire une idée juste. Elle n'entraîne aucune subjectivité, aucune fausseté de la connaissance, comme tant d'auteurs sont portés à le croire. Il est parfaitement possible de concevoir une chose, abstraction faite de son mode d'être individuel ; en procédant ainsi, nous n'attribuons nullement à la forme abstraite une existence réelle dans le *mode d'universalité* qu'elle tient de notre esprit. Ce dernier mode ne fait pas plus partie de l'essence de la chose que le mode individuel. Nous la considérons seulement, cette forme, à part des individus, « ce qui n'est pas plus erroné, dit saint Thomas, que de voir la couleur d'une fleur sans en percevoir le parfum ». C'est là un concept inadéquat par comparaison avec la complexité du réel; mais il n'est pas faux. Nous disons inadéquat en tant qu'il exprime une forme dépouillée de son mode d'être individuel et de toute idée de support. Par ailleurs, si la forme *universelle* n'existe pas dans l'état où elle se trouve comme telle, elle existe réellement dans un autre état, c'est-à-dire dans les individus. Cela suffit pour la maintenir en communication avec la réalité. En un mot, il n'est nullement nécessaire que l'universel, sous peine de n'être qu'une chose vaine et creuse, soit réalisé ou réalisable dans tous les modes d'être dont la nature qu'il représente est susceptible. Il suffit qu'il le soit dans un seul, le mode individuel. Il n'existe donc, dans la doctrine de saint Thomas, aucune scission entre le contingent et le nécessaire, entre les vérités expérimentales et les vérités d'origine rationnelle. Il y a continuité parfaite entre ces deux ordres de connaissances. Le premier n'est pas la cause totale du second, il n'en est que la matière et le fondement : *materia causæ*. L'universel est l'extrait commun des réalités individuelles. Nous sentons et comprenons le même objet. Cet objet, en tant que compris intellectuellement, n'est rien que la forme de l'être dégagé des phénomènes qui l'individualisent. L'objet, en tant que senti, est cette même forme individualisée, rattachée au temps et à l'espace et aux qualités sensibles : *contingentia prout contingentia sunt cognoscuntur directe a sensu : rationes universales et necessariæ contingentium cognoscuntur per intellectum* (1).

Cette doctrine contient la solution de toutes les difficultés et antinomies que présente la grave question de la connaissance humaine : difficultés qui ont donné naissance aux systèmes les plus divers et souvent les plus étranges. Étant donné le dessein qui est le nôtre ici, nous ne pouvons l'exposer plus longuement. Ce que nous venons d'en dire ne tend qu'à montrer comment elle relie le contingent au nécessaire, l'expérience à la raison pure et sauvegarde les droits de chacun. La science ne peut se passer ni de l'une ni de l'autre de ces deux données fondamentales. Les choses contingentes et individuelles étant ses matériaux, elle ne saurait les négliger sans se renier elle-même. L'universel ne nous dispense nullement de l'observation, du contact de la vie et des réalités concrètes. L'étude de ces dernières n'est pas requise, sans doute, au même

---

(1) S. Thom. *Sum. theol.*, q. LXXXVI, art. 3.

degré dans toutes les sciences : ainsi, elle est très loin d'être pour les mathématiques ce qu'elle est et doit être pour les sciences naturelles, mais, il n'en reste pas moins vrai, qu'elle a toujours son point de départ, sa *matière* dans un fait ou un élément de l'ordre sensible.

Aux causes de la crise de l'intelligence contemporaine que nous venons mentionner, nous ajouterons l'*absence de toutes valeurs stables* aussi bien dans le domaine de la spéculation intellectuelle que dans celui de la pratique. En faisant de l'expérience immédiate la justification de tout jugement, de toute proposition, on ne pouvait aboutir à un autre résultat. Nous avons dit déjà ce que les premiers principes deviennent dans cette hypothèse : ils perdent totalement le caractère de nécessité et d'universalité qui leur est inhérent; ils n'ont plus qu'une valeur relative au nombre de cas observés, et par conséquent essentiellement mobile. Si l'on ne voit pas en eux des points de départ arbitraires, des conventions commodes, on y voit des *suppositions* qui se déterminent au fur et à mesure de l'élaboration scientifique. Après cette explication des premiers principes, que peuvent bien être les idées générales de moindre intention? Nous l'avons vu déjà: elles sont réduites à la mesure du contingent individuel par l'interprétation empiriste ou subjective qu'on en donne. Il s'ensuit que la pensée ne trouve aucun point d'appui fixe et solide nulle part. Les efforts tentés pour le placer dans les réalités concrètes et sensibles elles-mêmes ne peuvent mener à rien. L'expérience se borne à montrer *ce qui est*. Elle est l'expression des perceptions, dans l'ordre des réalités sensibles, et des données immédiates, dans l'ordre des phénomènes psychiques. Sa fonction propre est de constater : ce qui est en plus ne lui appartient pas directement. C'est un point de vue que nous avons peine à réaliser exclusivement, si grande est notre habitude de voir dans nos perceptions immédiates, la matière d'une *idée*. Eussions-nous atteint tout ce qu'il est possible de *constater*, que nous n'aurions, de ce chef, aucune affirmation de ce qui doit être, aucune idée de loi ou de nécessité. C'est pourquoi il n'existe pas de science purement expérimentale. La constatation des faits ne peut être que le point de départ, la matière de la construction théorique. La science, dans ses conclusions ou ses lois générales, dépasse toujours la simple expression des faits observés. La raison en est qu'elle se propose moins d'amasser des matériaux que de les expliquer, c'est-à-dire d'en montrer les causes et les raisons ou tout au moins de rendre compte des éléments divers qui servent à les former.

La pure expression des constatations directes de l'expérience ne saurait donc constituer des *valeurs stables*. C'est-à-dire un *principe*, une *loi*, une norme, une formule de ce *qui doit être*. Pour atteindre ce résultat, l'abstraction est indispensable. C'est en percevant ce qui est commun dans le multiple et le divers et en le considérant à part que nous exprimons l'universel, que nous formons des liaisons nécessaires. L'universel ainsi obtenu nous apparaît alors à juste titre comme le fond réel et permanent des choses : d'où il suit que les jugements dont il est l'objet s'imposent partout et toujours avec la même nécessité; car ils ne dépendent plus ni de l'individu, ni du moment, ni du point de vue. Ils constituent les lois fondamentales de la réalité. Ces jugements peuvent être des généralisations immédiates comme c'est le cas des premiers principes métaphysiques. Ils sont connus sans moyen terme, sans recours à une vérité intermédiaire : le rapport qu'ils énoncent entre deux termes, par ailleurs universellement connus, est perçu immédiatement. A ce titre, ils sont justement regardés comme des vérités premières *de raison*. Ce n'est pas sur le témoignage de l'expérience ou des cas observés que nous leur donnons notre adhésion pleine et entière. Les jugements de cette nature n'ont nul besoin d'être vérifiés ou contrôlés par les faits particuliers. « Ce serait, nous dit Cl. Bernard lui-même, vouloir mettre les sens au-dessus de la raison, et il serait absurde de chercher à prouver ce qui est vrai absolument pour l'esprit et ce qu'il ne pourrait concevoir autrement. » (1) Dans les jugements de ce genre, ce n'est pas seulement une liaison de fait qui est affirmée entre les deux termes, mais encore de droit : elle a son fondement dans les caractères essentiels ou la définition même de la chose. La proposition formée dans ces conditions constitue une vérité d'ordre rationnel. Bien que l'expérience, ou plutôt les sens en aient fourni la matière comme c'est le cas pour toutes les connais-

---

(1) CL. BERNARD, *Introduction à l'étude de la médecine expérimentale*, I<sup>re</sup> partie, c. II.

sances humaines, il n'en est pas moins vrai que nous n'affirmons pas l'attribut du sujet sur le témoignage de l'*expérience*, mais bien d'après l'évidence intrinsèque qu'elle soit immédiate ou déduite. Et qu'on ne dise pas que ces vérités d'essence rationnelle sont complètement étrangères au monde des réalités sensibles et contingentes, qu'elles ne sauraient lui être appliquées d'aucune manière : non, nous voyons, au contraire, qu'elles peuvent lui être correctement appliquées, et ce que nous faisons, pour ainsi dire, à chaque instant. Nous n'avons, pour le comprendre, qu'à nous rappeler ce que nous avons dit plus haut, avec saint Thomas, du contingent envisagé comme tel et *comme matière de l'universel*, comme échantillon d'un genre, d'une espèce. C'est sous ce dernier rapport que les choses les plus contingentes peuvent être objet de science, c'est-à-dire de considérations générales, d'attributions nécessaires. Nous prions le lecteur de bien se pénétrer de ces notions fondamentales. C'est pour les avoir ignorées ou mal comprises que toute la philosophie scientifique moderne s'est jetée dans d'inextricables difficultés et dans les plus graves erreurs. C'est la raison pour laquelle nous insistons sur ces points essentiels et nous n'hésitons pas à y revenir fréquemment sous différentes formes.

La négation de la catégorie des vérités idéales ou de raison, si communes chez les philosophes et les savants de nos jours, conduit aux plus fâcheuses conséquences. Outre qu'elle fait tourner toute la science humaine dans un cercle vicieux, elle élimine du monde de la pensée toute valeur stable, de tout point fixe, de tout appui solide pour le raisonnement même expérimental. Alors, tout se trouve livré au bon plaisir personnel ; à l'impression, aux circonstances, dans les jugements des hommes : aucune règle objective et invariable ne préside plus à leur formation. C'est trop souvent le spectacle que nous donne la pensée contemporaine. Le raisonnement ne s'y rattache à aucune idée essentielle : on y groupe les propriétés des choses sans aucune hiérarchie. Ainsi, les rapports ou les caractères les plus accidentels ou les plus infimes servent à définir, à dénommer les choses. On dira, par exemple : « La valeur de la science est dans son incertitude et son instabilité même. » Une autre fois, on définira une chose par l'abus qui en a été fait : v. g. « La scolastique impose son idée comme une vérité absolue et en déduit ensuite par la logique seule toutes les conséquences » ; — « L'intellectualisme est l'habitude de supposer qu'un concept exclut de toute réalité conçue par son moyen tout ce qui n'est pas inclus dans la définition de ce concept. » On généralisera encore un état d'esprit particulier à une époque ou à quelques-uns comme c'est le cas dans l'affirmation suivante : « L'absolu est mort dans la science et dans les âmes. » Enfin, on fera passer au premier plan, une idée secondaire en disant : « La philosophie est l'expression d'un *sentiment* qui, dans l'ordre des connaissances, nous pousse, par des voies diverses, vers l'unité et la généralité. » On pourrait multiplier les exemples de ce genre à l'infini. C'est que le mal que nous signalons est vraiment caractéristique de notre temps. Un sujet donné, pour un très grand nombre de penseurs et d'écrivains, ne renferme aucun caractère essentiel s'imposant à toute l'espèce, indépendant des états subjectifs et purement individuels. Bien rares sont les travaux de nos jours où les questions sont traitées d'un point de vue intérieur, définies par un élément intrinsèque et constitutif. Mais, au lieu d'atteindre l'*être* dans cette voie, on n'en saisit que les dehors, les manifestations accidentelles.

S'il en est ainsi dans les recherches plus ou moins spéculatives, comment pourrait-il en être autrement sur le terrain de la pratique et de l'action? Là, le défaut que nous signalons sévit avec une intensité et une évidence toutes particulières. Il y trouve une matière favorable à son éclosion et à son développement. N'y a-t-il pas toujours une part de contingence et de relativité dans les démarches de l'esprit pratique ?

Plus on se rapproche des réalités concrètes et individuelles, plus on est exposé à perdre de vue les principes et à se laisser guider exclusivement par les circonstances de temps, de lieu et de personnes et toutes sortes de considérations secondaires. On a même abouti, dans cette voie, à la suppression de toute morale théorique, de toute notion abstraite et générale du droit et de la justice. On n'a voulu voir que les faits moraux : or, sans parler de bien d'autres choses, il est encore moins possible en cette matière qu'en toute autre de passer des faits concrets et individuels à l'expression d'une loi ou d'une nécessité quelconque, sans l'intervention d'une vérité ou d'un principe rationnel. Il n'y a jamais de passage immédiat de l'ex-

\...périence, c'est-à-dire des réalités directement connues à leur coordination ou explication scientifique sans raisonnement : or, pour raisonner, il est indispensable de s'appuyer finalement tout au moins sur les données premières de la raison. Vouloir s'enfermer dans les données immédiates de l'expérience, vouloir faire de la science un simple décalque du réel individuel, c'est entraîner le monde des idées dans un flux perpétuel. L'action elle-même n'a rien à gagner à un tel état de choses. Une armature de principes est aussi nécessaire à l'action et à la pratique qu'à la spéculation intellectuelle. Les fortes convictions ont toujours passé pour faire monter le niveau de l'énergie morale et de la puissance productrice.

La disparition de toute valeur intellectuelle stable ne laisse place qu'à une culture (si l'on peut encore se servir de ce mot) de sentiment et de passion. On voit alors les hommes inaccessibles aux arguments et à la logique et dépourvus de tout sentiment du devoir envers la vérité. Pour eux, les principes n'existent pas, et ils sont hors d'état de les prendre pour guides. Ils n'ont pour mobiles de leurs actes qu'un sentiment, un intérêt, autrement dit quelque chose de personnel et de concret. Il n'est pas de plus lamentable dégénérescence pour un individu comme pour une nation.

Et l'exemple et l'enseignement de saint Thomas nous apprennent à réagir contre ces funestes tendances. Il est un principe qui revient souvent sous sa plume. Par cette insistance, il nous montre bien l'importance considérable qu'il y attache. Il le formule ainsi : *unumquodque judicatur secundum id quod est in eo formaliter et per se* (1). Il faut juger des choses d'après leurs attributions essentielles. Procéder de la sorte, c'est atteindre la chose elle-même dans ses éléments constitutifs et spécifiques, c'est-à-dire dans son fond, dans ce qui la fait ce qu'elle est. Procéder autrement, c'est passer à côté d'elle. Dans toute question, toute affaire, il existe une idée centrale, médullaire. C'est elle qui est et doit être la base et la règle de nos jugements pour tout ce qui touche à cette question ou cette affaire. C'est en comparant les données secondaires avec elle qu'on découvre la vérité. Ainsi dans l'idée même du triangle sont contenues déjà implicitement ses nombreuses propriétés. Les démonstrations dont il est l'objet ne sortent jamais de la définition ou de l'idée maîtresse. Les éléments complètement étrangers à cette idée auxquels on aurait recours fausseraient tout ce raisonnement. En d'autres termes, aucune idée secondaire ne peut s'écarter de la donnée première et fondamentale. Elle tient de celle-ci toute sa valeur. C'est parce qu'elle est comprise dans son extension et qu'elle participe à sa vérité que nous lui donnons notre assentiment : *unumquodque judicatur secundum in quod est in eo formaliter et per se.*

Cela est vrai, tout d'abord et sans restriction de tout jugement doctrinal et scientifique. Un jugement de ce genre a nécessairement quelque chose de fixe et d'universel. Il est dégagé de toute contingence. Pour tout dire, en un mot, il est avant tout l'œuvre de l'intelligence spéculative. Or, cette dernière n'a pour loi

---

(1) S. THOM. *Sum. Theol.*, II<sup>a</sup>-II<sup>ae</sup>, q. CX, art. 1.

que son objet, la vérité spéculative reposant tout entière dans un rapport de conformité avec la chose considérée en elle-même : *verum intellectus speculativi accipitur per conformitatem intellectus ad rem* (1). Reproduire les caractères essentiels et spécifiques de cette chose, abstraction faite de ses modifications contingentes, c'est le propre du jugement spéculatif et doctrinal. Il vit donc de cette règle : juger des choses d'après leurs caractères essentiels. Nous voyons que l'Église s'y conforme exactement dans son enseignement doctrinal. Elle a toujours attaché la plus grande importance à la définition de la vérité abstraite et impersonnelle. Elle ne veut pas qu'on érige en principe, comme on n'est que trop porté à le faire, certaines tolérances pratiques imposées par les circonstances de temps, de lieu ou d'opinion. Définir le vrai en soi est la seule méthode qui assure la pureté de la doctrine et des croyances, l'ordre dans les idées, la stabilité dans les jugements, un idéal de vérité en toutes choses. Sans principes fixes il n'est pas de doctrine possible ; on ne se trouve plus en présence que d'une poussière intellectuelle. Ce n'est pas seulement la confusion, c'est l'anarchie la plus complète. Et qu'on ne dise pas qu'un principe universel et abstrait ne trouve aucune application à la réalité particulière. Il s'y applique aussi correctement que le nom commun s'applique aux individus dont il exprime les caractères essentiels. Ainsi, le principe de contradiction se vérifie de tout objet. Quel qu'il soit, en effet, corps ou esprit,

---

(1) S. Thom. *Sum. theol.*, I-II\*, q. LXVII, art. 5.

contingent ou nécessaire, toujours est-il qu'il exclut le non-être : l'incompatibilité entre les deux extrêmes est absolue. L'affirmation de l'un entraîne, dans tous les cas, l'exclusion de l'autre.

Si maintenant il est question de nos jugements pratiques, ils n'échappent pas complètement à la règle posée par saint Thomas. Sans doute, nos actions s'exercent sur le terrain des existences et réalités concrètes : *circa singularia*, disent les scolastiques. A ce titre, elles impliquent une part de relativité et de contingence dans leurs causes prochaines. On ne saurait donc, dans la pratique, se déterminer uniquement par des considérations tirées des objets pris en eux-mêmes; car il ne s'agit pas, alors, d'établir des *valeurs en soi*, mais des *valeurs de moyen*. Le vrai dans ce cas ne se trouve pas dans un rapport de conformité avec la chose en soi, mais avec une fin particulière à atteindre, supposition faite de la légitimité de cette fin. On doit tenir compte aussi des *circonstances* qui peuvent modifier notablement le jugement pratique. Cependant tout n'est pas relatif et contingent dans le domaine de l'action. Les principes y ont leur rôle et leur place. Nous l'avons vu : rien n'est contingent au point d'exclure tout rapport nécessaire. Il y a, en toutes choses, des caractères communs et des caractères propres et individuels : d'où il suit que les choses les plus contingentes peuvent fournir matière à une proposition universelle. C'est pourquoi il y a des *traités* des actes humains et des principes absolus en morale. En un mot, la pratique suppose un juste concours de valeurs absolues et relatives. Nous savons de quel côté penchent les esprits de nos jours : c'est manifestement vers l'abandon des principes en toutes choses. Ne reconnaissant pas de valeurs stables, ils sont tout entiers livrés aux circonstances, à l'instant individuel, à l'intérêt du moment, aux considérations personnelles. D'après la philosophie que nous venons de rappeler, toute question, toute chose présente un aspect fondamental, une idée centrale qui en exprime les caractères essentiels, la réalité spécifique. La perdre de vue seulement, c'est s'exposer à toutes sortes d'erreurs spéculatives et pratiques. C'est ainsi que les recherches, les œuvres, les institutions, les nations elles-mêmes violent leur *principe* qui seul était capable de les faire vivre et prospérer. Il arrive même que le progrès, accompli hors de leur ligne, leur devient funeste. C'est-à-dire qu'elles sont condamnées à périr tôt ou tard.

Le courant actuel est à l'action et aux œuvres. En un sens, on ne peut que s'en réjouir. Mais ne devient-il pas trop exclusif? Ne méconnaît-il pas gravement les principes que nous venons d'exposer? Les observateurs les plus attentifs n'en doutent pas. Il existe plus d'un symptôme de cet exclusivisme. Ainsi, il n'est pas rare de rencontrer des hommes engagés dans un ministère d'action faire peu de cas de la doctrine. D'après eux, le moment est mal choisi pour faire de la métaphysique. Et combien facilement on passe pour métaphysicien à leurs yeux! Peu s'en faut qu'ils n'accusent ceux qui s'occupent d'études plus ou moins spéculatives de déserter le champ de bataille. Cet état d'esprit est déplorable. On parle de lutter énergiquement pour

Dieu, pour l'Eglise, pour les âmes : on a mille fois raison; mais on ignore manifestement les nécessités et les conditions de la lutte.

Tout d'abord, on ne remarque point que le plus fort de la mêlée actuelle est sur le terrain doctrinal. Les auteurs de la plupart des maux dont souffrent, de nos jours, l'Eglise et la société sont des lettrés, des intellectuels, des demi-savants. Nous les voyons, chaque jour, semer l'anarchie sous toutes ses formes dans le peuple, à tel point qu'une certaine bourgeoisie intellectuelle peut être considérée comme étant, parmi nous, le principal foyer d'infection antireligieuse et antisociale. S'il en est ainsi, on ne saurait combattre à propos ni sur le bon terrain, sans faire une large place aux idées et à la science.

Ensuite, les hommes dont nous parlons oublient qu'on ne peut être un homme d'action, dans tout le sens du mot, sans être un homme de doctrine. Une œuvre féconde et durable est, avant tout, de l'intelligence réalisée. Le bien et le vrai coïncident et sont inséparables en fait : *verum et bonum sibi invicem coincidunt* (1). On ne peut poursuivre l'un sans connaître l'autre. L'homme d'action pense, il est vrai, pour agir; mais il pense tout de même; et rien ne saurait l'en dispenser : *considerat verum in ordine ad opus*. Son premier soin, lorsqu'il s'agit de promouvoir une action, de fonder une œuvre, doit être une étude approfondie. Savoir où l'on va, se rendre compte des conditions du succès, du sens et de la portée réelle de

---

(1) *Quæst. disput. De Verit.*, q. III, art. 3.

son entreprise a toujours été une grande force. C'est pourquoi Montaigne a pu dire: c'est un outil d'un merveilleux service que la science. S'il existe tant d'œuvres sans portée, qui absorbent un temps et des ressources qui seraient plus utilement employées ailleurs, c'est qu'elles sont nées d'un zèle qui n'était pas *selon la science*, comme dit saint Paul. Elles procèdent beaucoup plus du sentiment que de l'intelligence. Or, le sentiment laissé à lui-même n'a jamais rien produit de satisfaisant : il n'obéit qu'à des considérations secondaires et parfois puériles. Ne le voyons-nous pas, chaque jour, se consumer dans la recherche du surérogatoire, au détriment de l'essentiel, sur le terrain de la religion et de la piété.

Il est donc de l'intérêt supérieur des œuvres de faire une large place à l'intelligence. On n'agit d'une manière durable et profonde sur les âmes qu'à ce prix: *in captivitatem redigentes omnem intellectum*, disait l'Apôtre : nous réduisons en servitude toute intelligence dans la soumission au Christ. C'est l'apostolat bien compris : celui qui établit les âmes dans la vérité des principes et fait des convaincus; celui qui vise plus loin et plus haut qu'à une religion purement rituelle, très ferme en apparence, très chancelante en réalité. Ce n'est pas en vain que l'intelligence tient le premier rang dans la hiérarchie de nos facultés. Ce qu'on édifie sans elle est voué à une chute prochaine. Les ouvriers apostoliques, qui travaillent pour la vie éternelle, doivent moins l'oublier que les autres. Qu'ils ne s'y trompent pas. Ce n'est pas en se faisant une mentalité pragmatiste, en regardant comme perdu pour la bonne cause le temps consacré aux fortes études, qu'ils procureront le règne de Dieu. Une connaissance approfondie des *sciences sacrées* est, après la grâce divine, ce qu'il y a de plus fécond et de plus salutaire pour eux-mêmes et pour les âmes. Une connaissance de ce genre est même indispensable pour donner à l'esprit une trempe vraiment ecclésiastique. L'observation la plus superficielle permet de le constater chaque jour.

En un mot, il convient de ne pas perdre de vue, dans tout ceci, que la lumière est l'œuvre du premier jour. Qu'est-ce à dire, sinon que la primauté lui appartient aussi bien dans le monde des œuvres et de la vertu que dans celui de la création visible. Eh bien! cette lumière, on ne la cherchera pas en vain dans saint Thomas. Il est un grand maître, non seulement pour la spéculation, mais encore pour la pratique de la vie. Sous ce dernier rapport, rien n'égale la profondeur et la sagesse de ses principes. Ils s'étendent à toutes les questions de la vie individuelle comme de la vie sociale. Ils fournissent toujours une base solide à une action prudente dans tous les domaines. Tous ceux qui ont étudié la partie morale des œuvres du saint Docteur le proclament à l'envi. A ce point de vue, il se recommande tout spécialement à la lecture et à la méditation des hommes de vie active : étant donnée surtout la complexité des questions et des intérêts où ils se trouvent engagés de nos jours, ils en retireront un immense profit : *præclaras utilitates*, pour nous servir d'un mot de l'Encyclique *Æterni Patris*.

# Une conclusion pratique

Nous émettrons le vœu, en terminant ce travail, de voir désormais le cours de philosophie s'ouvrir par quelques leçons consacrées à l'examen de la nature et du rôle de la méthode d'exposition scolastique. Ces leçons, dont on trouvera la matière dans cet ouvrage, seront comme le trait d'union naturel entre les humanités et la philosophie. La transition entre ces deux genres d'études est ordinairement trop brusque. Il est de l'intérêt du professeur comme de l'élève de la ménager et de l'adoucir. Or, quel moyen plus efficace pour cela qu'une théorie raisonnée de la forme d'école comparée à la forme littéraire proprement dite ? Il y a là le sujet d'une dissertation des plus utiles et des plus captivantes pour l'élève.

En s'y appliquant, il verra disparaître le principal obstacle à ses progrès, au début de ses études philosophiques. Cet obstacle est bien connu. Il vient précisément de la forme d'exposition toute nouvelle qui se présente à lui. Rien ne le déroute davantage. On le voit beaucoup moins préoccupé des idées que de cette langue inconnue. Il attend un mot d'explication à ce sujet : nous voulons dire une exposition critique et raisonnée des principes mêmes de cette langue. Ce sera, pour lui, l'occasion de son premier acte de virilité intellectuelle et de réflexion philosophique. Nul doute que cet acte ne lui apporte autant de lumière que de satisfaction. Cette explication scientifique de la forme d'école, nous l'avons donnée dès le premier chapitre de cet ouvrage. Là, nous avons nettement distingué les éléments qui constituent la littérature de ceux qui conviennent à la science, et nous avons donné les raisons fondamentales de cette distinction. Il sera facile de les faire comprendre au commençant, auquel elles apparaîtront comme une vue plus profonde du caractère général de ses travaux antérieurs.

Par ce même moyen, on obtiendra un autre résultat qui n'est pas sans valeur. On fera tomber l'antipathie qu'un bon nombre d'élèves apportent à l'étude de la philosophie scolastique. Cette antipathie est un fait qui n'échappe pas aux professeurs qui sont en même temps des psychologues. On peut le constater aussi bien dans nos Grands Séminaires que dans nos Facultés catholiques. D'où peuvent venir des dispositions si fâcheuses à tant de titres ? Nous disons : si fâcheuses, car les conséquences peuvent en être déplorables. En effet, de telles dispositions compromettraient facilement la formation philosophique et même théologique des intéressés : elles pourraient même conduire à un modernisme plus ou moins avoué. L'Encyclique *Pascendi* ne fait-elle pas cette remarque, si juste et si digne d'attention : « Il n'est pas d'indice plus sûr que le goût des doctrines modernistes commence à poindre dans un esprit que d'y voir naître le dégoût de la méthode scolastique. » L'aversion que certains élèves manifestent pour la scolastique n'est donc pas à négliger.

Elle tombera, croyons-nous, par une bonne *présentation* de la méthode scolastique qui a surtout besoin, en effet, d'être présentée et situé. On leur fera surtout remarquer qu'elle constitue une excellente discipline intellectuelle. S'y soumettre, c'est faire preuve d'un amour fort de la vérité. Le procédé scolastique tel que nous l'avons décrit est avant tout une attitude d'absolue probité intellectuelle. Nous dirons même que les siècles pleinement chrétiens pouvaient seuls le voir naître et se développer jusqu'à devenir d'un usage commun. La recherche sérieuse et méthodique est la condition première de toute science et de toute philosophie. Or, la scolastique est l'expression la plus frappante de ce sérieux et de cette méthode dans l'effort.

On attirera également l'attention des élèves sur la valeur éducative de l'exposition scolastique. Cette dernière, nous l'avons vu, repose tout entière sur l'isolement méthodique de l'intelligence : *apprehensio veri sine ratione boni et appetibilis* (1), dit saint Thomas. Elle n'est, au fond, que la mise en pratique des recommandations et des règles intellectuelles dont la sagesse et l'opportunité ne peuvent être contestées.

Nous pourrions tirer bien d'autres conclusions des considérations que nous avons fait valoir dans cet ouvrage. Mais elles nous apparaissent si obvies que le lecteur le fera lui-même sans difficulté.

Nous souhaitons que notre modeste travail contribue à faire aimer et pratiquer les principes et la méthode de la sagesse antique, et à promouvoir ainsi le culte des fortes études.

Les vertus intellectuelles sont pour tous, mais prin-

---

(1) *Sum. theol.*, 1ª IIªᵉ, q. IX, art. 12.

cipalement pour le clergé, un élément indispensable d'élévation et de grandeur morale. Elles élargissent magnifiquement les horizons de son esprit et de son ministère. Elles développent et entretiennent en lui un certain idéalisme qui accroît toujours son prestige et son autorité auprès des fidèles. Pour la théologie, la chose est assez évidente : elle nous fait constamment lever nos regards vers le ciel où se trouve la règle divine de nos croyances et de tous nos actes. Quant à la philosophie, étudiée dans saint Thomas, elle possède une force d'ascension merveilleuse. Par ailleurs, le ministre de Dieu, plus que jamais, doit, selon la recommandation de l'Apôtre, « avoir à cœur d'exprimer la vérité dans ce langage exact qui répond à la doctrine. C'est ainsi qu'il pourra exhorter les fidèles selon la saine doctrine et réfuter ceux qui la contredisent » (1).

---

(1) *Tit.* 1, 9.

# APPENDICE

# Vingt-quatre propositions contenant la doctrine authentique de saint Thomas

Nous reproduisons ici les vingt-quatre propositions qui, d'après un décret du 27 juillet 1914 de la S. Congrégation des Études, doivent être tenues pour exprimer les données fondamentales et la pure substance de la doctrine de saint Thomas (1). Elles nous sont, de plus, proposées par la même autorité comme les directives de l'enseignement philosophique dans l'Église.

Nous n'avons nullement l'intention d'entamer ici une discussion concernant la portée obligatoire de ces actes du Saint-Siège. Toute question ou casuistique sur ce point nous paraît, sinon totalement déplacée, du moins pratiquement sans objet. Quel est le professeur qui, en présence de normes sûres établies par l'autorité compétente la plus haute, ne se fera pas un devoir de les suivre dans son enseignement ? La pru-

---

(1) Cette reproduction nous a été conseillée par Mgr JUDE DE KERNAÉRET, un vétéran de la restauration de l'enseignement de saint Thomas.

dence la plus vulgaire lui commande, dans ce cas, de s'imposer à lui-même une obligation qui ne résulterait pas formellement des textes eux-mêmes. Un chemin sûr, encore plus dans la matière dont il s'agit qu'en toute autre, oblige. Le grand principe d'agir toujours en continuité avec l'Eglise doit, à n'en pas douter, s'appliquer tout particulièrement à l'enseignement de la philosophie et de la théologie. Aussi est-il instamment recommandé aux professeurs de ces sciences de mettre de côté toute préférence ou toute combinaison personnelle et de s'inspirer uniquement de la direction donnée par l'Eglise : *probe meminisse debent non idcirco sibi factam esse potestatem docendi, ut sua opinionum placita cum alumnis disciplinæ suæ communicent; sed iis doctrinas Ecclesiæ probatissimas impertiant* (1). Tel est le point de vue auquel il convient de se placer. C'est pour l'avoir oublié ou méconnu que nombre de professeurs sont tombés dans le plus regrettable individualisme ou éclectisme, dans leur enseignement philosophique. Du reste, la crise du modernisme qui a pris une telle acuité pendant quelques années, n'a pas d'autre cause originelle.

Nous ferons ensuite remarquer que le nouveau droit ecclésiastique, dans ses canons 589 et 1366, renouvellent et résument, en quelques mots, toutes les prescriptions antérieures touchant la fidélité à la doctrine de saint Thomas : ainsi, il est dit — can. 1366, § 2 — : « Que les professeurs mènent de tout point les études

---

(1) *Motu proprio pro Italia et insulis adjacentibus* (29 juin 1914).

de philosophie rationnelle et de théologie, ainsi que la formation des élèves dans ces sciences, selon la méthode, la doctrine et les principes du Docteur angélique et qu'ils s'y tiennent saintement ». Il est bien évident que si ces prescriptions ont un sens ou un objet, il doit s'entendre avant tout des points fondamentaux de la doctrine de saint Thomas, tels qu'ils nous sont présentés authentiquement dans les vingt-quatre propositions dont il s'agit. Par ailleurs, c'est prendre les intérêts de la science et non leur porter atteinte que de clore des discussions qui ont duré des siècles et dont il n'y a plus rien à attendre. Il serait inutile d'insister. Nous nous permettrons seulement une réflexion dont la portée dépasse de beaucoup la matière présente. Il est bien à désirer de voir, avec la promulgation du nouveau *Corpus juris*, le clergé et les fidèles accorder une plus grande attention et une soumission plus empressée aux décrets et aux actes des Congrégations romaines. Le cardinal Vivès, dans un document officiel, constatait, en le déplorant, qu'ils n'arrivaient même pas toujours à la connaissance des intéressés (1). Si l'on était plus convaincu que la première dévotion est d'obéir à l'Eglise et que le premier gage d'efficacité dans les œuvres est d'agir en continuité avec elle, il n'en serait pas ainsi.

---

(1) *S. Congregatio de religiosis.* — *Circa evulgationem decretorum hujus S. Congregationis* (2 junii 1910).

## Liste des 24 propositions

I. — Potentia et actus ita dividunt ens, ut quidquid est, vel sit actus purus, vel ex potentia et actu tanquam principiis primis atque intrinsecis necessario coalescat.

II. — Actus utpote perfectio non limitatur nisi per potentiam, quæ est capacitas perfectionis. Proinde in quo ordine actus est purus, in eodem non nisi illimitatus et unicus existit : ubi vero est finitus et multiplex, in veram incidit cum potentia compositionem.

III. — Quapropter in absoluta ipsius esse ratione unus subsistit Deus, unus est simplicissimus, cætera cuncta quæ ipsum esse participant, naturam habent qua esse coarctatur, ac tanquam distinctis realiter principiis, essentia et esse constant.

IV. — Ens quod denominatur ab esse, non univoce de Deo et de creaturis dicitur, nec tamen prorsus æquivoce, sed analogice analogia tum attributionis tum proportionalitatis.

V. — Est præterea in omni creatura realis compositio subjecti subsistentis cum formis secundario additis sive acci-

---

I. — La puissance et l'acte divisent l'être de telle sorte que tout ce qui est, ou constitue un acte pur, ou résulte nécessairement d'un composé de puissance et d'acte comme principes premiers et intrinsèques.

II. — L'acte, synonyme de perfection, n'est limité que par la puissance, qui est une capacité de perfectionnement. D'où il suit que, dans la mesure où un acte est pur, il est unique et illimité ; par ailleurs, là où il est fini et multiple, il est réellement mêlé de puissance.

III. — C'est pourquoi Dieu seul subsiste dans la forme absolue de l'être et dans une parfaite simplicité : tout ce qui, en dehors de lui, participe à l'être tient de sa nature un être limité, et il est formé d'essence et d'existence comme de principes réellement distincts.

IV. — L'être qui tire son nom de l'existence ne s'applique pas à Dieu et aux créatures dans un sens univoque ni cependant dans un sens complètement équivoque, mais selon une analogie, soit d'attribution, soit de proportionnalité.

V. — En outre, dans toute créature se vérifie une composition réelle de sujet subsistant avec des formes secondaires surajoutées ou accidents :

dentibus : ea vero nisi esse realiter in essentia distincta reciperetur, intelligi non posset.

VI. — Præter absoluta accidentia est etiam relativum sive ad aliquid. Quamvis enim ad aliquid non significet secundum propriam rationem aliquid alicui inhærens, sæpe tamen causam habet in rebus et ideo realem entitatem distinctam a subjecto.

VII. — Creatura spiritualis est in sua essentia omnino simplex. Sed remanet in ea compositio duplex : essentiæ cum esse et substantiæ cum accidentibus.

VIII. — Creatura vero corporalis est quoad ipsam essentiam composita potentia et actu : quæ potentia et actus ordinis essentiæ, materiæ et formæ nominibus designantur.

IX. — Earum partium neutra per se esse habet, nec per se prodicitur vel corrumpitur, nec ponitur in prædicamento nisi reductive ut principum substantiale.

X. — Etsi corpoream naturam extensio in partes integrales consequitur, non tamen idem est corpori esse substantiam et esse quantum. Substantia quippe ratione sui indi-

---

composition qui serait inconcevable si l'existence n'était réellement reçue dans une essence distincte.

VI. — Outre les accidents absolus, il en est un relatif ou *ad aliquid*. Bien que le relatif n'emporte point, par son propre concept, une idée d'inhérence, il a fréquemment sa cause dans les choses elles-mêmes et possède ainsi une entité réellement distincte du sujet.

VII. — La créature spirituelle est parfaitement simple dans son essence. Cependant, il se trouve en elle une double composition : l'une d'essence et d'existence ; l'autre de substance et d'accidents.

VIII. — La créature corporelle est, quant à son essence, composée de puissance et d'acte : lesquels, se référant à l'essence, prennent le nom de matière et de forme.

IX. — De ces deux éléments, aucun ne possède d'existence autonome, aucun n'est le terme direct de la génération ni de la corruption, aucun n'a place dans un prédicament, si ce n'est d'une manière indirecte.

X. — Bien que la distribution en parties quantitatives soit une conséquence de la nature corporelle, ce n'est pas cependant la même chose pour un corps d'être une substance et d'être *quantum*. La substance, de sa

visibilis est, non quidem ad modum puncti, sed ad modum ejus quodest extra ordinem dimensionis. Quantitas vero quæ extensionem substantiæ tribuit, a substantia realiter differt et est veri nominis accidens.

XI. — Quantitate signata materia principium est individuationis, id est, numericæ distinctionis, quæ in puris spiritibus esse non potest unius individui ab alio in eadem natura specifica.

XII. — Eadem efficitur quantitate ut corpus cirumscriptive sit in loco et in uno tantum loco, de quacumque potentia, per hunc modum esse possit.

XIII. — Corpora dividuntur bifariam : quædam enim sunt viventia, quædam expertia vitæ. In viventibus, ut in eodem subjecto pars movens et pars mota per se habeantur, forma substantialis, animæ nomine designata, requirit organicam dispositionem, seu partes heterogeneas.

XIV. — Vegetalis et sensilis ordinis animæ nequaquam per se subsistunt, nec per se producuntur, sed sunt tantummodo ut principium quo vivens est et vivit, et cum a materia

---

nature, est indivisible, non à la manière du *point*, mais de ce qui est étranger à toute dimension. Pour la quantité qui *étend* la substance, elle en diffère réellement et constitue un véritable accident.

XI. — La matière, en tant que déterminée par la quantité, est le principe d'individuation, c'est-à-dire de la distinction numérique, qui ne saurait avoir lieu pour les purs esprits en tant que distinction d'un individu à l'autre dans l'identité de nature spécifique.

XII. — C'est aussi par l'effet de cette même quantité qu'un corps est circonscrit dans un lieu et qu'il ne peut être, de cette manière, que dans un seul lieu, de quelque puissance qu'il s'agisse.

XIII. — Les corps se partagent en deux classes : les vivants et ceux qui ne le sont pas. Pour que, dans les vivants, une partie joue vraiment le rôle de moteur et l'autre de mobile, la forme substantielle, ou autrement dit l'âme, exige une distribution organique, soit des éléments hétérogènes.

XIV. — Les âmes du règne végétal et animal ne subsistent nullement par elles-mêmes, pas plus qu'elles ne sont engendrées séparément : elles sont seulement le principe formel de l'être et de la vie du vivant, et

se totis dependeant, corrupto composito, per accidens corrumpuntur.

XV. — Contra per se subsistit anima humana, quæ cum subjecto sufficienter disposito potest infundi, a Deo creatur et sua natura incorruptibilis est atque immortalis.

XVI. — Eadem anima rationalis ita unitur corpori ut sit ejusdem forma substantialis unica et per ipsam habet homo ut sit homo et animal et vivens et corpus et substantia et ens. Tribuit igitur anima homini omnem gradum perfectionis essentialiter : insuper communicat corpori actum essendi quo ipsa est.

XVII. — Duplicis ordinis facultates, organicæ et inorganicæ, ex anima humana per naturalem resultantiam emanant : priores ad quas sensus pertinent, in composito subjectantur, posteriores in anima sola. Est igitur intellectus facultas ab organo intrinsece independens.

XVIII. — Immaterialitatem necessario sequitur intellectualitas et ita quidem ut secundum gradum elongationis a materia, sint quoque gradus intellectualitatis. Adæquatum

---

comme leur dépendance de la matière est totale, elles disparaissent accidentellement avec le composé.

XV. — Au contraire, l'âme humaine subsiste par elle-même : pouvant être reçue dans un sujet suffisamment préparé, elle est créée par Dieu ; par nature, elle est incorruptible et immortelle.

XVI. — Cette même âme raisonnable est unie au corps de telle sorte qu'elle en est l'unique forme substantielle et que l'homme tient d'elle ce qui le fait homme, animal, vivant, corps, substance, être. L'âme confère donc au corps tout degré essentiel de perfection ; de plus, elle communique au corps l'être d'existence dont elle jouit elle-même.

XVII. — Des facultés de deux sortes dérivent naturellement de l'âme humaine : les unes sont organiques, les autres ne sont attachées à aucun organe. Les premières, auxquelles appartiennent les sens, ont leur sujet dans le composé, les autres dans l'âme seule. L'intellect est donc une faculté intrinsèquement indépendante d'un organe.

XVIII. — L'intellectualité implique nécessairement l'immatérialité, au point que l'échelle de l'intellectualité est en raison de l'éloignement de la matière. L'objet adéquat et commun de toute conception intellectuelle,

intellectionis objectum est communiter ipsum ens: proprium vero intellectus humani in præsenti statu unionis, quid ditatibus abstractis a conditionibus materialibus continetur.

XIX. — Cognitionem ergo accipimus a rebus sensibilibus. Cum autem sensibile non sit intelligibile in actu, præter intellectum formaliter intelligentem, ad mittenda est in anima virtus activa, quæ species intelligibiles a phantasmatibus abstrahat.

XX. — Per has species directe universalia cognoscimus: singularia sensu attingimus, tum etiam intellectu per conversionem ad phantasmata; ad cognitionem vero spiritualium per analogiam ascendimus.

XXI. — Intellectum sequitur non præcedit voluntas, quæ necessario appetit id quod sibi præsentatur tanquam bonum ex omni parte explens appetitum, sed inter plura bona quæ judicio mutabili appetenda proponuntur, libere eligit. Sequitur proinde electio judicium practicum ultimum: at quod ultimum sit, voluntas efficit.

---

c'est l'être : l'objet propre de l'intelligence humaine, dans sa condition présente d'union au corps, est renfermé dans les limites des essences dégagées des caractères matériels.

XIX. — Nous tirons donc notre connaissance des choses sensibles. Mais comme le sensible ne possède pas l'intelligibilité en acte, il faut admettre, en plus de l'intellect duquel relève formellement l'acte de comprendre, une activité en vertu de laquelle les espèces intelligibles sont abstraites des représentations sensibles.

XX. — Par ces espèces, nous connaissons directement l'universel : pour les singuliers, nous les atteignons par les sens et aussi intellectuellement par un retour à l'image sensible : quant à la connaissance des choses spirituelles, nous l'obtenons par analogie.

XXI. — La volonté suit et ne précède pas l'intelligence : elle est nécessitée par un bien qui répond adéquatement à toute sa puissance appétitive et qui lui est présentée de la sorte ; mais elle choisit en toute liberté entre les biens qui se prêtent à des appréciations diverses. Le choix suit donc le dernier jugement pratique : mais ce jugement tient de la volonté même d'être le dernier.

XXII. — Deum esse neque immediata intuitione percipimus, neque a priori demonstramus, sed utique a posteriori, hoc est per ea quæ acta sunt, ducto argumento ab effectibus ad causam : videlicet a rebus quæ moventur et sui motus principium adæquatum esse non possunt, ad primum motorem immobilem ; a processu rerum mundanarum, e causis inter se subordinatis, ad primam causam in causatam ; a corruptibilibus quæ æqualiter se habent ad esse et non esse, ad ens absolute necessarium ; ab iis quæ secundem minoratas perfectiones essendi, vivendi, intelligendi plus minus sunt, vivunt, intelligunt, ad cum qui est maxime intelligens, maxime vivens, maxime ens ; denique ab ordine universi ad intellectum separatum qui res ordinavit, disposuit et dirigit ad finem.

XXIII. — Divina essentia, per hoc quod exercitæ actualitati ipsius esse identificatur, seu per hoc quod est ipsum esse subsistens, in sua veluti metaphysica ratione bene nobis constituta proponitur, et per hoc idem rationem nobis exhibet suæ infinitatis in perfectione.

---

XXII. — Nous ne connaissons Dieu ni par intuition immédiate ni par démonstration *a priori :* nous le connaissons *a posteriori*, c'est-à-dire par ce qui a été fait, en raisonnant de l'effet à la cause ; à savoir, *en remontant* des choses qui se meuvent et ne peuvent être la cause adéquate de leur mouvement à un premier moteur immobile ; *en concluant* de la dépendance des choses de ce monde d'un ordre hiérarchisé de causes à une première cause non causée : du fait des choses corruptibles pouvant également être ou ne pas être à un être absolument nécessaire ; des degrés de perfection plus ou moins élevés, réalisés par les diverses créatures sous le rapport de l'être, de la vie et de l'intelligence, à l'existence d'un Etre souverain dans l'ordre de l'intelligence, de la vie et de l'être ; enfin, de l'ordre de l'univers à une intelligence séparée qui a ordonné, agencé les choses et les dirige à leur fin.

XXIII. — On définit bien la constitution métaphysique de Dieu en disant que son existence est identique à son essence actuée, c'est-à-dire existante : en d'autres termes, qu'il est l'existence subsistante et que c'est là ce qui fait qu'il est infini en perfection.

XXIV. — Ipsa igitur puritate sui esse, a finitis omnibus rebus secernitur Deus. Inde infertur primo, mundum non nisi per creationem a Deo procedere potuisse; deinde virtutem creativam qua per se primo attingitur ens in quantum ens, nec miraculose ulli finitæ naturæ esse communicabilem : nullum denique creatum agens in esse cujuscumque effectus influere, nisi motione accepta a prima causa.

---

XXIV. — Dieu se distingue donc de toutes choses finies par la pureté même de son être. D'où il est permis d'inférer, en premier lieu, que le monde n'a pu venir de Dieu que par voie de création, et ensuite que la vertu créatrice qui atteint l'être en tant qu'être n'est pas communicable, même par miracle, à une créature finie, quelle qu'elle soit : enfin, qu'aucun agent créé ne peut avoir action sur l'être d'un effet quelconque, s'il ne reçoit une motion de la cause première.

# TABLE DES MATIÈRES

Préface .................................................. v

## PREMIÈRE PARTIE
## La scolastique, méthode d'exposition.

### CHAPITRE I<sup>er</sup>

#### NATURE ET ROLE DE LA SCOLASTIQUE

Mission de la scolastique médiévale. — Terminologie scolastique. — Méthode d'éducation intellectuelle.......... 3

### CHAPITRE II

#### DÉFENSE DE LA MÉTHODE SCOLASTIQUE
#### RÉPONSE AUX OBJECTIONS

Intellectualisme. — Abus de l'abstraction. — Abus du latin. — Rôle vulgarisateur du français..................... 25

### CHAPITRE III

#### PENSÉE ET SENTIMENT

Vertu intellectuelle. — Ses rapports avec la volonté. — Vertu morale. — Son action sur l'esprit et sur la science. — Logique des sentiments. — Deux sortes d'assentiments... 55

### CHAPITRE IV

#### UN MODÈLE D'EXPOSITION SCOLASTIQUE

Stylus brevis. — Grata jocundia. — Celsa. — Clara. — Firma sententia............................................ 81

## DEUXIÈME PARTIE
## La scolastique, discipline intellectuelle.

### CHAPITRE Ier

#### OPPORTUNITÉ DE LA MÉTHODE SCOLASTIQUE

Remède au subjectivisme. — A l'indiscipline intellectuelle. — Instrument de formation. — Principe de classification rationnelle .................................... 111

### CHAPITRE II

#### PROCÉDÉS ORATOIRE ET SCOLASTIQUE

Différence d'objets. — Moyens de démonstration. — Charpente logique. — Différence de matières............... 135

### CHAPITRE III

#### L'ENSEIGNEMENT DES ÉCOLES
#### ET LE PROGRÈS DE LA SCIENCE

Enseignement soumis aux exigences des commençants. — Valeur scientifique des manuels. — Insuffisance des livres scolaires. — Portée de nos remarques................. 167

## TROISIÈME PARTIE
## La scolastique. Caractères doctrinaux.

### CHAPITRE Ier

#### APERÇU DE LA PHILOSOPHIE SCOLASTIQUE

Objet. — Méthode de recherche. — Doctrine............. 189

## CHAPITRE II

### LA SCOLASTIQUE ET LE MODERNISME

Points d'opposition. — Rationnelle. — Objective. — Traditionnelle. — Didactique............................. 229

## CHAPITRE III

### CARACTÈRES DIFFÉRENTIELS
### DE LA PENSÉE SCOLASTIQUE ET DE LA PENSÉE MODERNE

Différences relatives à l'origine et à la valeur des idées. — Interprétation de l'idée universelle. — Notion de l'absolu. — Notion du relatif. — Aversion pour l'absolu. — Ses causes ............................................. 263

## CHAPITRE IV

### CRISE DE L'INTELLIGENCE CONTEMPORAINE
### LE REMÈDE DANS SAINT THOMAS

Le fait de la crise. — Ses causes : oblitération progressive de toute distinction entre sentir et penser. — Elimination dans toute édification scientifique de l'idée du nécessaire. — Absence de valeurs stables dans le domaine de la spéculation comme dans celui de la pratique................ 317

Une conclusion pratique.............................. 357

Appendice : vingt-quatre propositions contenant la doctrine authentique de saint Thomas........................ 361

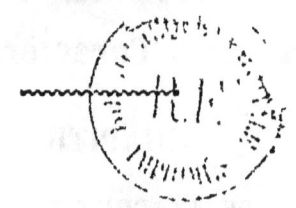

# ÉTUDES RELIGIEUSES, POLITIQUES ET SOCIALES

### SÉRIE A 0 FR. 30

*Chaque brochure, 0 fr. 30; port, 0 fr. 05.*

**LE CLERGÉ ET LA POLITIQUE,** ou Politique permise et politique prohibée, par JEAN LEFAURE. — 48 pages.

**L'ÉDUCATION DES ENFANTS,** Devoirs de l'heure présente, par l'abbé HOGUET, docteur en théologie, professeur au Grand Séminaire d'Arras. Avec une lettre de Mgr WILLIEZ, évêque d'Arras. 96 pages.

**LES CAISSES D'ASSURANCES MUTUELLES CONTRE LA MORTALITÉ DU BÉTAIL.** — 48 pages.

**LE SECRÉTARIAT DU PEUPLE,** Guide pratique, par A. DOAL. — 44 pages.

### SÉRIE A 0 FR. 25

*Chaque brochure, 0 fr. 25; port, 0 fr. 05.*

**LE DENIER DU CLERGÉ:** Origines, Obligations, Objections, par S. Em. le cardinal SEVIN, archevêque de Lyon. — 62 pages compactes.

**DE QUELQUES RÉCENTES OBJECTIONS CONTRE LE DENIER DU CLERGÉ,** par S. Em. le cardinal SEVIN, archevêque de Lyon. — 45 pages.

**LA DÉSOLATION DU FOYER:** Le mal, Sa gravité, Ses causes, Mauvais prétextes, Remèdes, par Mgr RICARD, archevêque d'Auch. — 45 pages.

**LES CATHOLIQUES AU POUVOIR ET LA LIBERTÉ,** Le Fait Belge, par MANUEL LEFRANC. — 40 pages.

Remises par quantités : 7/6, 15/12, 70/50, 150/100.

PARIS, 5, RUE BAYARD

www.ingramcontent.com/pod-product-compliance
Lightning Source LLC
Chambersburg PA
CBHW060606170426
43201CB00009B/919